U0566346

BLUE BOOK

智 库 成 果 出 版 与 传 播 平 台

四川蓝皮书

BLUE BOOK OF SICHUAN

四川社会发展报告（2023）

ANNUAL REPORT ON SOCIAL DEVELOPMENT OF SICHUAN (2023)

人口与社会发展

主 编／刘 伟

副主编／候 蔺 刘金华

社会科学文献出版社

SOCIAL SCIENCES ACADEMIC PRESS（CHINA）

图书在版编目（CIP）数据

四川社会发展报告.2023：人口与社会发展／刘伟
主编；候蔺，刘金华副主编.--北京：社会科学文献
出版社，2023.6
　（四川蓝皮书）
　ISBN 978-7-5228-1855-9

Ⅰ.①四… Ⅱ.①刘… ②候… ③刘… Ⅲ.①社会发
展-研究报告-四川-2023 Ⅳ.①D677.1

中国国家版本馆 CIP 数据核字（2023）第 095233 号

四川蓝皮书
四川社会发展报告（2023）
——人口与社会发展

主　　编／刘　伟
副 主 编／候　蔺　刘金华

出 版 人／王利民
组稿编辑／邓泳红
责任编辑／张　嫒
责任印制／王京美

出　　版／社会科学文献出版社·皮书出版分社（010）59367127
　　　　　地址：北京市北三环中路甲 29 号院华龙大厦　邮编：100029
　　　　　网址：www.ssap.com.cn
发　　行／社会科学文献出版社（010）59367028
印　　装／三河市东方印刷有限公司

规　　格／开本：787mm×1092mm　1/16
　　　　　印张：20.25　字数：303 千字
版　　次／2023 年 6 月第 1 版　2023 年 6 月第 1 次印刷
书　　号／ISBN 978-7-5228-1855-9
定　　价／249.00 元

读者服务电话：4008918866

四川蓝皮书编委会

主　任　高中伟　杨　颖

副主任　李中锋

编　委（以姓氏拼音为序）

王　芳　王　倩　甘庭宇　达　捷　刘　伟

刘金华　安中轩　李卫宏　李晟之　李晓燕

何祖伟　张立伟　张克俊　陈　妤　陈　映

庞　淼　赵　川　候　蔺　彭　剑　蓝定香

廖祖君

主要编撰者简介

刘伟 副研究员，四川省社会科学院社会学研究所副所长，硕士研究生导师，主要研究方向为城乡基层治理、组织社会学。兼任中国社会变迁研究会理事，中国社会学会社会调查研究方法专委会副秘书长、理事，中国社会学会农村社会学专委会理事，第一届川渝基层政权建设和社区治理专家委员会成员，四川省民政厅专家库成员、中央广播电视台专家库成员。近5年，主持纵向课题6项，其中国家社科基金项目1项，省规划项目2项，省软科学项目2项，成都市哲学与社会科学规划课题1项；以核心成员身份，参与主研国家级纵向课题8项；主持承担各级咨政课题10余项。出版学术专著2本，其中独著1本，合著（第二作者）1本；在《民族研究》《社会学研究》《经济体制改革》《西北民族研究》等期刊发表论文20余篇。撰写的对策建议被省部级及以上领导正向批示8篇。三次获得省级社会科学优秀成果奖（二等奖2次、三等奖1次），两次获得中国社会学会学术年会优秀论文奖（一等奖1次、二等奖1次）。

候蔺 人口学博士，四川省社会科学院社会学研究所助理研究员。主要研究方向为社会老年问题、人口社会问题。近年，主持国家社科基金一般项目"基于生命历程范式的老年人养老困境及应对策略研究"，参与各级课题研究数十项；出版专著《积极养老：中国老年人养老支持体系的构建》，参编2部；在《人民日报》《老龄科学研究》等发表论文数篇；参与撰写的3篇政策建议获省级领导肯定性批示并被相关部门采纳。

刘金华　研究员，四川省社会科学院社会学研究所所长、硕士研究生导师。武汉大学社会保障博士后，加拿大渥太华大学人口学（2020年）和人类学（2021年）访问学者。获四川"天府青城计划"天府社科菁英、四川省第十四批学术和技术带头人等人才称号。担任国家社会科学基金项目通讯评审专家，教育部学位论文评审专家，四川省社会科学评奖专家，四川省哲学社会科学基金学科规划评审专家。长期从事社会保障、人口与健康、民族人口学研究。主持国家哲学社会科学基金重点项目1项、一般项目1项，省哲学社会科学规划重大项目2项、一般项目3项，省软科学项目2项，省政务调研课题、省第七次人口普查重点项目等20余项；参与国家哲学社会科学基金项目5项。出版专著2部，参编2部。在《社会保障研究》《学术论坛》《人口与经济》《人口学刊》《情报资料工作》"*Child Indicators Research*"《贵州社会科学》等期刊发表论文30余篇。获省哲学社会科学优秀成果二等奖2次（排名第1和第3）、三等奖3次（排名第1、第4和集体），中国人口科学奖1次（集体）；多篇对策建议获得省部级主要领导肯定性批示。

摘 要

2022 年，是党的十八大召开以来的第十个年头。十年间，四川省社会建设与社会治理取得了巨大成就，基层治理与民生保障水平不断提高，政府、市场与社会良性互动、密切配合，人民群众对公共生活领域的质量提升感知明显、体会深刻，共建共治共享的社会治理格局正在形成。四川省在直面世界百年未有之大变局的新社会情境下，始终以人民为重心，有力、有效地回应了精准扶贫、疫情防控等重大的时代命题，社会建设稳扎稳打，社会发展在稳健中积极向好。

回望 2022 年，四川省社会建设的重心依然深耕在基层社会的微小单元，继续在基层治理领域深刻着力，下深水、谋突破。后疫情时代，社会建设如何有效助力经济社会发展，成为这一时期的重点议题。四川的超大城市成都，正通过智慧社区建设、信义社会建设（特别是信托制物业建设）等深入当代社会治理"底核逻辑"的"无人区"领域，大胆实践、深度探路，以改革的攻坚态度，攻克社会治理领域的"硬骨头"。而在四川多元的社会形态治理中，乡镇、村社的基层社会治理单元更加合理，公共服务供给体系更加优化，城乡间、区域间公共服务供给差距不断缩小，社会组织、社工人才、志愿服务、五社联动、城乡社区发展治理体系均稳步优化，在基层社会层面，为应对各类社会风险奠定了稳固的基层基础。

2023 年，四川省社会建设领域还需要应对以下挑战，一是多元社会形态的社会治理路径还需要进一步探索，四川省在社会治理领域还存在非均衡发展状况，比如大城市社会治理水平相对较高而其他城市社会治理水平相对

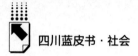

较低，城市社会治理水平相对较高而农村社会治理水平相对较低，少数民族地区社会治理水平相对较低等情形。如何促进社会治理走向"均衡"成为当下的重要挑战。二是县域社会治理的工作模式还需要进一步探索。如今，四川省在省域、市域、乡域乃至村域和小区域均累积了大量丰富的社会治理经验，但在县域却探索不足。实际上，县域恰恰是基层治理中最重要的基层单元。三是社会活力还需要进一步激发，包括人的活力、社会的活力，以及社会的活力如何激发经济的活力等。

关键词： 社会建设　社会治理　人口与社会　四川

Abstract

Annual Report on Social Development of Sichuan (2023) : *Population and Social Development* is an annual report compiled under the leadership of the Sociology Research Institute of the Sichuan Academy of Social Sciences. The relevant leaders of the Sichuan Academy of Social Sciences have provided strong guidance and assistance in the research, basic data supply, and writing of this book. This report specifically includes an analysis of the data from the 7th National Population Census. Based on the annual theme of focusing on urban and rural grassroots governance for five consecutive years, an annual theme of population and social development has been formed. By utilizing statistical data, we aim to objectively record the ten year changes in the field of social development in Sichuan Province. Therefore, this year's Sichuan Social Development Report focuses more on "recording" rather than "evaluating".

2022 is the tenth year since the 18th National Congress of the Communist Party of China. Over the past decade, Sichuan Province has achieved tremendous achievements in social construction and governance, with continuous improvement in grassroots governance and people's livelihood security. The government, market, and society interact and closely cooperate, and the people have a clear perception and profound understanding of the quality improvement in the field of public life. The social governance pattern of co construction, co governance, and sharing is taking shape. In response to the changing social situation, Sichuan has always focused on the people, and has effectively responded to major issues of the times such as Targeted Poverty Alleviation and epidemic prevention and control. Social construction has been steady, and social development has been positive in stability.

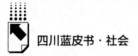

Looking back at 2022, the focus of social construction in Sichuan Province is still deeply rooted in the small units of grassroots society, and we will continue to make profound efforts in the field of grassroots governance, delving deeper and seeking breakthroughs. How social construction can effectively contribute to economic and social development has become a key issue during this period. We are pleased to see that Chengdu is boldly practicing and adopting a reform attitude in areas such as smart community construction and faithful social construction, overcoming one difficult problem after another in the field of social governance. In the social governance system of Sichuan, the grassroots social governance units are more reasonable, the public service supply system is more optimized, and the gap in public service supply between urban and rural areas and regions is constantly narrowing. Social organizations, social workers, volunteer services, five social linkage, and the governance system for urban and rural social development are steadily optimized, and grassroots society can better cope with various social stability risks.

In 2023, the field of social construction in Sichuan Province still needs to continue to face three challenges. Firstly, the path of social governance with diverse social forms needs to be further explored. There is still a situation of "unbalanced development" in the field of social governance in Sichuan Province, such as the relatively strong level of social governance in large cities and the relatively weak level of social governance in other cities; The level of urban social governance is relatively strong, while the level of rural social governance is relatively weak; The level of social governance in ethnic minority areas is relatively weak. How to promote social governance towards "balance" has become an important challenge at present. Secondly, the working mode of county-level social governance still needs further exploration. Nowadays, Sichuan Province has accumulated a wealth of social governance experience in provincial, municipal, township, and even village and community domains, but there is insufficient exploration in the "district and county" domain. In fact, "district/county" is precisely the most important grassroots unit in grassroots governance. Thirdly, social vitality still needs to be further stimulated, including human vitality, social vitality, and how social vitality serves to stimulate economic vitality.

We have selected two main themes for this year's Sichuan Social Development Report. The first is to continue to pay attention to the social governance system, but focus on some emerging and important areas. The second is to take the seventh population census data as the starting point of analysis, and try to reflect and present some characteristics of Social change in Sichuan through the analysis of population data at different levels.

This year, we also set up research reports and typical case studies, including two research reports on student funding policies for universities under the construction of first-class universities in Sichuan Province, a study on the effectiveness of the integration of industry and education in Sichuan vocational education, and two case studies on urban multi-ethnic community governance and urban village to village community governance.

Finally, it should be noted that the research method of this year's report still adheres to empirical research, and the research data strives to be objective, comprehensive, and authoritative, which can effectively reflect the basic situation of Sichuan Province. With the help of the organization departments and civil affairs departments at all levels in Sichuan Province, the author of this book has carried out in-depth Field research in 9 cities (prefectures) in the province, and collected a large number of valuable first-hand materials. The entire report is detailed and presents different aspects of grassroots governance in urban and rural areas of Sichuan from different perspectives, which has great reference and reference value.

Keywords: Social Construction; Social Governance; Population and Society; Sichuan

目 录 ⤵

I 总报告

II 社会治理篇

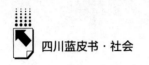

Ⅲ 人口与健康篇

Ⅳ 专题与案例篇

皮书数据库阅读使用指南

CONTENTS ⟋⟍

I   General Report

II   Social Governance

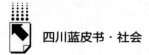
Ⅲ   Population and Health

Ⅳ Special Reports and Cases

总 报 告

General Report

B.1

新时代以来四川省社会建设
与社会发展的现状与趋势

刘伟 李童*

摘 要： 新时代以来，"治蜀兴川"事业走过了极不平凡的发展历程。
十年间，四川社会在人口结构、劳动就业、城乡居民收入、科
教文卫事业、社会保障体系、脱贫攻坚等方面发生了巨大的变
化，四川社会各界勠力同心、踔厉奋发，取得了重大建设成
就。2022年，四川省社会发展面临着多方面的挑战，社会各界
积极面对各方面的压力与问题，实现了在挑战中平稳发展。
2023年，四川社会面临着新的形势与新的挑战，如何应对多元
社会形态的社会治理，激发社会活力，是四川社会发展需要面
对和探索的问题。

---

* 刘伟，四川省社会科学院社会学研究所副所长、副研究员，研究方向为城乡基层治理、组织
社会学；李童，四川省社会科学院社会学研究所，研究方向为组织社会学。

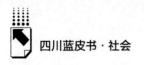

关键词： 新时代十年 "治蜀兴川" 多元社会治理

一 新时代"治蜀兴川"的成就与变革

党的十八大以来，中国特色社会主义进入新时代。随着时代发展和社会进步，人民对美好生活的向往更加强烈，对民主、法治、公平、正义、安全、环境等方面的需求日益增长，我国社会主要矛盾已经转化为人民日益增长的美好生活需要和不平衡不充分的发展之间的矛盾，补齐民生保障短板、解决好人民群众急难愁盼问题是社会建设的紧迫任务。面对世界经济复苏乏力、局部冲突和动荡频发、全球性问题加剧的外部环境，党领导人民在幼有所育、学有所教、劳有所得、病有所医、老有所养、住有所居、弱有所扶上持续用力，加强和创新社会治理，使人民获得感、幸福感、安全感更加充实、更有保障、更可持续。

十年来，四川走过了极不平凡的发展历程。以习近平新时代中国特色社会主义思想为指导，全面贯彻落实习近平总书记对四川工作系列重要指示精神和党中央、国务院决策部署，完整、准确、全面贯彻新发展理念，主动服务和融入新发展格局，坚持高质量发展，统筹疫情防控和经济社会发展，统筹发展和安全，实现"十三五"圆满收官、"十四五"良好开局，新时代"治蜀兴川"取得重大成就。①

（一）常住人口持续增长，老龄化程度持续加深

2012~2021 年，四川省常住人口由 8085 万人增加至 8372 万人，增加287 万人，增幅为 3.55%，其中城镇常住人口增加 1336 万人，增幅为38.12%，农村常住人口减少 1049 万人，增幅为 -22.90%。2017~2021 年，面对人口自然增长率放缓的趋势，人口增长相较之前也有所放缓。四川常住

---

① 资料来源：2023 年四川省人民政府工作报告。

人口增加83万人,增幅为1.00%,其中城镇常住人口增加549万人,增幅为12.79%,农村常住人口减少466万人,增幅为-11.66%(见表1)。人口自然增长率于2021年首次出现负值,为-1.89‰,在人口自然增长率下降的背景下,四川通过经济稳定增长和产业优化升级、大力支持农民工和农民企业家返乡创业就业、得天独厚的宜居宜游环境和开放共享的包容性,吸引各类人才来川就业、创业、定居。

表1 2012~2021年四川省常住人口情况

单位:万人

指 标	2012年	2013年	2014年	2015年	2016年	2017年	2018年	2019年	2020年	2021年
年末常住人口	8085	8109	8139	8196	8251	8289	8321	8351	8371	8372
城镇人口	3505	3646	3785	3956	4126	4292	4452	4623	4749	4841
农村人口	4580	4463	4354	4240	4126	3997	3869	3728	3622	3531

注:常住人口包括居住在本乡镇街道且户口在本乡镇街道或户口待定的人;居住在本乡镇街道且离开户口登记地所在的乡镇街道半年以上的人;户口在本乡镇街道且外出不满半年或在境外工作学习的人。

数据来源:国家统计局。

在人口结构方面,四川人口老龄化呈现老年人口规模大、老龄化进程加快、老龄化程度高等特点。近十年间,四川65岁及以上人口占比上升5.98个百分点,比全国快1.35个百分点。截至2020年,四川60岁及以上人口为1816.4万人,65岁及以上人口为1416.8万人,65岁及以上人口占常住人口的比重为16.93%,已进入深度老龄化阶段。① 值得注意的是,刚刚过去的十年,四川依然处在较强的人口流动当中,流动已经沉淀为社会的"稳定状态"。

(二)劳动就业稳定发展,就业结构不断优化

四川省人力资源和社会保障系统,坚持在发展中保障和改善民生,强化就业优先政策,深化人才人事制度改革,构建和谐劳动关系,实施人社脱贫

---

① 资料来源:四川省人民政府网站。

攻坚。面对世纪疫情，强化落实就业优先政策，大力抓好高校毕业生、就业困难人员、退捕渔民等重点群体就业，推进农民工工作战略性工程，全方位做好就业服务，推动实现更加充分更高质量就业。

1.城镇就业人口持续增加

十年来，四川省就业人口呈现城镇就业人口持续增加、农村就业人口持续减少的总体态势。2012～2021年，城镇就业人员占比由37.7%上升至53.4%，农村就业人员占比由62.3%下降至46.6%。2017～2021年，城镇就业人口比重上升6.1个百分点，其中2019年城镇就业人员占比首次超过农村地区，达到51.1%（见表2）。

表2 2012～2021年四川省城乡就业人员情况

单位：万人，%

指 标	2012年	2013年	2014年	2015年	2016年	2017年	2018年	2019年	2020年	2021年
就业人员合计	4635.0	4634.0	4638.0	4652.0	4657.0	4667.0	4690.0	4714.0	4745.0	4727.0
城镇就业人员	1746.44	1828.37	1910.49	2009.35	2108.54	2207.38	2303.75	2406.78	2489.00	2522.00
农村就业人员	2888.56	2805.63	2727.51	2642.65	2548.46	2459.62	2386.25	2307.22	2256.00	2205.00
城镇就业人员占比	37.7	39.5	41.2	43.2	45.3	47.3	49.1	51.1	52.5	53.4
农村就业人员占比	62.3	60.5	58.8	56.8	54.7	52.7	50.9	48.9	47.5	46.6

数据来源：2012～2020年数据来源为《四川统计年鉴2021》，2021年数据来源为《2021年四川省人力资源和社会保障事业发展统计公报》。

2.就业结构进一步优化

四川服务业规模已跃居三次产业之首，全省服务业增加值由2012年的0.95万亿元增加至2021年的2.8万亿元，总量居全国第8位，服务业对经济增长的贡献率升至57.2%，服务业的繁荣发展推动了就业人口的增长。按就业产业结构统计，2012～2021年，四川省就业产业结构变化总体体现为第一产业就业人员比重逐渐下降，由41.1%下降至31.9%；第二产业就业人员整体呈现缓慢下降趋势，由25.3%下降至23.5%；第三产业就业人员比重快速上升，由33.6%上升至44.6%，尤其近五年来，第三产业就业人员比重增速明显，2021年相较2012年上涨11.0个百分点。2017~2021年，第一产业就业人员比重下降3.7个百分点，第二产业就业人员比重下降0.5个百分点，第三产业就业人员比重上升4.2个百分点（见表3）。分行业来看，十年来，制造业、采矿业等传统行业就业人员比重呈现下降趋势，租赁和商务服务业，房地产业，信息传输、软件和信息技术服务业等行业就业人员比重呈明显上升趋势。

表3 2012~2021年四川省按三次产业分就业人员情况

单位：万人，%

指标		2012年	2013年	2014年	2015年	2016年	2017年	2018年	2019年	2020年	2021年
就业人员合计		4635.0	4634.0	4638.0	4652.0	4657.0	4667.0	4690.0	4714.0	4745.0	4727.0
就业人员	第一产业	1905.0	1854.0	1804.0	1758.4	1709.0	1661.5	1618.0	1579.5	1542.0	1506.0
	第二产业	1173.0	1163.0	1155.0	1144.4	1132.0	1120.0	1112.0	1098.0	1098.0	1111.0
	第三产业	1557.0	1617.0	1679.0	1749.2	1816.0	1885.5	1960.0	2036.5	2105.0	2110.0
占比	第一产业	41.1	40.0	38.9	37.8	36.7	35.6	34.5	33.5	32.5	31.9
	第二产业	25.3	25.1	24.9	24.6	24.3	24.0	23.7	23.3	23.1	23.5
	第三产业	33.6	34.9	36.2	37.7	39.0	40.4	41.8	43.2	44.4	44.6

数据来源：2012~2020年数据来源为《四川统计年鉴2021》，2021年数据来源为《2021年四川省人力资源和社会保障事业发展统计公报》。

3. 登记失业率基本保持稳定

四川省委、省政府将稳定和扩大就业作为保障改善民生的头等大事，特别是面对疫情和经济下行压力持续扩大等严峻挑战，将稳就业、保就业作为"六保""六稳"之首，通过加大税收优惠、创业担保贷款及贴息、资金补贴、创业培训等政策实施力度，支持各类创业孵化基地建设，促进创业带动就业，支持多渠道灵活就业。新冠疫情发生以来，四川省通过一系列措施扎实做好下岗失业人员、返乡农民工、高校毕业生等重点群体就业工作，确保

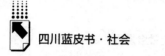

就业市场稳定发展，四川省就业在复杂形势中稳住了基本盘。十年间，城镇登记失业率保持在4%左右（见表4），劳动力供求市场基本平稳。

表4 2012~2021年四川省城镇登记失业人数及登记失业率情况

单位：万人，%

指标	2012年	2013年	2014年	2015年	2016年	2017年	2018年	2019年	2020年	2021年
城镇登记失业人数	40.7	42.9	54.4	54.6	56.3	55.8	53.3	50.4	54.4	66.4
城镇登记失业率	4.0	4.1	4.2	4.1	4.2	4.0	3.5	3.3	3.6	3.6

数据来源：国家统计局。

4. 就业扶贫成效显著

四川大力实施就业扶贫，及时出台就业扶贫（15条）、支持彝区群众就业（8条）等政策，帮助全省170万贫困劳动力转移就业。深入实施深贫地区技能培训全覆盖行动、技能脱贫千校行动，因地制宜采用"送下去""请上来""走出去"等方式，累计培训贫困劳动力83.4万余人。

（三）城乡居民收入不断增长，人民生活质量稳步改善

四川全省上下深入贯彻中央各项决策部署，坚持民生优先，围绕决战脱贫攻坚、决胜全面小康的目标，奋力推进"两个跨越"，人民生活实现全面小康，经济社会发展进入高质量增长阶段。

1. 人均可支配收入持续增长，城乡收入差距进一步缩小

2012~2021年，居民人均可支配收入从12753元上升至29080元，增加16327元，增长128.02%，年均增长9.59%。分城乡看，2012~2021年，城镇居民人均可支配收入从20180元增长到41444元，增加21264元，增长105.37%，年均增长8.32%；农村居民人均可支配收入从7423元增长到17575元，增加10152元，增长136.76%，年均增长10.05%，农村居民人均可支配收入增长速度明显快于城镇居民。党的十九大以来，全体居民人均可支配收入由 2017 年的 20580 元上升至 2021 年的 29080 元，增长 8500 元，增幅为 41.30%，其中城镇居民人均可支配收入增长 10717 元，增幅为 34.88%，农村居民人均可支配收入增长 5348 元，增幅为 43.74%。农村居民收入结构也发生了较大变化，2021 年工资性收入、经营净收入、财产净收入、转移净收入占收入比重分别为 31.4%、37.8%、3.3%、27.4%，相较于 2013 年分别增长-1.9 个、-5.3 个、1.6 个、5.6 个百分点，工资性收入和经营净收入占比下降，财产净收入和转移净收入占比提高（见表5）。党的十八大以来，"全面小康"和"乡村振兴"是全省"三农"工作的重中之重，四川省委、省政府始终坚持"以人为本"的发展理念，高度重视农民增收工作，在农业供给侧结构性改革、脱贫攻坚等一系列因素的支撑下，四川农民收入保持了持续较快增长，城乡收入差距不断缩小，生活条件明显改善，生活水平显著提高，城乡居民人均可支配收入之比由 2012 年的 2.72∶1 缩小为 2021 年的 2.36∶1。

表5　2012~2021 年四川省人均可支配收入情况

单位：元

指　标	2012 年	2013 年	2014 年	2015 年	2016 年	2017 年	2018 年	2019 年	2020 年	2021 年
全体居民人均可支配收入	12753	14231	15749	17221	18808	20580	22461	24703	26522	29080
城镇居民人均可支配收入	20180	22228	24234	26205	28335	30727	33216	36154	38253	41444
工资性收入	—	13116	14262	15242	16219	17299	19033	20479	21951	23934
经营净收入	—	2567	2904	3054	3327	3586	3900	4393	4334	4799
财产净收入	—	1842	1891	2169	2363	2627	2696	2891	3059	3322
转移净收入	—	4702	5177	5740	6426	7215	7587	8391	8910	9389
农村居民人均可支配收入	7423	8381	9348	10247	11203	12227	13331	14670	15929	17575
工资性收入	—	2785	3157	3463	3738	4016	4311	4662	4978	5514
经营净收入	—	3617	3878	4197	4525	4821	5117	5641	6152	6651

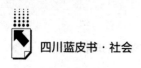

续表

指　标	2012 年	2013 年	2014 年	2015 年	2016 年	2017 年	2018 年	2019 年	2020 年	2021 年
财产净收入	—	148	185	224	269	323	379	456	510	587
转移净收入	—	1831	2129	2363	2672	3067	3524	3910	4289	4823

数据来源：2012 年数据来源于国家统计局，2013～2020 年数据来源于四川统计年鉴，2021 年数据来源于《2021 年四川省国民经济和社会发展统计公报》。

四川民族地区发展取得令人瞩目的成就。阿坝州、甘孜州、凉山州三个民族地区农村居民人均可支配收入实现较快增长，从 2014 年的 8586 元、7341 元、8462 元增长至 2021 年的 17161 元、15379 元、16808 元，分别增长 99.87%、109.49%、98.63%，年均增长率分别为 10.4%、11.14%、10.3%，为实现共同富裕奠定了坚实的基础。[①]

2. 城乡居民生活消费水平升级

2012～2021 年，全体居民人均消费支出增长 118.75%，年均增长 9.09%。其中城镇居民人均消费支出由 2012 年的 14824 元上升至 2021 年的 26971 元，增幅为 81.94%，年均增长 6.88%，农村居民人均消费支出由 6265 元上升至 16444 元，增幅为 162.47%，年均增长 11.32%。2017～2021 年，城镇居民人均消费支出增长 4980 元，增幅为 22.65%，农村居民人均消费支出增长 5047 元，增幅为 44.28%（见表 6）。总体而言，城乡居民人均消费支出呈持续提高态势，农村地区消费增长速度明显快于城镇地区。

表 6　2012～2021 年四川省居民人均消费支出情况

单位：元

指　标	2012 年	2013 年	2014 年	2015 年	2016 年	2017 年	2018 年	2019 年	2020 年	2021 年
全体居民人均消费支出	9837	11055	12368	13632	14839	16180	17664	19338	19783	21518
城镇居民人均消费支出	14824	16098	17760	19277	20660	21991	23484	25367	25133	26971

① 数据来源：2014 年数据来自四川统计年鉴，2021 年数据来自各州统计公报。

指　标	2012年	2013年	2014年	2015年	2016年	2017年	2018年	2019年	2020年	2021年
农村居民人均消费支出	6265	7365	8301	9251	10192	11397	12723	14056	14953	16444

数据来源：国家统计局。

随着收入不断提高，居民生活发生了变化，由最初追求基本的衣食住行逐步向发展型和享受型消费转变，生活水平和质量不断实现新跨越。2012~2021年，城镇居民人均食品烟酒支出、交通通信支出、教育文化娱乐支出分别上涨52.22%、81.30%、64.25%，农村居民人均食品烟酒支出、交通通信支出、教育文化娱乐支出分别上涨137.43%、360.19%、286.60%，发展型和享受型消费增长明显。消费热点从注重量的满足转向追求质的提升。2021年，平均每百户家用汽车拥有量、平均每百户空调拥有量、平均每百户热水器拥有量分别为29.4辆、125.2台、93.9台，分别比2014年增长123.23%、135.07%、45.00%。2017~2021年，限额以上文化办公用品类商品零售额年均增长14.9%，体育娱乐类商品零售额年均增长12.7%，通信器材类商品零售额年均增长12.3%，化妆品类商品零售额年均增长10.1%。[①]

3. 居民恩格尔系数呈缓慢下降态势

2012~2021年，城镇居民恩格尔系数在2018年降到最低点31.78%，农村居民恩格尔系数在2019年降至最低点34.71%，城镇与农村居民恩格尔系数小幅上升后，均于2021年开始再次下降（见表7）。

表7　2012~2021年四川省城乡恩格尔系数

单位：%

指　标	2012年	2013年	2014年	2015年	2016年	2017年	2018年	2019年	2020年	2021年
城镇居民恩格尔系数	40.40	39.60	34.94	35.19	34.46	33.33	31.78	32.64	34.78	34.30

---

① 数据来源：国家统计局。

指　标	2012 年	2013 年	2014 年	2015 年	2016 年	2017 年	2018 年	2019 年	2020 年	2021 年
农村居民恩格尔系数	46.85	43.50	39.75	39.12	38.14	37.16	35.24	34.71	36.64	36.30

数据来源：2012～2020 年数据来源于四川统计年鉴，2021 年数据来源于《2021 年四川省国民经济和社会发展统计公报》。

（四）城镇化加快推进，城乡人居环境持续改善

四川省深入实施以人为核心的新型城镇化战略，实施《四川省新型城镇化规划（2014—2020 年）》，成立省新型城镇化工作暨城乡融合发展工作领导小组，推动户籍制度改革持续深化，城镇体系结构不断优化，城镇综合承载力明显增强，城乡融合发展扎实推进，城镇化内需潜力充分释放。积极推进农业转移人口市民化，成都市落户政策放开放宽，其他大中小城市全面放开落户限制；深入实施"一干多支"发展战略，绵阳、宜宾、南充等百万人口大城市加快建设，广元、西昌、简阳迈入中等城市行列，初步形成大中小城市和小城镇协调发展的城镇体系；不断完善城乡融合发展体制机制和政策体系，农村土地"三权分置"改革、集体经营性建设用地入市改革稳步推进，持续深化城乡融合发展。四川省城镇化率由 2012 年的 43.35% 提升至 2021 年的 57.80%，2016 年城镇化率首次达到 50%，与全国的差距缩小到 6.9 个百分点（见表 8）。

表 8　2012～2021 年四川省城镇化率

单位：%

指　标	2012 年	2013 年	2014 年	2015 年	2016 年	2017 年	2018 年	2019 年	2020 年	2021 年
城镇化率	43.35	44.96	46.51	48.27	50.00	51.78	53.50	55.36	56.73	57.80

数据来源：2012～2020 年数据来源于四川统计年鉴，2021 年数据来源于《2021 年四川省国民经济和社会发展统计公报》。

　　四川省加强城市生态建设，城市人居环境持续改善。2012~2021 年，四川省公园个数由 408 个上升至 879 个，增幅为 115.44%；人均公园绿地面积由 10.79 平方米增加至 13.73 平方米，增幅为 27.25%；建成区绿化覆盖率由 38.7% 上升至 43.1%，增加 4.4 个百分点；人均道路面积由 12.72 平方米增加至 17.89 平方米；城市燃气普及率由 87.96% 上升至 98.12%，增加 10.16 个百分点。① 在农村人居环境方面，截至 2020 年底，全省 92% 以上的行政村生活垃圾得到有效处理，农村卫生厕所普及率达到 86%，畜禽粪污综合利用率达到 75%，规模养殖场粪污处理设施装备配套率达到 98%，行政村基本配备保洁员。②

（五）科教文卫事业繁荣发展

　　四川坚持实施科教兴川战略，大力发展教育事业，深化医疗卫生体制改革，推进基本公共服务均等化，社会事业不断取得新进步，让百姓更多享受到发展红利。

1. 科技投入与产出持续增加

　　四川全面实施创新驱动发展战略，积极培育战略科技力量，着力提升基础研究能力、技术攻关能力和成果转化能力。2012~2021 年，规模以上工业企业 R&D 经费、规模以上工业企业开发新产品经费分别由 142.23 亿元、178.23 亿元上升至 480.17 亿元、572.05 亿元，增幅分别为 237.60%、220.96%，研发投入大幅度增长，专利申请受理量增加 146.81%，技术市场成交额由 2012 年的 111.24 亿元增加至 2021 年的 1388.69 亿元，增幅为 1148.37%。③

2. 教育事业高质量发展

　　十年来，四川着力推动各级教育事业快速、均衡、高质量发展。截至 2021 年，四川省学前教育毛入园率、九年义务教育巩固率、高中阶段毛入

---

① 数据来源：国家统计局。
② 数据来源：2021 省委一号文件新闻发布会。
③ 数据来源：国家统计局。

学率、高等教育毛入学率持续提升，分别达到91.70%、96.55%、93.01%、54.18%。① 根据七普数据，从每10万人口中拥有各类受教育水平人数来看，2020年具有小学及以下文化程度的人数为3.13万人，比全国平均水平高0.66万人；具有初中、高中、大学文化程度的人数分别为3.14万人、1.33万人、1.33万人，分别比全国平均水平低0.30万人、0.18万人、0.22万人。与2010年第六次全国人口普查相比，15岁及以上人口的平均受教育年限由8.35年提高至9.24年，文盲率由5.44%下降为3.98%，四川省教育事业在十年中取得了长足进步，但四川人口受教育程度总体仍低于全国平均水平，还需要持续关注，采取措施补齐短板。②

从在校生人数来看，2012~2021年，每10万人口中各级学校平均在校生总体趋势较为多样，小学、高中呈明显下降趋势，幼儿园、高等学校呈上升趋势，初中阶段近年变化不大；从生师比（教师人数＝1）来看，高中及以下生师比进一步优化，呈现下降趋势，小学生师比、初中生师比、普通高中生师比分别从2012年的18.39、14.92、17.54下降至2021年的15.71、12.49、13.48，普通高校生师比呈现上升趋势，由2012年的18.36上升至2021年的19.87，普通高校生师比还需进一步优化（见表9）。

表9 2012~2021年四川省每10万人口各级学校平均在校生及生师比情况

单位：人

指　标	2012年	2013年	2014年	2015年	2016年	2017年	2018年	2019年	2020年	2021年
每10万人口各级学校平均在校生人数										
幼儿园	2724	2866	2970	3049	3161	3177	3142	3170	3167	3127
小学	6966	6513	6554	6655	6698	6679	6691	6663	6602	6558
初中	3779	3365	3187	3027	2984	3015	3154	3282	3341	3343
高中	3585	3497	3312	3162	3025	2889	2799	2776	2814	2760
高等学校	2037	2140	2244	2312	2314	2339	2409	2546	2754	2925

① 数据来源：2021年四川教育事业主要统计结果。
② 数据来源：第七次全国人口普查主要数据结果新闻发布会。

指 标	2012 年	2013 年	2014 年	2015 年	2016 年	2017 年	2018 年	2019 年	2020 年	2021 年
各级普通学校生师比(教师人数=1)										
小学生师比	18.39	17.21	17.43	17.59	17.48	16.98	16.84	16.45	16.03	15.71
初中生师比	14.92	13.41	12.86	12.39	12.34	12.37	12.78	12.93	12.81	12.49
普通高中生师比	17.54	16.85	16.18	15.59	15.04	14.5	13.94	13.82	13.68	13.48
普通高校生师比	18.36	18.33	18.01	17.95	17.84	19.37	19.33	19.56	19.85	19.87

数据来源：国家统计局。

3. 文化产业繁荣发展

四川围绕文艺演出、读书看报、广播电视等打造城市"15 分钟文化圈"和农村"十里文化圈"，公共文化设施进一步完善，覆盖服务人群更加广泛。2012~2021 年，全省博物馆数量由 152 个增加至 267 个，增幅为 75.66%，参观人次增加 1858.29 万人次，增幅为 44.14%，公共图书馆由 188 个增加至 207 个，增幅为 10.11%，公共图书馆书刊文献外借人次增加 132.04 万人次，增幅为 19.2%，图书出版种数由 7794 种上升至 14406 种，增幅为 84.83%。[①]

4. 卫生健康事业稳健前行

2012~2021 年，四川省卫生机构床位数量呈增长态势，由 39.0 万张上升至 66.2 万张，增幅为 69.74%，每万人口卫生技术人员由 48 人增长至 80 人，增幅为 66.67%[②]，人口预期寿命由 75.22 岁增至 77.95 岁，其中男性预期寿命为 75.24 岁，女性预期寿命为 81.12 岁[③]。

（六）社会保障体系逐步建成，社会救助和服务体系健全

社会保障体系是人民生活的安全网和社会运行的稳定器。四川以健全多

---

① 数据来源：国家统计局。

② 数据来源：国家统计局。

③ 数据来源：四川省疾控中心《2021 年四川省人群健康状况及重点疾病报告》。

层次社会保障体系为统揽，以推进社会保险人人享有为重点，以确保社保基金安全为底线，以提升社保经办服务温度为抓手，统筹推进城乡衔接、普惠共享、安全可控、温暖可及的社会保障体系建设。城镇职工基本养老保险、城乡居民社会养老保险、城镇基本医疗保险、失业保险、工伤保险参保人数分别从 2012 年的 1615.35 万人、2828.4 万人、2383.8 万人、585.50 万人、689.40 万人增加至 2021 年的 3178.54 万人、3181.1 万人、8586.2 万人、1128.93 万人、1472.06 万人，增幅分别为 96.77%、12.47%、260.19%、92.81%、113.53%。城镇职工基本养老保险基金收入与支出分别由 2012 年的 1132.01 亿元、927.72 亿元增长至 2021 年的 3596.72 亿元、3346.19 亿元，增幅分别为 217.73%、260.69%；城乡居民社会养老保险基金收入与支出分别由 2012 年的 114.2 亿元、69.0 亿元增长至 2021 年的 384.1 亿元、231.0 亿元，增幅分别为 236.34%、234.78%；失业保险基金收入与支出均出现较大波动，2019 年及 2020 年，失业保险基金支出大于收入；工伤保险基金收入波动幅度较大，支出呈上升趋势，2020 年及 2021 年工伤保险基金支出大于收入（见表 10）。

表 10　2012~2021 年四川省社会保障情况

单位：万人，亿元

指　标	2012 年	2013 年	2014 年	2015 年	2016 年	2017 年	2018 年	2019 年	2020 年	2021 年
城镇职工基本养老保险										
参保人数	1615.35	1720.26	1839.69	1938.98	2157.60	2335.07	2543.71	2700.32	2830.06	3178.54
基金收入	1132.01	1392.91	1576.77	1680.65	2739.90	3295.89	2884.24	2754.94	2662.34	3596.72
基金支出	927.72	1107.56	1313.16	1527.58	2679.95	2276.44	2532.08	2764.18	3104.96	3346.19
城乡居民社会养老保险										
参保人数	2828.4	3001.6	3013.9	3020.4	3052.4	3074.9	3222.4	3368.7	3224.2	3181.1
基金收入	114.2	145.2	150.5	192.0	190.4	250.2	246.5	246.7	313.9	384.1
基金支出	69.0	93.9	110.9	144.1	141.6	159.8	200.3	204.0	212.5	231.0
失业保险										

续表

指 标	2012 年	2013 年	2014 年	2015 年	2016 年	2017 年	2018 年	2019 年	2020 年	2021 年
参保人数	585.50	613.45	635.85	660.95	701.95	776.68	875.11	953.54	1045.74	1128.93
基金收入	71.60	81.61	105.72	102.69	95.34	135.95	104.26	98.85	53.93	76.67
基金支出	24.85	29.36	41.12	59.47	75.61	62.22	80.78	102.87	134.37	71.76
工伤保险										
参保人数	689.40	690.13	709.72	753.22	799.11	876.04	1012.59	1177.14	1320.08	1472.06
基金收入	22.02	27.47	29.07	30.62	29.26	32.69	41.89	38.95	23.38	45.27
基金支出	17.98	20.23	22.28	23.31	23.78	26.18	30.20	34.13	34.31	45.33

注：2012 年 8 月起，新型农村社会养老保险和城镇居民社会养老保险制度全覆盖工作全面启动，合并为城乡居民社会养老保险。

数据来源：国家统计局。

低保人员数量呈下降态势，城镇低保人员数量在十年间下降 67.97 万人，降幅为 36.47%，农村低保人员数量在十年间下降 68.17 万人，降幅为 15.69%。2021 年，城乡最低生活保障标准低限分别为 695 元/月、514 元/月，相较于 2012 年有较大幅度提升。

（七）脱贫攻坚取得伟大胜利

四川历史性终结绝对贫困和区域性整体贫困。把脱贫攻坚作为最大的政治责任、最大的民生工程、最大的发展机遇，聚焦"两不愁三保障"，精准施策下足绣花功夫，尽锐出战攻坚深度贫困。全省 88 个贫困县全部摘帽、11501 个贫困村全部出列，在全国脱贫攻坚年度考核中获得五连"好"。136 万多人搬离"一方水土养不好一方人"的地方，217 万多人住上"安全房"，414 万多人喝上"放心水"，贫困患者县域内住院和慢性病门诊自付费用低于 10%，116.2 万贫困家庭学生应读尽读。四大集中连片贫困地区全部通高速公路，新增 346 个乡镇通油路、1.65 万个建制村通硬化路。实施农业产业扶贫项目 1.9 万个，群众长远生计更有保障。流转土地增减挂钩节余指标，帮助贫困地区筹集资金 441.6 亿元。三年新增投入财政资金 293 亿

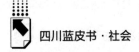
元，集中力量攻下全国"难中之难、坚中之坚"，凉山彝区实现新的"一步跨千年"。①

二　2022年四川省社会建设成就

2022年对四川社会发展来说是充满挑战的一年，国内新冠疫情高发频发，对经济造成持续反复冲击。四川遭遇罕见高温干旱灾害，1.3万户规模以上工业企业因缺电被迫停产，农业生产不同程度受灾；连续遭遇3次6.0级及以上地震，接连发生山洪泥石流等重大自然灾害；受国际局势影响，部分产业链供应链受阻甚至中断。② 面对严峻的形势，四川各项社会事业在挑战中平稳发展。

（一）积极应对劳动就业面临的挑战

2022年，面对疫情、高温等对经济造成的冲击，面对就业形势的巨大压力，四川省出台"稳就业15条"等政策措施，通过降低企业用人失业保险单位缴费费率、减免企业和个体工商户房租、省重点项目对就业的拉动作用、吸纳就业补贴、购买基层服务岗位、加强创业扶持与创业载体建设、扩大科研助理岗位聘用规模、完善农民工服务组织体系、提高劳务输出组织化程度、公益性岗位安置就业困难人员、深入实施职业技能提升行动③等一系列保障就业政策措施，落实"降、缓、返、补"社保费系列政策，缓缴四项社保费78亿元，发放稳岗返还资金26亿元，2600多万名农民工就业总体稳定。针对高校毕业生，出台"青年就业创业13条"政策措施，通过鼓励企业吸纳就业、稳定政策性岗位规模、拓宽基层就业空间、支持自主创

---

① 资料来源：2023年四川省人民政府工作报告。
② 资料来源：2023年四川省人民政府工作报告。
③ 资料来源：《四川省人民政府关于印发进一步稳定和扩大就业十五条政策措施的通知》（川府发〔2022〕12号）。

业、支持灵活就业、扩大就业见习规模等措施①，面向高校毕业生提供政策性岗位 22 万个，其中设立 3 万个公共卫生特别服务岗，进一步保障高校毕业生就业。

2022 年，城镇新增就业 99.6 万人，农村劳动力转移就业稳定在 2600 万人以上②，受疫情反复及高温天气等影响，四川城镇调查失业率阶段性升高，全年城镇调查失业率均值为 5.7%，较上年有所上升③。

（二）在复杂环境中保障城乡居民生活水平

1. 城乡居民可支配收入持续增长④

2022 年，四川城乡居民可支配收入延续上涨态势，全年全体居民人均可支配收入 30679 元，比上年增长 5.5%。城镇居民人均可支配收入 43233 元，比上年增加 1789 元，比上年增长 4.3%。其中，工资性收入 25053 元，增长 4.7%；经营净收入 4999 元，增长 4.2%；财产净收入 3381 元，增长 1.8%；转移净收入 9801 元，增长 4.4%。农村居民人均可支配收入 18672 元，比上年增加 1097 元，比上年增长 6.2%。其中，工资性收入 5844 元，增长 6.0%；经营净收入 7045 元，增长 5.9%；财产净收入 628 元，增长 7.0%；转移净收入 5156 元，增长 6.9%。

从支出结构方面来看，城乡居民发展型和享受型消费有所上涨，恩格尔系数相较上年明显降低。2022 年城镇居民人均消费支出 27637 元，增长 2.5%。其中，食品烟酒支出增长 1.2%，衣着支出下降 3.7%，交通通信支出下降 1.8%，教育文化娱乐支出增长 3.2%，城镇居民恩格尔系数为 33.9%。农村居民人均消费支出 17199 元，增长 4.6%。其中，

---

① 资料来源：《关于印发进一步促进高校毕业生等青年就业创业十三条政策措施的通知》（川人社发〔2022〕13 号）。
② 数据来源：《关于四川省 2022 年国民经济和社会发展计划执行情况及 2023 年计划草案的报告》。
③ 数据来源：国家统计局四川调查总队新闻发布会。
④ 数据来源：《2022 年四川省国民经济和社会发展统计公报》。

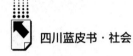

食品烟酒支出增长 3.7%，生活用品和服务支出增长 6.0%，教育文化娱乐支出增长 10.1%，医疗保健消费支出与上年持平，农村居民恩格尔系数为 36.0%。

2. 多种方式促进消费潜力释放

面对复杂的形势与挑战，为促进消费恢复发展，四川省商务厅、财政厅联合出台《关于促进消费恢复发展的若干政策》，从支持各地发放消费券、支持各地组织汽车促销、支持各地开展家电促销与补贴、支持各地举办综合型主题促销活动、对受疫情影响严重且经营困难餐饮企业应缴的水电气费用给予补贴、"服保贷"支持中小微企业等 6 个方面安排省级财政专项资金进行补助，加大助企纾困力度，加快释放消费潜力。截至 12 月底，21 个市州共计发放消费券 13.8 亿元，直接拉动消费 171 亿元。

同时，应该看到消费市场低迷、消费疲软的问题还是比较突出的。全年社会消费品零售总额 24104.6 亿元，比上年下降 0.1%。按经营地分，城镇消费品零售额 20122.5 亿元，比上年增长 0.9%；乡村消费品零售额 3982.1 亿元，下降 5.1%。按消费类型分，商品零售额 21093.1 亿元，增长 1.5%；餐饮收入 3011.5 亿元，下降 10.1%。① 化妆品、金银珠宝、体育娱乐用品等升级类消费持续两位数下降。房地产市场面临严峻挑战，房地产业增加值、房地产开发投资、商品房销售面积均不同程度下降；与此相关的家具类商品零售额下降 20.6%。城乡居民人均生活消费支出增速分别比上年回落 4.8 个和 5.4 个百分点，大于收入的回落幅度。②

3. 重要民生商品价格保持稳定

2022 年居民消费价格指数涨幅温和，全年居民消费价格（CPI）比上年上涨 2.0%，其中，医疗保健类上涨 0.6%，居住类上涨 1.0%，教育文化和娱乐类上涨 2.0%，食品烟酒类上涨 1.9%。商品零售价格比上年上涨 2.9%。重要民生商品保供稳价事关民生福祉，四川省积极贯彻落实《四川

① 数据来源：《2022 年四川省国民经济和社会发展统计公报》。
② 数据来源：2022 年四川经济形势新闻发布会。

省完善重要民生商品价格调控机制实施方案》，根据不同商品品种、不同状态情形、不同阶段环节，建立健全覆盖常态、价格异常波动和应急状态，以及生产、流通、储备等各个环节的调控措施体系，合力保障全省重要民生商品供应和价格的基本稳定。

（三）教育规模持续扩大

2022 年在校学生与专任教师规模持续扩大。截至 2022 年末，共有各级各类学校 2.3 万所，在校生 1637.7 万人（不含非学历教育注册学生及电大开放教育学生），教职工 126.3 万人，其中专任教师 101.2 万人，在校生、教职工、专任教师数量分别比上年增加 10.6 万人、2.9 万人、2.0 万人，分别上涨 0.65%、2.35%、2.02%。

分类型来看，不同类型学校招生人数与在校生数呈现不同的发展态势。相较上年，小学、初中招生与在校生数呈现略微下降趋势，普通高中、特殊教育、高等教育招生与在校生数呈现上涨态势，其中高等教育涨幅最为猛烈，中等职业教育招生人数相较上年有所减少，在校学生人数则有所上升。2022 年末，共有普通小学 5213 所，招生 88.4 万人，在校生 545.0 万人，招生人数与在校生数分别比上年下降 1.2 万人、4.0 万人，降幅分别为 1.34%、0.73%；普通初中 3353 所，招生 92.3 万人，在校生 277.5 万人，招生人数与在校生数分别比上年下降 0.9 万人、2.3 万人，降幅分别为 0.97%、0.82%；普通高中 809 所，招生 50.3 万人，在校生 146.5 万人，招生人数与在校生数分别比上年增加 1.3 万人、2.7 万人，增幅分别为 2.65%、1.88%；特殊教育学校 137 所，招生 0.4 万人，在校生（含附设特教班）1.8 万人；中等职业教育学校（含技工学校）463 所，招生 41.3 万人，在校生 108.3 万人；普通高校 134 所，全年普通本（专）科招生 67.4 万人，增长 11.7%，在校生 205.2 万人，增长 6.8%，毕业生 51.0 万人，增长 13.0%。研究生培养单位 36 家，招收研究生 5.3 万人，在校生 15.9 万人，研究生招生与在校人数分别增加 3.92%、8.16%，毕业生 3.9 万人。成人高等学校 12 所，成人本（专）科在校生 40.7 万人，参加学历教育自学考试 33.3 万人次。职业技术培训机构 2332 家，职业技术培训注册学员 96.8 万人次。①

（四）医疗救治能力进一步增强

2022 年末，全省医疗卫生机构 74123 家，其中医院 2547 家（民营医院 1867 家），基层医疗卫生机构 70671 家。医疗卫生机构床位 68.4 万张，较上年增加 2.3 万张，增长 3.48%，卫生技术人员 69.8 万人，较上年增加 2.4 万人，增长 3.56%。全年医疗机构总诊疗人次 54947.0 万人次，其中医院 23813.0 万人次（民营医院 4147.9 万人次），基层医疗卫生机构 29086.3 万人次。出院 1877.4 万人，其中医院 1372.3 万人（民营医院 330.1 万人），基层医疗卫生机构 449.7 万人。县域内住院率为 95.2%。孕产妇死亡率、婴儿死亡率和 5 岁以下儿童死亡率持续下降，分别降至 13.09/10 万、4.17‰、6.67‰。②

（五）社会保障事业稳步推进

2022 年末，参加城镇职工基本养老保险人数 3327.2 万人，参加城乡居民基本养老保险人数 3171.3 万人，参加基本医疗保险人数 8393.9 万人，参加失业保险人数（不含失地农民）1179.0 万人，参加工伤保险人数 1544.8 万人，参加生育保险人数 1216.8 万人。全年纳入城市低保人数 52.2 万人，农村低保人数 342.6 万人，城乡特困人员 44.2 万人。年末社区服务机构和设施 18508 个。

四川稳慎推进社会保障制度改革，全面对接企业职工养老保险全国统筹制度，积极推进机关事业单位养老保险制度改革，完善城乡居民养老保险制度，稳步开展个人养老金制度试点工作；深入实施全民参保计划，稳步推进新就业形态就业人员职业伤害保障试点，将全省快递员全覆盖纳入

---

① 数据来源：根据 2021 年、2022 年四川省国民经济和社会发展统计公报整理。
② 数据来源：根据 2021 年、2022 年四川省国民经济和社会发展统计公报整理。

工伤保险范畴；充分发挥社会保障体系"安全网"和"稳定器"作用，调整全省退休人员基本养老金水平和工伤人员相关待遇，提高城乡居民基础养老金，对特困行业和中小微企业阶段性实施缓缴养老保险费政策。全省社保卡持卡人数达 8958 万人，其中已发行三代卡 2131 万张，发行量稳居全国第二。

四川省社保系统紧紧围绕全面建设群众满意的人社公共服务体系和"温暖人社"的目标，大力推进社会保险公共服务标准化建设，经办能力不断增强，服务水平持续提升，在业务经办过程中实现服务事项名称、设定依据、办理流程、办理方式、所需材料、办结时限等要素在省、市、县、乡"四级四同"和全省范围内"无差别受理、同标准办理"。

（六）脱贫攻坚成果进一步巩固拓展①

2022 年是巩固拓展脱贫攻坚成果同乡村振兴有效衔接的深化之年，也是巩固拓展脱贫攻坚成果极为不易的一年，在省委、省政府的坚强领导下，经过全省上下的共同努力，特别是克服疫情、灾情带来的不利影响，牢牢守住了不发生规模性返贫的底线。

一是监测帮扶创新优化。将防止返贫监测收入标准提高到 6800 元，将对象识别缩短到 15 天以内，将监测帮扶重心放到"盯村抓户"上。全省所有监测对象均落实了针对性帮扶措施，做到了早发现、早干预、早帮扶。二是风险挑战有效应对。省委、省政府制定并实施应对疫情灾情影响巩固拓展脱贫攻坚成果 27 条措施，第一时间开通"先救助、后纳入"绿色通道；全面落实保障政策，138.2 万脱贫人口纳入低保兜底，"三保障"和饮水安全保障水平逐步提升。三是脱贫户家庭收入增长较快。2022 年，脱贫劳动力（含监测对象）务工就业规模达 232.22 万人，比 2021 年增加 6.22 万人；中央、省级衔接资金用于产业发展占比分别达到 56.7%、50%以上，安排实施产业发展项目近 9000 个；全省脱贫户家庭年人均纯收入 12631 元，增速为

---

① 资料来源：四川省乡村振兴局。

14.2%，高于全省农村居民人均可支配收入增速。

2022年四川坚持稳岗就业、产业帮扶、消费帮扶综合发力，全年脱贫劳动力（含监测对象）务工就业规模达232.22万人，比2021年增加6.22万人，"天府乡村"带动脱贫地区产品销售规模达202.95亿元。乡村振兴重点帮扶县方面，50个重点帮扶县科技特派团、产业顾问组、教育医疗人才"组团式"帮扶实现全覆盖，50个县新改建农村公路2992.39公里，实现100%行政村通硬化路、通光纤和4G网络。协作帮扶方面，全年东西部协作实施项目867个，新增浙江来川投资企业590家，实际投资489.7亿元；省内对口帮扶实施项目929个，3.4万驻村第一书记和驻村干部坚守一线。易地搬迁方面，2022年全省上下一体推进集中安置区产业帮扶、就业促进、社区治理、社会融入等工作，全年投入资金11.9亿元，实施后续产业项目280个。3000人以上大型安置区累计建成产业园区、帮扶车间22个；49.08万搬迁劳动力稳定就业，"零就业"家庭实现动态清零，搬迁群众年人均纯收入实现1.23万元，增速为14.2%，78个集中安置区规范化建设初见成效。乡村建设乡村治理方面，制定出台《四川省乡村建设行动实施方案》，"2+14+2"行动方案体系初步构建，支持12个农村人居环境整治重点县建设，扎实开展农村户厕问题摸排整改"回头看"，完成2329个村64.5万户卫生厕所新（改）建任务。在293个村创新开展积分制、清单制试点，凉山在全国率先出台移风易俗条例等。

2023年四川省将着力构建"三大体系"，实施"五大行动"，用心用情用力，持续把脱贫攻坚成果巩固住、拓展好，确保不出现整村整乡返贫现象。

三 2023年四川省社会建设领域的新形势与新挑战

（一）多元社会形态的社会治理路径亟须进一步探索

党的十八大以来，社会治理成为从中央到四川省委的重大关切与时代命题。近年来，中央有关社会治理的大政方针经由各地的实践探索，形成了政策视域下多元多样的理论观照与鲜活经验。然而，社会发展的非均衡性，是当代四川的基本省情。四川省作为我国西部地区的内陆大省，社会形态多元多样、治理情境复杂多变，区域内民族、地貌、资源禀赋差异较大，既有超大城市也有工业城镇，既有发达乡村也有民族村落，发展不平衡不充分矛盾突出，同中东部地区相比，社会治理具有十分明显的区域特色，也遵循着较为不同的理论与实践逻辑。近年来，以成都为代表的四川各地，在社会治理领域深耕细作，积累了大量的实践经验。然而面对多元多样、发展进程不一的社会形态，在区域高质量发展与均衡发展的视阈下，探索符合四川省情的社会治理格局，夯实全省经济社会全面发展的底部根基，通过不断深化探索的社会治理实践，形成国家治理体系现代化的四川路径，意义重大。作为正在探索中的实践领域，四川有关多元社会形态的社会治理的生动探索还存在不足，还需要立足四川社会领域"非均衡发展"的基本省情，对多元社会形态的社会治理作出实践探索。

具体而言，四川省社会治理尚存在短板，表现为超大城市社会治理水平相对较高而其他城市社会治理水平相对较低、城市社会治理水平相对较高而农村社会治理水平相对较低、少数民族地区社会治理水平相对较低等情形，既不利于"五位一体"战略布局中社会建设的稳步推进，也是导致城乡关系互动不畅，不利于新型城镇化战略的顺利实施，大中小城市社区治理差异加剧，不利于推进协同发展，公共资源利用不充分，不利于基本公共服务的均等化和精细化，党和政府联系群众的末梢端梗阻，不利于基层政权的巩固等问题的原因。这些问题，迫切需要通过进一步加强多元化的社会治理机制创新进行有效化解。

（二）县域社会治理的工作模式亟待进一步探索

中国传统社会中，县级政权一直是最稳定的基层治理单元，县域治理历来为安邦定国的基础。对于四川省而言，市域、街镇、社区乃至小区层面已经有了大量的基层治理实践，积累了丰富的经验，但在基层组织的总体性统筹治理与系统治理，同时持续激发社会多元主体的创造性与能动性方面治理经验较为缺乏，这主要是因为县域层面的治理经验尚未被充分探索和有效累积。如何通过县域的统筹治理，令基层治理中乡镇（街道）、村（社区）的组织权责归位，不仅直接关乎基层治理体系的良性运行，还是国家与社会良性互动、上下一体的最直接、最深刻体现。这更加需要将两级组织放置在制度和规则设计与制定的适宜层级来总体性统筹，而县域政权（相对于市域政权）因直接面对民众、服务民众，是功能完备的最后一级基层政府，在基层治理体系中，对治理指令、治理资源与治理主体的总体性统筹功能无法替代，意义重大。下一步，四川省有关县域社会治理的工作模式，还需要进一步探索。

（三）社会活力尚需进一步激发

在我国社会转型这一关键时刻，城乡形态深刻重塑、社会结构深刻变化、利益格局深刻调整。在此情境下，加强和创新基层社会治理，进一步激发社会活力显得尤为重要，具体表现在四个方面。一是有利于激发"人"的活力。推动居民平等表达利益诉求，积极参与社区活动，共建共享社会发展成果，促进人的自我价值、社会价值的实现，推动群众自治有活力、有秩序。二是有利于激发"社会"活力。推动政府向社会放权，拓宽共建共治共享渠道，实现政府、社区组织、市场主体和社会力量和谐有序，各项生产要素高效运转，增强社会发展活力。三是有利于维护社会和谐。将从源头上发现问题、化解矛盾、减少纠纷，进一步有效破解社会治理难点、痛点、堵点，营造良序善治、睦邻友好的良好社会氛围，促进社会和谐稳定。四是从基层社会治理的角度，激发经济活力。随着城市化和现代化进程的推进，城乡社区已从过去的社会微观主体转变为辐射范围广阔、功能齐全、消费群体众多、消费潜力巨大的社会共同体和消费共同体。加强和创新社区治理，有利于促进消费升级，在以国内大循环为主体、国内国际双循环相互促进的新发展格局下，可以有效促进消费回补和潜力释放，激活新的消费需求，推动消费升级。有利于稳定社会就业，进一步拓展服务、丰富供给，通过引入社会企业、社会组织等多种市场主体，通过消费升级、需求释放，容纳更多的社区服务就业岗位，促进社会就业。有利于催生新的经济形态，进一步催生大批社区经济新业态，形成新的经济增长点，从而夯实城乡经济发展基石，增强经济发展后劲，推动城乡经济社会可持续高质量发展。

四　对策建议

（一）将"三治融合"作为应对多元社会治理的关键基础

不论社会形态如何多元多样，"三治融合"都将是社会治理特别是基层治理的关键基础。探索法治、德治、自治"三治"有机融合的社会治理模式，提升协商共治能力。首先，加强社区法治建设。鼓励各地制定完善城乡社区治理的地方性规章。积极谋划普法工作，发挥警官、法官、检察官、律师、公证员、基层法律服务工作者的作用，大力开展法律进社区活动。建立"社区法律之家"，推进"一社区一法律顾问"全覆盖，引导群众依法表达利益诉求。其次，加强社区德治引领。培育向上向善向美的社区精神。开办"文化讲堂"，促进"创新创造、优雅时尚、乐观包容、友善公益"的文化深度融入社区建设和居民生活。积极发展社区教育，开展学习型社区建设。探索建立乡愁展示馆、创意设计馆、艺术馆等，打造社区"文化家园"品牌。保护和传承非物质文化遗产。开展道德教化工作，建立健全社区道德评议机制，加强家规家风建设，发现和宣传社区道德模范、好人好事，引导社区居民崇德向善。最后，加强社区自治功能。加强基层群众性自治组织规范化建设，凡涉及社区公共利益的重大决策事项、关乎居民群众切身利益的实际问题和矛盾纠纷，原则上由社区党组织、基层群众性自治组织牵头，组织居民群众协商解决。建立村（居）民有效参与社区公共事务的制度规范，强化村（居）民公共意识和公共精神。完善村（居）民议事会、村（居）民代表会、村（居）务监督委员会运行机制，深化村（居）务公开。探索推进院落（小区）、农民集中居住区居民自治。充分发挥自治章程、村规民

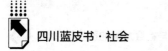

约、居民公约在社区治理中的积极作用，弘扬公序良俗，促进群众依法自我管理、自我服务、自我教育、自我监督。

（二）将信息技术作为"干预"社会矛盾、促进和谐的重要变量

围绕提升社会治理智能化、精细化水平，推动新一代信息技术与社会治理深度融合，构建基层社会的智慧管理新模式。完善信息基础设施建设。推动老旧小区的信息基础设施改造，促进基础设施互联互通。加快公共区域无线网络覆盖，加强一体化信息服务站、信息服务自助终端等便民服务设施建设。推广运用信息服务。推进智慧物业平台建设和功能运用，实现在线缴费、人脸识别、车辆识别、"24小时"智能监控预警等智慧物业服务，推进社区生活服务智能化、便捷化。积极运用人工智能、大数据、5G、区块链等参与基层治理和服务体系建设，建设全省联网、互联共享的城乡社区综合信息平台，实现系统集成和信息数据互通共享。打造"互联网+市民服务"App，集政务服务、生活服务、社区服务等于一体，探索数据互通、服务共享。升级网络理政平台，提升关于社区治理等诉求的分析能力。探索推进居民小区治理信息数据的统计分析和价值挖掘，发挥大数据在政府行政监管、社会治理等方面的作用。实施"互联网+社区"行动计划。稳步推进智慧社区建设，开展智慧社区试点示范，增强智慧社区建设的安全性、服务性和可持续性。推进智慧平安小区建设，统筹推进数字乡村建设，大力开展"平安法治乡村"建设，深入推进农村"雪亮工程"，全覆盖完成村级综治中心规范化建设等。

（三）以发展促治理的同时，积极培育发展基层城乡社区服务经济

不断探索基层城乡社区服务新形式和新发展模式，实现社区长效有力发展。积极发展社会企业。探索社会企业工商登记和行业认证制度。支持物业服务等企业转化为社会企业，促进公益性优质社会组织转型为社会企业。探索社会企业、社会组织托管政府和社区公共空间开发无偿和低偿收费的公益项目。建立健全政府购买服务机制。引进和培育适合社区特点的创新创业平

台，促进社区创业，打造社区孵化、园区转化的双创生态。积极开发社区公益岗位，做好动态就业援助。鼓励社区探索创办服务居民的社会企业。充分利用社区内学校、企业、机构的培训资源，面向社区居民开展创新创业培训，为城乡居民创业提供咨询指导。探索发展社区新业态。重点围绕人居、休闲、康养、健身、文化、教育培训等生活性服务领域，培育社区服务新业态、新模式，满足居民生活消费方式由生存型、传统型、物质型向发展型、现代型、服务型转变的需要，提高居民生活品质。协调推动第三方服务机构发展，积极引入便民利民高效的属地型社区电商、共享经济等，助推社区"新经济"发展。做好社区重点企业、重大项目的跟踪服务，畅通与企业（项目）负责人的双向沟通渠道，营造社区良好的产业发展环境。

社会治理篇
Social Governance

B.2
新时期乡村治理的四川实践[*]

曾旭晖　吕品[**]

摘　要： 党和国家提出建设社会主义现代化强国要实现"国家治理体系和治理能力现代化"。社会治理的基础在基层，乡村治理是社会治理的重点和难点。进入新时期，四川省在探索实现"乡村治理体系和治理能力现代化"的过程中，形成和总结了许多有效经验，取得成绩的同时也存在诸多问题。本文梳理中国特色的乡村治理理论，分析了四川乡村治理的社会基础，总结了新时期四川在探索乡村治理现代化途径过程中的具体实践。在此基础上，从坚持党建引领、发展乡村产业、加强人才引育、探索机制创新、加强法治建设、加强德治建设六个方面，为后续坚持推进

---

* 本文系研究阐释党的十九届六中全会国家社会科学基金重点项目"青藏高原农牧民共同富裕的阶段目标、推进路径与重点任务研究"（22AZD012）和四川省哲学社会科学研究阐释习近平总书记来川视察重要指示精神和省第十二次党代会精神重大项目"四川促进共同富裕的实现路径研究"（SC22ZDYCB）的阶段性成果。

** 曾旭晖，四川省社会科学院农村发展研究所研究员，研究方向为农村社会学；吕品，四川省社会科学院，研究方向为社会学。

"治理体系和治理能力现代化"和形成"三治合一"的治理格局提出了具体的对策建议。

关键词： 治理体系和治理能力现代化　乡村治理　四川

乡村治，社会安，国家稳。乡村治理是国家治理的基石，习近平总书记明确要求"要夯实乡村治理这个根基"，多次强调要"创新乡村治理体系"。党的十九届四中全会决议提出要"推进国家治理体系和治理能力现代化"，可以说，没有乡村治理的现代化，就没有国家治理体系和治理能力的现代化。加强和创新乡村治理，既是推进国家治理体系和治理能力现代化的题中应有之义，也是夯实党的执政基础，巩固基层政权的必然要求，不仅关系农村改革发展，更关乎党长期执政、国家长治久安和广大人民群众的切身利益。

一　新时期乡村治理的新要求

党的十八大以来，坚持和完善中国特色社会主义制度，推进国家治理体系和治理能力现代化成为全面深化改革总目标。党的十八届三中全会提出，创新社会治理体制。党的十九大提出乡村振兴战略，把"治理有效"列为五大总要求之一，并提出城乡融合发展的原则。党的十九届四中全会聚焦"推进国家治理体系和治理能力现代化"，强调要"健全党组织领导的自治、法治、德治相结合的城乡基层治理体系"。党的十九届六中全会进一步提出要"建设共建共治共享的社会治理制度，建设人人有责、人人尽责、人人享有的社会治理共同体"。党的二十大报告中提到要全面推进乡村振兴，坚持农业农村优先发展，坚持城乡融合发展，畅通城乡要素流动，扎实推动乡村产业、人才、文化、生态、组织振兴。

社会治理的基础在基层，乡村治理是社会治理的重点和难点。党的十九大明确提出，健全自治、法治、德治相结合的乡村治理体系。2019年中共中央办公厅、国务院办公厅印发《关于加强和改进乡村治理的指导意见》，明确要坚持和加强党对乡村治理的集中统一领导，坚持把夯实基层基础作为固本之策，把治理体系和治理能力建设作为主攻方向，把保障和改善农村民生、促进农村和谐稳定作为根本目的。2021 年 7 月，《中共中央 国务院关于加强基层治理体系和治理能力现代化建设的意见》发布，就加强基层治理体系和治理能力现代化建设的指导思想、工作原则、主要目标、重点任务、组织保障等做了前瞻性布局、全局性谋划、系统性部署，为新时代加快推进基层治理现代化提供了根本遵循和行动指南。

二　中国特色乡村治理理论

（一）乡村治理及其研究

治理体现了人类社会文明的发展和进步。虽然我国乡村治理的实践由来已久，但将"乡村治理"放到学术研究中最早是 20 世纪 90 年代末由华中师范大学中国农村问题研究中心的学者提出的，不同的学者对其定义的重点有所不同。大致来说，可以归纳为两种：一种就如俞可平①、党国英②等人所认为的，乡村治理是政府或权威机构为乡村社会提供公共产品的活动。另一种则如贺雪峰③等人认为的，乡村治理是通过一定的组织形式和机制制度对乡村社会进行管理。

从治理理论可以看出，治理的主体多种多样，各自具有不同的分工和能力。大多数学者都秉承治理主体多元化的思想，但不同学者对治理主体有各自的侧重点，并对此进行了自己的界定，基本都考虑到了权威机构组织在乡村治理中的重要作用。乡村治理多元化应该以政府治理为基础，并以社区自主治理为方向，同时以民间组织为有效载体，开展多向度合作，对政府治理

---

① 俞可平：《治理和善治引论》，《马克思主义与现实》1999 年第 5 期。
② 党国英：《我国乡村治理改革回顾与展望》，《社会科学战线》2008 年第 12 期。
③ 贺雪峰、董磊明、陈柏峰：《乡村治理研究的现状与前瞻》，《学习与实践》2007 年第 8 期。

的力所不及形成补充，一定程度上也能解决政府在治理过程中的错位问题。

在治理过程中，乡村治理的机制、结构为各方利益主体实现自身利益而与其他利益群体进行博弈提供了平台，各治理主体在治理过程中彼此间不断博弈，以期形成均衡的治理状态。针对乡村治理机制的建立，制度和规则两个层面的制定是其最重要内容之一。这里所谓的制度，广义上讲包括国家和地方的法律、法规以及组织内部正式的规章制度，更倾向于应然层面，以顶层设计的方式为主。而规则是根据社区不同的发展阶段，结合具体情况而制定的操作规程。它更强调社区的自我制定，贴合社区真实的需求，具有因地制宜的特点，能够根据不同时段的情况进行调整，更具灵活性和机动性。

（二）当代乡村治理理论的新发展

中国特色社会主义进入新时代，乡村治理理论也实现不断创新发展。邱春林[①]认为主要有以下三个方面：一是将"五位一体"的总体布局和"四个全面"的战略布局作为乡村治理现代化的理论指导。当前，针对如何依法治理农村、如何建设科学高效的乡村治理机制以及如何保障农民的合法权益等诸多问题，迫切需要按照全面依法治国的指导思想，全面依法治村。二是精准扶贫战略中的贫困治理理论。我国脱贫攻坚战取得全面胜利，在现行标准下9899万农村贫困人口全部脱贫，832个贫困县全部摘帽，区域性整体贫困得到根本性解决，完成了消除绝对贫困的艰巨任务。[②] 在脱贫攻坚实践中，创造了具有中国特色的减贫治理理论。三是治理现代化的总体目标推动乡村治理理论创新。从党的十八届三中全会明确把"推进国家治理体系和治理能力现代化"作为全面深化改革的目标，到党的十九大首次提出构建自治、法治和德治相结合的现代乡村治理新体系的任务，启动实施乡村振兴战略，到党的十九届四中全会对此作出新的专门部署和安排，再到开启全面建设社会主义现代化国家新征程，值得关注的是2022年《关于落实党中央

---

① 邱春林：《中国特色乡村治理现代化及其基本经验》，《湖南社会科学》2022年第2期。
② 国务院新闻办公室：《人类减贫的中国实践》白皮书，2021年4月。

国务院 2022 年全面推进乡村振兴重点工作部署的实施意见》及 2023 年《关于落实党中央国务院 2023 年全面推进乡村振兴重点工作部署的实施意见》中，都提出要"扎实有序推进乡村发展、乡村建设、乡村治理重点工作"。乡村治理现代化的目标可谓越来越清晰、越来越具体，这一目标和任务也是实现国家治理体系和治理能力现代化的题中应有之义。

三 四川乡村治理的社会基础与特征

不同地区有着不同的治理实践，四川的乡村治理实践要考虑到四川省各个地方的社会基础和特征，因地制宜，发展地方特色模式。总的来说，主要有以下几点。

一是四川农村人口的社会流动性增加，具有明显的区域特征。如受益于城市较高经济发展水平和区域经济的带动作用，位于城市近郊的乡村，其人口流动主要是就近寻找就业机会；位于其他偏远地区的乡村，劳动力流失的情况较为严重，且人口流出以沿海发达地区为主，与乡村的联系也逐渐减少。

二是农村"老龄化"和"空心化"的情况严重，未能得到有效处理。随着中国经济和城市化进程的快速发展，各种资源向城市聚集，大量乡村青壮年劳动力不断涌入城市，许多农村以妇女、儿童和老人为主体的留守群体规模不断扩大，人才流失严重。

三是村民收入来源逐渐从单一转变为多元，收入差距也随之扩大。随着改革开放不断深化，"三权分置"重要创举的不断落实，大量农业劳动力从土地中解放出来从事其他非农产业，农民收入来源不断多元化，农民之间的收入差距也随之扩大。

四是农民居住方式逐渐从分散向集中转变。工业化和城市化发展对土地需求的增加，农业产业化发展对生产经营集聚的要求，以及农村居民对医疗卫生、文化体育、道路交通、集贸市场等社区公共设施的配套需求都使农民集中居住成为一种必然的发展趋势。随着城乡一体化、城乡融合发展，农民逐渐从散居向集中居住转变。

五是大量社会资源涌入农村，既有政府财政资金，也有工商资本或城市各种资源。党和国家高度重视"三农"问题，陆续出台各类普惠性政策和各种财政补贴政策。近年来，随着乡村振兴战略的实施，不仅各级政府对乡村的资源投入力度加大，社会各界的许多资源也广泛涌入农村。

四 新时期乡村治理的四川实践

乡村治理是国家基层治理的重要组成部分，也是乡村振兴战略的重要环节。近年来，随着乡村振兴战略的实施，全国各地把乡村治理体系建设作为乡村振兴的重要内容加以推进，取得了重要进展和成效。

四川省自 2019 年以来结合中央农办等 6 部门批复的全国乡村治理体系建设试点，把乡村治理纳入目标考核管理。各试点县（市、区）主动作为、积极探索、大胆实践，涌现出一批可复制、可推广的试点经验，乡村治理体系建设工作取得了显著成效。四川省积极组织各地创建全国乡村治理示范村镇，推介全国乡村治理典型案例 6 个，并将第一批全国乡村治理示范村镇创建的典型案例编印成《全国乡村治理示范村镇典型经验（四川篇）》一书发行；截至 2022 年 11 月，四川省已建成全国乡村治理示范乡镇 12 个、示范村 119 个，并将全国乡村治理体系建设试点示范工作试点期延长至 2022 年底；同时，四川省还同步开展为期 3 年的全省乡村治理示范村镇创建工作，共创建全省乡村治理示范乡镇 120 个、示范村 1200 个。2022 年 10 月，省农业农村厅、省乡村振兴局联合印发《四川省乡村治理体系建设试点成果清单（第一批）》，推出三大类共 18 项试点经验做法。①

（一）以政策支撑，筑牢治理基础

近年来，四川省委、省政府认真贯彻执行中央的相关文件和精神，相继

---

① 《四川建成全国乡村治理示范村 119 个》，《四川日报》2022 年 11 月 10 日。

出台了《关于进一步加强和完善城乡社区治理的实施意见》《关于坚持农业农村优先发展推动实施乡村振兴战略落地落实的意见》《关于印发〈四川省乡村治理示范村镇创建工作方案〉的通知》等多个有助于推动四川乡村治理体系建设的相关文件。这些文件结合四川乡村的实际情况，彰显出乡村治理的四川特色，同时具有一定的共性。共性之一是强调发挥基层党组织的核心作用，以党建引领乡村治理。其二是鼓励推广成熟地方的乡村治理创新实践，发挥示范引领作用。其三是突出改革创新，激活农村资源要素，夯实乡村治理根基。

（二）做好"两项"改革后半篇文章，促进乡村振兴

为全面贯彻落实党的十九届四中全会精神，奋力推动"治蜀兴川"再上新台阶，2019年四川省委以习近平总书记关于优化行政区划、加强基层治理的重要论述为根本遵循，在全省范围内开展乡镇行政区划和村级建制调整改革（以下简称"两项"改革）。"两项"改革是四川省全面推进乡村振兴的先手棋、加快农业农村现代化的关键一招、深化基层治理改革的主要抓手，是近年来四川省开展的涉及范围最广、群众关注度最高、影响程度最深的重大基础性改革之一。在"两项"改革启动之前，四川省乡镇数量为4610个，居全国第一，而建制村数量更是多达45447个，这使得四川省乡镇和建制村的设置呈现"多、小、密、弱"的特点。镇村数量多而规模小，分布密但实力弱，严重地削弱了镇村的治理能力与发展动力。经过改革，全省乡镇数量从改革前的4610个减少到改革后的3101个，调减幅度为32.7%。建制村数量从改革前的45447个减少到改革后的26369个，调减幅度为42.0%。①

目前，以提质增效为重点的"两项"改革后半篇文章正在稳步推进中，各市（州）坚持问题导向、基层导向、发展导向、民生导向、目标导向、

---

① 《重塑乡村经济和治理格局——四川乡镇行政区划和村级建制调整改革调查》，《四川日报》2021年6月24日。

结果导向，落地落实各项政策，高质量完成后半篇涉及的四项重点任务，即优化资源配置、提升发展质量、增强服务能力、提高治理效能。如绵阳市开展便民服务"亲老化"改造，让老年人办事无障碍，建设镇村便民服务体系，在增强服务能力方面，便民服务、综合执法等工作已在全省"破冰"先行。[1]

（三）把乡村治理融入乡村产业发展中

产业振兴是乡村振兴的重中之重，其主要目标是构建现代乡村产业体系。乡村产业也是乡村治理、乡村发展的根基。四川省委全面贯彻落实党的二十大精神，深入贯彻习近平总书记关于"三农"工作的重要论述和对四川工作系列重要指示精神，坚持农业农村优先发展，以建设新时代更高水平"天府粮仓"为引领，把乡村治理模式创新与促进产业发展结合起来，取得了显著成效。

邛崃市开元村通过"党建+产业"的模式，坚持"支部建在产业链、党员聚在产业链、群众富在产业链"，党总支引导本地党员牵头成立稻渔合作联社、恒成生态农业、洪祥家庭农场、开元种植专业合作社、兴乐种植等专业合作社7个，宏友家具、桂尧木器加工等企业2家。搭建开元产业助力平台，村党总支紧密结合稻渔、猕猴桃、生态草莓等特色产业，从资金、场地等方面提供支持，协调解决产业用地1500余亩、产业发展资金70余万元，开展技术培训20次，成功培育本土创业人才5名，帮助乡土人才将一线经验转化为现实生产力。2018年，稻渔、猕猴桃、生态草莓等产业年产值达1000余万元。

崇州市创新土地要素供给机制，推进承包土地"三权分置"。探索"拼盘用地、点状供地"新方式，解决乡村用地利用率低的问题，累计盘活低效闲置土地2256亩，有效保障了农商文旅体重点项目建设。构建土地收储机制，建立集体建设用地国有、集体经济组织收储机制，解决集体建设用地

[1] https：//www.sc.gov.cn/10462/c100369/2021/5/19/c9260a0fbc9a4b48a50d2b1df6eb75e7. shtml.

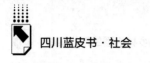

供地周期长的问题，通过集体建设用地"租赁、入股、自愿有偿零星退出、拆院并院、增减挂钩"5种模式培育农村新经济新业态。

（四）探索生态环境治理新形式

乡村生态环境治理是乡村治理的重要内容。四川省按照党中央、国务院关于农村人居环境整治的决策部署，把农村人居环境整治提升到与乡村振兴、建设富裕美丽乡村一样重要的位置。围绕"美丽四川·宜居乡村"建设，有序推进农村人居环境整治。一是实施农村"厕所革命"整村推进示范村、人居环境整治重点县建设项目，开展干旱、寒冷、高海拔地区农村卫生厕所适用技术模式试点，探索农村厕所长效管护机制。二是推动农村生活垃圾收运处置体系建设和源头分类减量，及时清运处置。三是实施农村生活污水治理"千村示范工程"，推进生活污水资源化利用。稳步消除较大面积农村黑臭水体。四是探索厕所粪污、畜禽粪污、易腐烂垃圾、有机废弃物就地就近资源化利用。强化农业面源污染综合治理，深入推进化肥农药减量化，整县推进秸秆综合利用。五是常态化开展村庄清洁行动，推进村容村貌整治提升。在典型案例中，邛崃市黑虎村通过"三位一体"方式扎实推动农村人居环境整治，有效提升村容村貌，全面清理农村垃圾、全面清理污水沟塘、全面清理生产废弃物、有效改善庭院居室环境、有效改善村容村貌、有效改变群众不良习惯，一体化推进农村人居环境整治村庄清洁美化行动。

（五）加强人才引育，打造乡村人才队伍

四川省持续实施乡村人才振兴五年行动。一是实施农业杰出人才培养计划，充分发挥基层涉农专业技术人才作用；实施高素质农民培育计划、"领头雁"农村创业青年网络培训。二是深化"科技下乡万里行"专家服务团帮扶活动，完善城市专业技术人才定期服务乡村激励机制，对长期服务乡村的人才在职务晋升、职称评定方面予以适当倾斜；引导城市专业技术人员入乡兼职兼薪和离岗创业。三是落实事业单位人事管理倾斜政策，深入实施县

以下事业单位管理岗位职员等级晋升制度；允许符合一定条件的返乡回乡下乡就业创业人员在原籍地或就业创业地落户。四是继续实施急需紧缺专业大学生定向培养、千名紧缺专业人才顶岗培养、"三支一扶"和大学生西部计划。五是加大乡村振兴高技能人才培育基地建设力度，组建四川乡村振兴职业学院。

各市（州）在乡村人才引育方面都有大量的探索和实践。彭州市实施"金彭人才计划"，大力引进乡村振兴战略急需紧缺的文创、旅游、策划等高层次人才，选拔优秀农村实用人才纳入"优秀农村实用人才培养计划"；探索"人才+项目+资本"协同引才模式，引进高层次人才带项目带资本创新创业。崇州市以乡村振兴人才培育为载体，落实人才新政20条，推进规划、设计、文创、经管、营销等专业技术人才"引育用留"，支持其进村落户；采取"人才+项目+基金+基地""合作社+平台公司+创新团队+农户"等利益联结方式，联合同济大学、中国国际青年设计师协会等6所高校、3家行业协会、60多名省级知名设计师，组建公园城市乡村表达泛设计联盟。郫都区针对农村发展型人才紧缺的现实，把引入城市人才与发展新业态结合起来，推进村落的"共享田园"建设，引入"新村民"、培育"新农人"，盘活农村闲置资源。邛崃市优化"崃创中心"服务功能，支持邛崃籍人才返乡创业。大邑县通过"房东+股东+分红"等共建共享机制，留住乡村发展人才，激发城乡人才流动活力。邛崃市大同镇陶坝村通过"互联网+人才培育"的模式，整合农技站、农业社会化服务组织等资源，线上提供农业技术指导，及时满足农业生产物资需求；线上开辟农民夜校、微党校、农技咨询等栏目，在线开展农业政策、种养技术等方面培训，培育乡村产业人才。

（六）创新乡村治理体制机制

健全党组织领导的乡村治理体系，坚持以党建引领乡村治理，深化市域社会治理现代化试点工作，强化县、乡、村三级治理体系功能。健全党组织领导的村民自治机制，开展创新基层群众自治试点，全面落实"四议两公

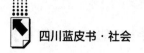

开”制度，规范村级组织工作事务、机制牌子和证明事项。创新乡村治理方式方法。综合运用传统治理资源和现代治理手段，推广应用积分制、清单制、数字化等治理方式，推行乡村网格化管理、数字化赋能、精细化服务。

为破解城乡社区发展治理过程中面临的条块分割、资源分散和政府长期“单打”、社会力量“缺席”的问题，金堂县聚焦群众多元需求，探索建立县、乡两级支持平台体系，通过市场化手段，为城乡社区发展治理提供组织孵化、资源整合、能力提升等方面的专业服务，有效整合社会资源，充分凝聚各种社会力量，实现政府治理和社会调节、居民自治之间的良性互动。

成都市司法局在邛崃市开展人民调解“一体化”改革试点，邛崃市在完成此项工作的基础上，创新开展了社会矛盾纠纷调解“一体化”改革试点。春台社区探索出一套党建引领、多元参与的“1+1+N”治理机制，即坚持党组织领导核心，坚持居委会发挥主体责任，动员多元主体参与共治，坚持社会组织、居民、社会团体等共同参与社区治理，决策公共事务。

2021年，《关于推介第三批全国乡村治理典型案例的通知》发布，四川共有2个案例入选，分别为德阳市罗江区《注重“四个突出”解决乡村治理难点问题》和宜宾市珙县《创新“四方合约”机制破解农村养老难题》。德阳市罗江区在乡村治理工作中，聚焦村（社区）机关化、行政化等突出问题，通过突出减负、赋能、增效、清廉，凝聚发展力量，着力推动乡村治理体系、机制、能力建设。宜宾市珙县针对农村大量空巢独居、留守老人的养老难题，积极探索农村特殊困难老人关爱服务工作，支持多方主体参与乡村治理，创新探索出了一套“四方合约”机制，切实解决特殊困难老人的实际问题，推动乡村有效治理。

五　推进乡村治理现代化的建议

目前，在城乡形态深刻重塑、社会结构深刻变化、利益格局深刻调整的背景下，我国乡村治理现代化面临农村人口流失严重和村民参与治理的能力不足、农村基层党建仍较薄弱、乡村产业匮乏导致村民参与乡村治理动力不

足、乡村治理的权责匹配不顺、乡村不良习惯和风气的治理难度大等问题和挑战。推进乡村治理现代化，要充分考虑农业农村现代化的长远布局、从脱贫攻坚到乡村振兴的战略转移、城乡融合发展理念对乡村治理提出的新要求，因时因地因事而行，做好顶层设计与底层创新。

（一）坚持党建引领，发挥领导核心作用

当前乡村振兴进入新阶段，对基层干部队伍提出了更高的要求，需要全面加强干部的思想淬炼、政治历练、实践锻炼和专业训练，打造一支懂治理、能治理、善治理的基层干部队伍。

在乡村治理中必须始终体现党的领导核心作用，坚持党建引领，团结动员村民，实现乡村振兴。一方面，加强基层干部队伍建设，壮大党员队伍。要通过加强党性教育和培训，吸收村民中的先进分子，不断提升党员、干部的自身修养、能力水平、责任意识、奉献精神。充分发挥党员、干部在乡村治理中的带头作用，在乡村治理的各项工作中，领导团结动员群众，提高乡村治理效能。另一方面，在基层干部选拔培养的过程中，应放宽选拔范围，加大从优秀农民工、退役军人、农村致富能手、返乡大学毕业生、乡村精英、能人志士等群体中的选拔力度，加强基层干部人才队伍建设。

（二）推动乡村产业高质量发展，实现产业兴旺

一些乡村地区受地理环境、交通、配套设施等方面的影响，很难吸引企业进驻乡村开展投资，乡村经济仍是农业种植、家畜养殖等传统经营模式，主要依靠国家、政府对口帮扶。即使有外部资源输入，但产业项目与村庄利益、文化等方面没有形成真正的"联结"，无法真正落地，内生发展动力严重不足。

要大力发展乡村产业，壮大新型农村集体经济。深化产权制度改革，探索农村集体所有制经济的有效组织形式和经营方式，合理利用集体的资产资源，吸引社会资本合作经营。培育乡村新产业新业态，积极培育新型农业经营主体，加快发展现代家庭农场、农民合作社等多种形式的农业规模化经

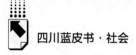

四川蓝皮书·社会

营。深入实施"数商兴农"和"互联网+农产品"出村进城工程。出台更多吸引外出务工人员、优秀大学生、能人志士等返乡创业的政策，并针对农村产业发展给予相关的技术培训支持，培育一批懂农业、有技术、善管理的新型职业农民，带动农村集体经济发展壮大。

（三）继续加强人才引育，打造治理人才队伍

当前农村大量中青年劳动力外流，"空心化""老龄化"问题仍然非常突出。一方面，应建立健全农村人才回流机制。加强人才培养，鼓励农村优秀人才积极返乡创业，促进城乡要素、资源自由流动。通过建设美丽乡村改善工作环境、发展乡村产业提供更多就业机会、提高乡村人口的收入待遇，吸引人才、留住人才，壮大乡村治理的人才队伍。另一方面，应注重发挥特殊人群在乡村治理中的独特作用，如留守妇女、离退休人员、专业大户等各种留村群体，鼓励他们参与到乡村治理的实践中来。

（四）探索治理机制创新，保障村民自治主体性

乡村治理不能机械地照搬一种模式，必须与各地农村社会发展进程及发展方向相协调，与治理环境相吻合。要把顶层设计和底层自我创新相结合，根据本地的社会经济发展水平、传统习俗、区位要素等实际情况，明确乡村治理的目标、方法等，并且必须建立在农村社区不同主体的民意、对话、讨论、协商、共识等充分博弈的基础之上，注重社区参与，不能脱离民众的需要。乡村群众的自我创新实践，能够不断为决策者的顶层设计积累丰富经验和案例。真正实现自上而下和自下而上相结合，推动乡村治理体制机制现代化发展，提高乡村治理效能。要加快村民自治试点建设，在条件成熟的地区探索新型乡村治理模式。加强社区治理体系建设，探索构建党领导下的农村居民自治服务管理机制。完善村级公共服务综合信息平台建设，为村民提供参与乡村治理的多元渠道。

（五）坚持贯彻法治思想，加强乡村法治建设

法律和政策是推动乡村治理机制有效构建的强有力保障。当前，一些乡

村中法律制衡机制还很不健全，村民们的法治思想还比较淡薄，村干部的权责边界还不够清晰明确，权力滥用的现象时有发生，村民基本权利得不到有效保障。

要依法厘清农村基层党组织、基层政府及各村民自治组织参与乡村治理的权责边界和事务划分，构建权力分配合理、责任义务清晰明确、科学高效的治理机制。建立健全规范化权力运行机制，通过"权力清单"等手段，保障村民权利。强化依约治理，充分发挥村规民约在基层治理中的积极作用。完善农村公共法律服务，引进法律顾问、法律援助，满足村民司法服务需求。宣传法治思想，加强法治教育，提高村民法治意识。

（六）持续推进移风易俗，加强乡村德治建设

虽然近年来乡村开展了各种乡风文明建设，但是总体而言实际效果与预期成效还有较大差距，攀比炫富、铺张浪费等陈规陋习仍然存在。先进文化、德治思想建设的效果不理想，群众性精神文化活动少、形式呆板单一，精神文化生活匮乏的问题没有根本解决。

应加强乡村德治建设，开展各种文明行为宣传活动，鼓励道德行为、遏制不良风气，营造良好的乡村氛围。正确引导和发挥"新乡贤"在乡村治理中的作用，为农村矛盾纠纷化解、公共服务开展和公益事业建设发挥协商协调等作用。积极培育扎根农村的乡土文化能人，支持发掘乡村本土文化资源，运用现代化传播的方式、农民喜闻乐见的形式，推出一批具有乡土特色、贴近农民生活、积极向上的文化活动，用优秀的文化滋养身心。

参考文献

《中共中央办公厅 国务院办公厅印发〈关于加强和改进乡村治理的指导意见〉》，《中华人民共和国国务院公报》2019 年第 19 期。

《中共中央国务院关于做好二〇二二年全面推进乡村振兴重点工作的意见》，《人民日报》2022 年 2 月 23 日。

《中共中央国务院关于做好二〇二三年全面推进乡村振兴重点工作的意见》,《人民日报》2023 年 2 月 14 日。

俞可平:《治理和善治引论》,《马克思主义与现实》1999 年第 5 期。

党国英:《我国乡村治理改革回顾与展望》,《社会科学战线》2008 年第 12 期。

贺雪峰、董磊明、陈柏峰:《乡村治理研究的现状与前瞻》,《学习与实践》2007 年第 8 期。

邱春林:《中国特色乡村治理现代化及其基本经验》,《湖南社会科学》2022 年第 2 期。

B.3
四川智慧社区建设实践与思考

——以成都市为例[*]

王　楠[**]

摘　要： 随着大数据、云计算、人工智能等信息技术的高速发展，基层治理的手段、方式也在发生变化，推进智慧社区建设对于提升社区管理与服务的科学化、智能化、精细化水平，促进社区治理能力现代化具有重要意义。近年来，四川省也加快智慧社区建设步伐。本文介绍了成都推进智慧社区建设的具体情况和实践经验，在此基础上，针对成都智慧社区建设存在的区域发展不均衡、建设标准和项目审核机制不完善、政府和市场参与机制不健全、支撑体系不完善等问题，提出明确顶层设计，完善保障机制；完善数据标准化和信息安全管理体系；构建持续健康的智慧社区运营机制；注重人才培养，健全评估机制；推动线上线下融合发展，注重智慧场景打造等对策建议。

关键词： 智慧社区　基层治理　四川　成都

一　引言

基层治理是国家治理的基石，社区是基层治理体系的基本单元。随着大

---

* 本文系 2021 年度四川省社会科学院孵化项目"健全党组织领导下的自治、法治、德治相结合的乡村治理体系研究"（项目编号：21FH18）的阶段性成果。

** 王楠，四川省社会科学院社会学研究所副研究馆员。

数据、云计算、人工智能等信息技术的高速发展，基层治理的手段、方式也在发生变化。智慧社区作为智慧城市的重要组成部分，是智慧城市在社区层面的延展和落地，是基层治理现代化的重要抓手。推进智慧社区建设对于提升社区管理与服务的科学化、智能化、精细化水平，促进社区治理能力现代化具有重要意义。

党的二十大报告提出，"完善网格化管理、精细化服务、信息化支撑的基层治理平台"。《中共中央 国务院关于加强基层治理体系和治理能力现代化建设的意见》进一步指出，要从做好规划建设、整合数据资源、拓展应用场景三方面，加强基层智慧治理能力。民政部等九部门联合印发的《关于深入推进智慧社区建设的意见》则明确了智慧社区建设的总体要求、重点任务和保障措施，对于推进我国智慧社区建设具有重大的指导意义。

如何进一步推进智慧社区建设，四川省也陆续出台相应政策，早在2015年，四川省住房和城乡建设厅就出台《四川省智慧社区建设指南（试行）》，明确了智慧社区建设重点内容、评估体系，为各地智慧社区建设提供参考。《四川省国民经济和社会发展第十四个五年规划和二〇三五年远景目标纲要》提出，打造便捷高效的城镇社区智慧场景，加大数字化智能化生活服务产品开发供给，完善社区智慧生活配套服务等，并就智慧社区各类场景应用提出相关指引。四川省民政厅联合省委组织部、省委政法委、经济和信息化厅、住房城乡建设厅、商务厅、省大数据中心等部门印发了《"互联网+社区"行动计划（2021—2025年）》，提出重点营造智慧党建、智慧政务、智慧自治、智慧教育、智慧健康、智慧养老、智慧商业、智慧低碳、智慧创业和智慧平安场景等"十大智慧场景"，并结合实施"城乡社区治理试点示范三年行动计划"，每年支持一批社区开展"智慧科技型"社区试点，推动各市（州）、县（市、区）推进智慧社区建设的步伐。①

---

① 《四川启动"互联网+社区"行动计划，明年计划建成77个智慧社区》，《四川日报》2021年12月3日。

总之，从国家到地方，从顶层设计到试点实践，智慧社区作为社区治理的新形态已经得到各级党委政府的高度重视。尽管四川省智慧社区建设已在有序推进中，但由于各市（州）经济社会发展不均衡，智慧社区建设也受到不同程度的制约。成都市作为四川的省会城市在智慧社区建设上率先启动，高位谋划、高起点布局、高水平推进、高标准实施，已经取得了一定的成效，为四川省智慧治理提供了经验与模板。

二　成都智慧社区建设实践与经验

成都全市辖区面积 14335 平方千米，截至 2021 年底，全市下辖 12 个市辖区、3 个县，代管 5 个县级市，实际常住人口超过 2100 万人。作为北京、上海、重庆之后，中国第四个 2000 万级人口的超大城市，成都已进入工业化、城镇化的中后期，城市形态、生产方式和社会结构都在发生深刻变化，既面临超大城市治理的特殊考验，又面临基层治理中任务重、头绪多、复杂化的共性难题。[①] 传统治理方式难以适应超大城市人口规模和经济社会快速发展需要，智慧化治理手段成为提升城市治理能力和水平的重要方式。成都市以解决人民的需求和问题为导向，依托互联网、大数据、云计算等现代信息技术，以基层治理为抓手，以社区智慧场景为突破，探索走出了一条超大城市基层"智理"之路。

（一）党委政府高度重视，体制机制更加健全

智慧社区建设涉及面广、创新性强、复杂度高，涉及部门多、协调难度大，是一项系统性工程。从国内其他城市取得的经验来看，智慧社区建设必须由各级党委政府主导，统筹资源力量，才能有序推进、扎实落地。成都市成立了以市委书记及市长任双组长、市委常委及副市长等任副组长、市政府

---

① 原珂、赵建玲：《政府发起型社区基金会成因及其运作逻辑——基于 D 市社区基金会集合性个案的在地化观察》，《甘肃行政学院学报》2022 年第 2 期。

各部门主要负责人为成员的智慧蓉城建设领导小组。在领导小组下设立智慧社区建设专班，由成都市社区发展治理委员会牵头，统筹推进智慧社区建设，形成了党委部门亲自抓、市级部门牵头、县域齐落实的智慧社区建设工作格局。

（二）顶层规划持续优化，政策法规有力支撑

近年来，成都从规划、法规、标准等方面明确智慧社区建设的目标、任务、技术方案和实现路径，持续引导统筹各方力量积极参与智慧社区建设与智慧场景打造。

2019年10月，作为全国第一个市域范围的城乡社区发展治理总体规划《成都市城乡社区发展治理总体规划（2018—2035年）》正式发布，把新时代成都"三步走"战略目标落实落细到城乡社区层面，提出了打造服务、文化、生态、空间、产业、共治、智慧"七大场景"，明确了未来各类社区发展和治理的工作方向与重点，也把智慧社区的建设提到了显著地位。2020年12月，全国首部以社区发展治理为主题的地方性法规《成都市社区发展治理促进条例》正式实施，在"社区治理"专章中第二十四条，明确规定了要整合信息资源，建立完善集成政务、生活、商业等服务资源的一站式综合管理和服务信息平台，构建信息互通、资源共享的社区智慧服务、智慧安防、智慧治理场景，提高社区服务管理智能化水平，促进社区智慧治理。[①]2022年6月，《成都市"十四五"新型智慧城市建设规划》发布，明确要大力推动智慧社区建设，编制智慧社区建设规划，发布智慧社区建设导则，构筑社区一体化"数字底座"，搭建智慧社区综合信息平台，围绕社区安全、社区治理、社区服务、社区发展、社区党建五大板块营建各类应用场景。[②] 同年11月，《成都市智慧社区建设导则》正式出台，提出了智慧社区建设"1-1-5-N"总体框架，即1个社区数据库、1个智慧社区综合应用平台、5大板块、N个场景。围绕社区党建、安全、治理、服务、发展等维

---

① 《成都市社区发展治理促进条例》，2020年12月1日实施。
② 资料来源：《成都市"十四五"新型智慧城市建设规划》。

度，针对居民生活、防灾减灾、物业管理等痛点难点设计信息化、数字化、智能化的技术方案和实现路径，① 引导智慧社区规范化发展。

（三）智慧平台和特色场景不断推进，夯实智慧社区建设基础

成都市各业务部门聚焦自身业务管理和居民服务需求，充分运用信息技术，推动日常业务管理服务平台建设，全面提升工作效率和服务能力，也为推进智慧社区建设夯实了基础。

"社智在线"是中共成都市委城乡社区发展治理委员会依托"天府市民云"，以社区基础数据库为基础，着眼于城市治理的基本单元，以社区管理、市民服务、社会参与为主要功能，搭建集成社区服务管理和社会参与的一体化平台，实现用户"一次认证、全网通行"。社区工作人员可通过后台实现社区服务个性化配置管理，市民通过平台就可在线享受活动报名、空间预约、智慧停车等 50 多项服务。针对基层治理数据条块化、碎片化和反复采集录入等问题，开发建设社区基础数据库，归集 1914 万条人房对应关系信息，5.5 万个小区（院落）、630 万套房屋信息，已运用于新冠疫苗接种预约、高龄人群补贴发放、社区投票表决等场景，为社区精细化服务提供及时精准的基础支撑。通过全覆盖匹配"社区号"，逐步整合社区人力资源、保障资金等信息系统，为社区提供集成化智慧化管理。平台还向社会主体开放共享资源，吸引社区服务企业、机构、社会组织以及商户达人等入驻，通过平台向社区居民提供服务。"大联动·微治理"信息平台建于 2015 年，由市政法委主抓，以事件上报和在线处理为核心业务，围绕"社会治理数据中心和事件联动处置、综治'9+X'应用、GIS 地图应用、移动应用群、应急指挥调度、平安态势分析"等功能打造。通过网格员手持终端进行基础数据采集、社情民意收集、问题隐患发现、事件响应调度，通过网格治理体系实现网格内问题智能发现、网格力量实时调度。平台已完成成都市 23 个县（市、区）的全域部署，实现市（州）、县（市、区）、街道（乡镇）、

---

① 《成都市智慧社区建设导则及首批示范应用场景发布》，《成都日报》2022 年 11 月 24 日。

社区（村）、网格五级贯通，实现与市（州）、县（市、区）两级城市大脑的互联互通，具备深入探索扩展业务功能、加载行业数据，实现业务承接、数据流转、信息交互的条件和基础。

时空信息云平台旨在为各政务部门提供统一权威的空间信息服务，是支撑智慧城市政务空间信息汇聚共享的空间仓库和基础应用的数字底座。平台已形成较丰富的数据成果及功能服务：数据成果包含成都市域历年遥感影像、电子地图等基础时空数据，地名地址、兴趣点等公共专题数据，实景三维数据等；功能服务包括二三维数据查询与可视化、数据汇聚、数据挖掘分析、数据共享应用等。

在以商品房为主要形态的城市社区，形成了一批以平台为载体、智慧治理与社区服务相融的都市生活型智慧社区。锦江区喜树路社区以一张图一个公众号为载体，突出线上生活服务和社区智慧治理应用场景改造，构建小区全要素三维数字模型图，实现信息采集、数据分析、群众参与、指挥调度、结果反馈一体化建设。成华区新鸿社区探索老旧社区智慧治理与服务相融的新模式，其建立的社区综合信息系统平台已初步实现智慧停车、智慧消防、智慧监控、智慧门禁、智慧井盖、智慧手环、智慧烟感等智慧场景"一网通"。金牛区育新社区与第三方公司共同成立社区运营平台，组建以退役军人为主的网格员队伍，利用物联网体征监测手环，形成"358"响应机制，即"应急事件3分钟网格员抵达，5分钟协助群众抵达，8分钟紧急救助抵达"。

在以产业功能区为主要依托的产业社区，形成了一批以指挥调度平台为中枢、以数字手段及时响应发展需求的产城相融型智慧社区。锦江区红砂社区将智慧照明、AI系统、一键求助等功能自然融入社区智慧服务，现已实现游客密度分析、车流量分析、车辆引导、违法行为监控、井盖移位监控、信息发布、智慧寻人、商户管理、景区洪涝防控等功能，并向游客提供景区天气、人流车流情况、查看景区地图、寻找景区商家、景区资讯等功能；成华区杉板桥社区运用城市治理及风险防范感知系统，通过时空技术把区域事件中的位置、时间、人物、视频等信息关联起来，形成可查、可看、可选、可分析、可调度的"社区一张图"。

在以征地拆迁安置区为主的城乡结合部以及实施新村建设项目的农村社区，形成了一批以智慧安防为基础、以融合推进发展治理为目标的城市近郊型智慧社区。大邑县东岳花苑社区植入"智慧党建、政务、综治、文化、教育、康养、物业、商圈"等智能化应用场景，充分运用大数据、互联网等新一代信息技术，导入各类数据进行统计和分析，为民生服务和社区治理提供依据。[①] 青白江区新峰社区打造"微脑"智能化治理平台，建立线上党员之家，实现党建工作全覆盖、信息化、科学化。构建智慧服务生活圈，搭建集刷脸开门、体温监测、健康码侦测、异常报警等于一体的智慧疫情防控系统。邛崃市冉义社区完善"监控探头+算法识别"公共区域全覆盖规划设计，搭建以留守老人、儿童、精神病人等重点人员为主的大数据库，实现在线监测、智能分析等功能，治安案件数从 2016 年至今下降 89.2%。

三　存在的问题

（一）区域发展不均衡，服务短板明显

成都市现阶段处于智慧社区建设前期阶段，多选择零星试点点位进行探索式建设，再加上各区域经济社会发展水平不一致，智慧社区建设呈现单点突出、成效分散的特征，保障设施建设不平衡、不充分，城乡差距较为明显。从各县域的情况来看，金牛区、天府新区和温江区各类智慧设施供给都较多，简阳市、金堂县和邛崃市则相对较少。在调研中发现，目前智慧社区试点建设中，智慧设施的供给重点以便民服务为主，居民最迫切的需求主要集中在社区安保、交通出行、医疗养老和物业服务四个方面，这些重点领域的智慧化建设需要进一步加强。[②] 应用场景多集中于单一维度，跨部门协同应用较少，需求导向的民生场景搭建不足，个性化服务能力有待加强。另

---

① 《多镜头聚焦大邑党建引领下的社区发展治理多元创新》，《成都日报》2018 年 6 月 29 日。
② 资料来源：中共成都市委城乡社区发展治理委员会。

外，社区具有不同的特性，在智慧社区建设上不能盲目跟风，一定要结合自身特点，补齐服务短板。

（二）建设标准和项目审核机制还需进一步完善落实

尽管成都已经从顶层设计上对智慧社区建设做了统筹安排，但各部门对智慧社区的建设标准却不尽一致，导致在实际中智慧社区的设计、建设、运营等环节缺少统一的数据标准、管理和服务标准、技术标准等执行依据。不同的业务系统，"条""块"分割现象严重，平台之间缺乏共享性，难以实现互融互通。在社区层面条、块信息系统林立，调研中发现，有些社区各类手机政务 App 和电脑信息平台平均达到 19 个，且各类平台互通共享不畅、功能交叉重复，基础数据填报多、重复采、多次录，数据资源共享难、沉淀难、应用难，对上响应、对内管理、对外服务的信息系统之间无法协同联动，阻碍了智慧社区建设高效高质推进。另外，智慧社区投资项目审核把关机制还不完善，存在智慧社区项目盲目推进、重复建设的情况，造成资金资源浪费。

（三）政府、市场参与机制有待健全

一是部门参与机制及权责不明确，不同部门在推进智慧社区建设中各自为战、独立运营、重复建设，加重了基层负担。街道、社区对智慧社区建设的目标、内容、标准缺乏准确的认识。二是市场参与保障机制不健全。尽管鼓励按照"政府主导、行业引导、企业和社会共同参与"的原则来推动智慧社区建设，但建设主体中市属国有平台企业、社会企业、社会组织参与度不高。实际中以开发商、网络服务商以及安防、物业等厂商为主，由于受到资源限制、技术水平高低不一、行业局限和视角不同，缺乏总体性、系统性思维，难以开展规划性建设，导致智慧社区建设与实际需求脱节，新的应用场景在社区面临应用不足问题。

（四）智慧社区建设支撑体系不够完善

一是基础设施不足。部分社区基础设施智慧化能力不足，社区管理数字

化程度低，缺乏感知源，智慧社区生态系统参与方众多，相关产品与技术标准不统一，缺乏统一的集成平台。二是人才和资金匮乏。缺乏智慧社区建设和平台发展所需的专业人才，平台和场景开发后落地运营、培训、推广难度大。企业投资参与智慧社区建设运营并盈利所需的时间周期较长，使得企业投资意愿不强。

四　智慧社区下一步发展建议

（一）明确顶层设计，完善保障机制

布局合理、统筹有序、具有前瞻性的顶层设计是智慧社区建设的重要保障。首先，明确党委政府是智慧社区建设的主体，要配合出台一系列政策、规划、指导意见引导智慧社区建设的有序推进。其次，智慧社区建设涉及面广，要建立垂直畅通的管理体系，如专门的部门来统一领导和统筹协调，解决一些跨部门、跨层级、跨领域的重大问题。最后，建立一套分工协作、场景调度、督查考核等工作机制，厘清各部门的工作职责，推动各部门、各单位的协调合作，推动资金、资源、力量向智慧社区建设集成和延伸，避免出现信息碎片化的问题。

（二）完善数据标准化和信息安全管理体系

信息数据的标准化、规范化是智慧社区发展的基础核心，也是加强基层治理的内在动力。一方面，进一步完善数据库管理体系，规范基础数据采集与共享机制，减少相关数据的重复建设和浪费，实现全域数据跨部门、跨层级共享，推动数据资源整合融通，让数据为治理"赋能"，真正打通基层智慧治理的"最后一公里"。另一方面，高度重视信息安全，确保数据使用的安全性和规范性。在加强政府监管和社会监督，落实国家对网络信息数据安全的相关法律法规的同时，稳步推进相关地方法规制定，提升相关主体的安全意识，引导相关主体自觉遵守。完善网络安全保障机制以及平台建设运维保障体系，提高社区信息基础设施、数据资源、系统平台的安全保障能力。严格界定人脸、指纹等个人生物特征信息收集使用权限范围。

（三）构建持续健康的智慧社区运营机制

一方面，构建开放多元的建设运营体系，按照"政府主导，多元参与"原则，引入国资背景的智慧社区运营商，负责系统平台建设运维、数据资产运营、项目投融资对接、企业引进等工作。通过市场化方式，吸引国内领先的咨询设计服务商、投融资服务商、平台服务供应商、应用服务提供商等共同参与智慧社区建设，打造智慧社区产业生态，在保障数据安全的前提下，充分挖掘社区数据应用价值。另一方面，建立多元化资金保障机制。确保财政资金的持续投入，充分吸引社会资金参与，形成社会化投融资模式。对基础性、公益性的服务项目和满足基层治理需求的智慧社区项目，采取财政投资、政府购买服务等方式建设；对适合市场化运营的项目，加强政企合作，探索实践财政补贴、股权合作、特许经营等运作模式，破解建设资金瓶颈。

（四）注重人才培养，健全评估机制

高素质人才是有力推动智慧社区建设的重要保障。要根据社区工作的新需求，对社区工作人员的组织架构进行合理调整，妥善应对社区智慧化过程中的新机遇和新挑战。建立全方位、多层次、有深度的人才培养体系，积极培养既懂社区治理又能运用互联网技术和信息化手段开展工作的综合人才。要加大社区工作人员的培训力度，提升社区工作人员的信息化水平和能力，促进社区工作人员队伍向专业化、年轻化方向发展。还要设立专家智库，在智慧社区建设组织框架下设置专家工作组，对智慧社区规划设计、评价论证、建设实施、维护运营等环节进行专业指导。

健全智慧社区的评估机制对智慧社区建设持续有序推进具有重要意义。建立智慧社区建设考核评价体系，将智慧社区建设工作纳入政府目标管理绩

效考核，对建设内容、建设进展、资金使用、建设成效等进行全生命周期考核。加强财政资金使用审计监管，完善常态化审计制度，实现智慧社区建设项目审计全覆盖。

（五）推动线上线下融合发展，注重智慧场景打造

充分注重线上线下融合发展，将智慧社区建设与社区综合体建设、特色商业街区打造、老旧小区改造等工作有机结合、协同推进，面向不同空间载体有侧重地落地智慧社区应用场景，推动治理圈、生活圈、服务圈"三圈融合"。以社区服务阵地为载体，以普惠服务为导向，根据社区禀赋，以社区综合体、党群服务中心为社区服务阵地，开展党群服务、文化娱乐、社区医疗、社区养老、日间照护、普惠托育、普惠素质教育、市民培训、双创服务等线下服务场景建设，通过社区统一平台进行场地预定、活动报名、服务评价、服务需求提交等，从而形成线上线下反馈闭环，优化社区服务。以街区为载体，以突出特色为导向，深入挖掘街区文化内涵、辐射范围内消费需求及潜力，打造智慧消费、特色文化、智慧交通、智慧停车等场景，提升社区造血功能。以小区为载体，以民生保障与服务增值为双重导向，围绕小区居民需求，重点建设全方位智慧安防系统，打造智慧物业、智慧停车、智慧医疗、智慧养老、智慧家政、智慧协商、智慧党建、特殊人群服务、智慧化管控等场景。

参考文献

朱懿、韩勇：《我国智慧社区建设及其优化对策》，《领导科学》2020 年第 2 期。
陈跃华：《加快智慧社区建设　破解社区治理难题》，《人民论坛》2019 年第 2 期。
梁丽：《北京市智慧社区发展现状与对策研究》，《电子政务》2016 年第 8 期。

B.4
四川新就业形态劳动力调查

曾旭晖　曾淇*

摘　要： 新就业形态是在生产资料智能化、数字化、信息化条件下，伴随
互联网技术与大众消费升级而产生的就业模式。2021 年《政府
工作报告》，强调要支持和规范发展新就业形态，这对四川省推
动新就业形态劳动力的发展提出了新要求。近年来，四川新就业
形态呈现良好的发展态势，但是还存在社保、劳动关系和"数
字系统"困境等问题，新就业形态劳动者也面临就业质量、劳
动权益保障、公共服务及基层管理等方面的问题，需要通过法
律、政策共同完善治理体系，助推四川省新就业形态劳动力的
发展。

关键词： 新就业形态　劳动力　劳动关系　四川

一　新就业形态发展背景

新就业形态是指依托互联网等现代信息科技手段，实现有别于正式稳定
就业和传统灵活就业的灵活性、平台化的组织用工和劳动者就业形态。国际
劳工组织在 20 世纪 70 年代的一份研究报告中首次提出了"非正式就业部
门"的概念，后来进一步明确其范围包括微型企业、家庭企业和独立服务

---

* 曾旭晖，四川省社会科学院农村发展研究所研究员，研究方向为农村社会学；曾淇，四川省
社会科学院，研究方向为社会学。

者三类。①②

技术革命时代的发展促使工作类型发生转变，尤其是在 2008 年国际金融危机爆发后，新型经济活动在美国等发达国家中蔓延，这种经济活动以个人为主体参与、满足个人需求、带有偶然性质，具有"暂时性"和"不稳定性"。

针对此经济活动的研究，国外学者们根据特性、对象倚重的差异采用不同的分析方法，发展出不同的定义，如"共享经济"（Sharing Economy，消费者之间互相授予临时使用闲置有形资产的权限）、"二手经济"（On-demand Economy，消费者之间闲置资源永久所有权的变更）、"按需经济"（Second-Hand Economy，消费者之间因个人需求向对方购买资源）和"平台经济"（Platform Economy，交易双方以数字媒体平台为载体进行社交和经济活动）。③

据 Intuit 公司 2020 年报告和 2018 年欧盟委员会统计，美国政府对共享经济持积极态度，而欧洲共享经济的发展相对保守，新就业形态规模较小。20 世纪 90 年代以来，围绕以互联网为载体的数字化平台组织起来的新模式新业态的"平台经济"出现，使得自由职业者流动性更强、知识技能发掘更充分、劳动合同签订更自由。④ 亚太地区是全球电子商务市场的集聚地和先行区，因此"平台经济"与我国新就业形态具有高度相似性。

近年来，新就业形态的突破性发展对经济社会产生了广泛的影响，给劳

① Kacser P. H., "Book Review: Labor Economics: Employment, Incomes, and Equality—A Strategy for Increasing Productive Employment in Kenya," *Industrial & Labor Relations Review*, 1974, 27 (3): 463-464.

② Brand H., "World Employment Report, 1998-99: Employability in the Global Economy and How Training Matters," *Monthly Labor Review*, 1999, 123 (1): 42.

③ Frenken, K., & Juliet, S., "Putting the Sharing Economy into Perspective," *Environmental Innovation and Societal Transitions*, 2017, 23: 3-10.

④ Montalban, M., Vincent, F., & Bernard, J., "Platform Economy as a New Form of Capitalism: A Regulationist Research Programme," *Cambridge Journal of Economics*, 2019, 43 (4): 805-824.

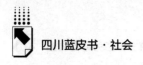

动组织和劳动用工方式带来了深刻的变化。

首先，带来组织变化。以平台为载体的经济活动极大降低了就业服务的交易成本，扩大了就业服务的时间和空间，在这种背景下劳动者与组织的关系更松散、灵活。许多就业者不再追求"铁饭碗"式稳定的就业，对自我价值创造与兴趣爱好实现有更强的诉求，对组织的依赖感下降。劳动者个体不再作为"单位人"来就业，为平台提供服务和劳动的工作者不被视为平台的雇员，他们只是在特定的时间和特定的任务下为平台提供服务的独立承包商。

其次，对劳动力群体产生影响。国外已有研究通过对 Airbnb、Uber、FREE NOW 等平台的研究重点讨论了新就业形态特性对劳动力群体的影响，主要包括五个方面：一是包容度高、准入门槛低、交往成本低，为失业者和未充分就业的人提供机会，尤其是受到歧视的种族和移民；二是工作时间自主度高，吸引更多兼职人员充分就业；三是选择自由度高，工作者可因满足不同的需求而加入不同的平台，加强社会联系、促进文化交流；四是具有强烈网络外部性，易形成自然垄断、攫取高额利润，也容易导致工作者失去福利和基本的就业保障；五是由于资本和劳动力层面的等价易物原则，拥有宝贵资产的人（通常也是高收入人群）和高技能工人更容易获利，收入不平等和排挤低技能工人的问题加剧。

二　我国新就业形态发展态势

"十四五"期间，由于贸易保护主义、单边主义、民粹主义暗流涌动，全球经济增长乏力，我国外向型制造业发展前景不容乐观，加之疫情对全球经济的冲击导致国内经济有效需求不足、外需萎缩，传统经济业态容纳就业量减少，"稳就业""保民生"已成为从中央到地方各级政府工作的重中之重。

数字经济的发展催生出更丰富、更高质量的与数字经济相关的职业和劳动者，新就业形态应运而生，作用日益凸显，其中，以互联网平台经济为代表的产业数字化是数字经济发展的主阵地。中国共产党第十八届中央委员会第五次全体会议公报首次提出，要"加强对灵活就业、新就业形态的支持"，新就业形态被提到了新高度。2020年两会期间，习近平总书记指出，"疫情突如其来，'新就业形态'也是突如其来。对此，我们要顺势而为，让其顺其自然、脱颖而出"。

总体上看，我国新就业形态有三大类型，分别是"去雇主化""多雇主化""劳动方式新型化"三种类型。

"去雇主化"是指在新技术、新经济和新业态发展的推动下出现的，利用信息技术手段、互联网平台、通信技术等提供商品或服务，且劳动关系具有不确定性的就业形态。最大特点即不存在明确的雇主与雇员的对应关系，主要集中在电子商务、共享经济、平台经济、众包经济、零工经济等领域，最常见的案例是各种随平台经济、零工经济而兴起的与数字劳动相关的"网约工"和"众包工作"等，如"网约车""骑手""快递""网络直播"等，也包括"刷单员"或"发帖员/跟帖员"等部分处于法律灰色地带的在线工作。如果这些职业的从业者与平台公司或关联公司签订了劳动合同，则该劳动就有了明确的从属特性，属于"劳动方式新型化"就业类型。

"多雇主化"表现为一个劳动力对多个雇主的情况，存在明确的劳动从属特性。以"共享用工"为典型代表，也有两种类型，一是临时性共享用工，指一家用工单位受种种因素影响在一定时间内无法为自己的员工提供充足的工作而将员工临时性地提供给其他用工单位使用；二是策略性共享用工，指两家或多家相关联的用工单位建立用工联盟，共同雇用员工。

"劳动方式新型化"既可以基于新技术、新经济和新业态的发展而出现，也可以表现出基于互联网和通信技术及可移动工作的特征，工作时间和工作场所比较灵活。但不同之处在于，在新型劳动方式的新就业形态中，劳动关系（雇员与雇主之间的对应关系）是明确的。最大的特征是劳动方式的新型化，比如人工智能工程师、电子竞技运营师、轰趴师、线上装修师等

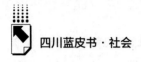

随着新技术和新经济的发展逐渐兴起的新职业和新岗位。

我国新就业形态主要特征有三个：一是集中在服务业，服务业是产业数字化发展最快的领域，基于生活服务、生产能力、知识技能三个领域，共享经济催生了大批灵活就业岗位；二是灵活性和流动性更强，不仅为劳动力提供了全职就业机会，而且为兼职人员提供了更多的增收渠道；三是对社会重点群体更包容，既提供了知识密集型复杂劳动岗位，又提供了适合文化水平相对不高群体的熟练性劳动岗位。

就我国而言，在大量灵活就业人员当中，有相当比例者的就业形态为去雇主化和劳动方式新型化，即在新技术高速发展的背景下新形态的非标准化就业或灵活就业，受新冠疫情的影响，基于多雇主化就业形态的"共享用工"也开始逐步兴起。据报道，目前"共享用工"这一模式已在零售业、物流业、制造业等多个行业应用，并从一线城市向二、三线城市扩展。"共享用工"不只是特殊时期企业"抱团取暖"的应急之策，更有可能成为疫情危机后常见的一种用工模式。

国家信息中心分享经济研究中心连续几年发布的《中国共享经济发展报告》显示，2016～2019年平台企业员工数分别为585万人、716万人、598万人和623万人，而这期间依赖平台经济提供服务的人数分别为6000万人、7000万人、7500万人和7800万人。其中依赖平台经济提供服务者绝大多数为"去雇主化"就业者。中国人民大学劳动人事学院课题组2019年的两份研究报告（《阿里巴巴零售平台就业机会测算与平台就业体系研究报告》《滴滴平台就业体系与就业数量测算》）分别显示，2018年阿里巴巴零售平台总体为我国创造4082万个就业机会；滴滴出行平台在国内共带动1826万个就业机会，其中包括网约车、代驾等直接就业机会1194.3万个，带动间接就业机会631.7万个。

随着中国经济的转型和升级，部分传统行业的从业人员面临着被"挤出"的压力，而新经济和新业态则为这些被"挤出"者提供了新的就业机会。《中国共享经济发展报告（2018）》显示，截至2017年底美团外卖配送侧活跃骑手中来自煤炭、钢铁等传统产业的工作占比达31.2%。这些统计数据都证明，新就业形态在吸纳就业中的作用日益凸显，且在分流、吸纳传统行业溢出的劳动力方面也发挥着积极的作用。[1]

三 四川省新就业形态发展现状

（一）新就业形态发展的基本判断

随着城镇化与农业现代化的进一步推进，四川省劳动力流向了收入相对更高的第二、第三产业，第一产业就业人员比重下降，第二、第三产业就业人员比重上升。四川统计年鉴数据显示，第一产业就业人员比重呈逐年下降的趋势，2012 年第一产业就业人员比重为 41.5%，2019 年第一产业就业人员比重为 35.1%，平均每年下降 0.8 个百分点；而第三产业就业人员比重呈逐年上升的趋势，2012 年第三产业就业人员比重为 32.8%，2019 年第三产业就业人员比重为 37.6%，平均每年上升 0.6 个百分点。2018 年第三产业就业人员比重（36.9%）首次超过第一产业就业人员比重（35.9%）。新就业形态一般属于第三产业，呈现良好的发展态势，其基本特征如下。

1. 保障就业机会，拓展收入渠道

2021 年四川省人社厅《加强新就业形态劳动者权益保障促进新经济发展研究报告》（内部稿）指出，"据测算，四川省新就业形态群体总量近 370 万人，约占全省就业总量的 7.6%，约占城镇就业总量的 22%"。目前四川省新就业形态以快递、外卖、网约车、电商、直播、电竞等行业为主，带动直接就业、间接就业以及短期、灵活就业。一份全省课题调研结合四川省 GDP 占全国 4.8% 的比重，根据政府机构、行业协会和研究机构的统计，测算出四川省 2020 年底"直接"从事快递员、网约送餐员、网约车司机、网络主播四种工作岗位的人数约为 167 万人。[2] 这四种工作岗位的从业者占四川省新就业形态劳动者的大部分，因此后文简称"四大群体"。

---

[1] 方长春：《新就业形态的类型特征与发展趋势》，《人民论坛》2020 年第 26 期。

[2] 参见 2022 年《四川省新就业形态劳动者权益保障报告》（内部稿），后文简称《权益保障报告》。

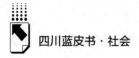

此外，由于四川是农业大省，"农民工经济"是四川全省经济的重要组成部分。新经济新业态与互联网技术紧密结合，物流快递、农村电商、乡村旅游等新业态的快速兴起，进一步拓展了农民工的就业空间，带动农村劳动力直接就业总量超过145万人，为农村劳动力拓展了收入渠道，提升了新业态的吸引力。新业态由于自主性强、灵活自由、门槛低、就业容量大等优势，能够提供有持续收入的工作岗位，已成为农民工特别是新生代农民工的首要选择，对于提高农村贫困人口收入有重要意义。可以说，在"稳就业"和"促脱贫"方面，四川省新就业形态成为重要力量。

2. 就业方式呈现多样化

四川省经济和产业结构调整，使许多经济要素从传统生产流程线中分离出来，成为独立外包模块，部分经济活动转由个人或者临时组建的工作团队承接，劳动用工和就业方式更加多样化。如"专送"与"众包"模式（美团外卖）、商业合作用工模式（滴滴）、众包服务和分包合作模式（申通快递）。这些就业和用工模式突破了现有国家规定的劳动用工模式，就业用工更加松散、流动、灵活和便利化。部分农村劳动力文化水平较低、技能单一或无技能，不愿从事传统的技术型、制作型生产，稳定的正规就业缺工问题较为普遍，转而利用新就业形态实现就业，促进了就业结构转变。

3. 就业模式实现产业融合发展，助力数字化转型

产业融合发展体现在直播行业、电商行业、电竞行业中。直播行业通过"直播+特色产业""直播+反向定制""直播+扶贫""直播+新体验"等多种方式将直播和内容融合，直播带货利用网红流量优势与时尚、文旅资源结合，构建新的消费场景；电子商务通过数据分析体系推动传统农业实现农产品产销精准对接，不仅促进了货物交易便利化，也拓展了服务业多样化发展渠道，如在线外卖、团购券、代金券以及线上生活服务类项目；电竞行业与旅游度假、运动康复医养等产业相结合，如"阆中赛城"有效放大"体育+旅游"的倍数效应，促进地方就业及经济发展。

数字化转型则着重体现在直播电商行业。四川省建立的电子商务进农村综合示范县依托示范项目打通市场、企业、农户、农产品信息通道，收集形成品种、数量、价格和地区分布等产销基础数据，通过分析农产品的销售情况及价格等数据信息变化，把需求和趋势更加直接、快速、准确地反馈到生产端，帮助农业生产适销对路产品。疫情期间，四川省重构了"内容—需求—消费"商业模式，建立起基于移动互联网、大数据和云计算的全新数字化营销传播模式，并通过用户数据挖掘，紧跟甚至预测用户的下一步需求，有效破除传统线下销售面临的阻碍。

（二）新就业形态带来的影响

新就业形态对四川省职业市场、劳动力就业和流动、经济模式、脱贫事业都有不同程度的影响，具体体现在三个方面。

1. 新职业新岗位涌现，就业数量质量"双高"

数字产业化范围迅速拓展，产生大量新职业需求，特别是以互联网平台为载体的平台经济以主营业务为核心，不断向产业链上下游拓展，横向拓展创造了新的岗位需求，提供了大量灵活自主的就业岗位，我国人力资源和社会保障部联合市场监管总局、国家统计局于 2019~2021 年先后向社会发布了共 40 个新职业。中国已经迅速成为世界上最大的电子商务市场，而直播电商、社交电商等新模式的兴起也有利于进一步拉动电商供应链发展，从而为劳动力提供更多就业岗位。2020 年，基于电子商务平台的数字经济从业人员达 5125.65 万人，同比增长 8.29%，其中，电子商务直接吸纳就业和创业人数达 3115.08 万人，电子商务带动信息技术、相关服务及支撑行业从业人数达 2010.57 万人。基于共享平台的数字经济参与者人数约为 8.3 亿人。此外，相比于传统行业平均工作时长 8.63 小时，新就业形态的平均工作时长只有 7.98 小时，明显更短。因此，新就业形态成为我国吸纳劳动力就业的重要渠道。

2. 增加更多劳动力群体收入，缓解就业压力

新就业形态具有高包容性、高灵活性，激发劳动者技能发展，既有在线教育、软件设计等知识密集型复杂劳动岗位，又有外卖骑手、网约车司机等适合文化水平相对不高群体的熟练性劳动岗位，拓展的就业渠道为女性、低

学历、年龄偏大、非本地户籍等就业困难户或不愿从事农业、建筑业等体力劳动的新生代农民工创造了非正规就业正规化的条件，提供了公平、灵活、广阔的就业和增收机会，直接就业总量超过145万人，还带动了大量间接就业，以及短期、灵活就业，为四川省稳就业工作提供了坚实支撑。新冠疫情期间对人员流动进行限制，更凸显了以灵活时间和空间为特点的新就业形态的优势。

3. 推动农村劳动力转移，助力农村地区脱贫增收

随着我国农村网络、物流等基础设施不断完善，农村劳动力运用互联网平台的意识和能力也不断增强，大量农村劳动力对新就业形态的接纳度高，如运用共享经济平台与网络直播营销模式相结合，带动农产品上行，极大拓宽农民的增收渠道，促进劳动力就地就近就业，同时也助力我国脱贫攻坚事业的长足发展。此外，新生代农村劳动力的成长、互联网技术的快速发展、信息的互通、教育水平的提高都为农村劳动力的新就业形态提供了土壤，新生代劳动力的信息获取渠道被拓宽，受雇就业率和正规就业率因此提高。[1] 据《权益保障报告》统计，全省农村劳动力在快递、外卖行业就业约19万人，在网约车行业就业约10万人，而电子商务行业带动农村劳动力就业约100万人，大部分新就业形态农村劳动力月收入在5000元以上。

相比于传统劳动力，他们拥有更高的受教育水平且思想观念开始转变，愿意成为自由职业者[2]，比如当下的"新风口"——利用基于"互联网+"模式的平台创业，从而带动就业，而且他们更注重自我的提升与发展，新就业形态工作也是个人成长、职业发展的新发力点。现在，能够自由选择职业的新型职业农民被认为是现代农业的主力军。[3]

---

① 宋林、何洋：《互联网使用对中国农村劳动力就业选择的影响》，《中国人口科学》2020年第3期。

② 丁芳：《新就业形态新在何处》，《人民论坛》2020年第26期。

③ 曾俊霞、郜亮亮、王宾、龙文进：《中国职业农民是一支什么样的队伍——基于国内外农业劳动力人口特征的比较分析》，《农业经济问题》2020年第7期。

（三）四川省新就业形态发展存在的问题

在数字经济、平台经济蓬勃发展的大背景下，新就业形态的涌现既带来了显著的社会经济效应，也暴露出诸多发展中的问题，主要体现在三个方面。

1. 对目前的社保制度产生挑战

"零工经济"这种去组织化的就业模式打破了雇主与劳动者的传统用工关系，劳动力就业形式多样，多以兼职为主，时间不连续、地点不固定，有时劳动者的工作时长不满足单位缴纳社保的最低要求。一项全省调查显示，仅有41.49%的被访者参加了城镇职工社会保险，即使加上参加城乡居民社会保险的比例（27.1%），合计仅为68.56%。有58.1%的被访者应企业要求，向商业保险公司购买了意外伤害险，但是其费用基本由劳动者支付。还有16.0%的劳动者既没有工伤保险也没有意外伤害险，他们的劳动安全基本没有得到保障。同时，新就业形态劳动者的社会保险制度不完善，法律层面，我国尚未建立专门针对新就业形态从业人员的法律法规；合同规章方面，平台为降低运营成本不愿意甚至刻意规避为劳动者缴纳社会保险，以此不与劳动者形成常规劳动关系；再加上劳动者本身（尤其是农村劳动力）自身的参保意识不足，偶尔会出现在满足急需、必要的支出后不愿意或没有能力缴纳社保的情况。可以说，新就业形态依然面临着就业安全性的风险。

2. 在劳动权益保障方面存在"灰色地带"

据《权益保障报告》，新就业形态劳动者签订劳动合同的只占45.6%（含与平台和相关企业），签订民事协议的占25.5%，什么都没签订的占29.0%。目前，社会各界对于新就业形态下的就业模式是否属于劳动关系缺乏清晰界定，司法实务界对此也未达成共识，导致就业各方一旦发生争议，就业者的合法权益便难以得到应有的法律保障。另外，各地工会的组建仍以传统的规模以上企业为主，对新就业形态人员关注较少，加上新就业形态从业人员与平台企业普遍没有建立劳动关系，也给新就业形态人员入会造成了

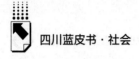

障碍，导致新就业形态从业人员组织化程度低。这样一来，就极易出现工伤事故或职业病伤害后企业不承担责任赔偿、无故扣工资与拖欠工资、单位不给缴社保或者不签订正式劳动合同等纠纷。

3. 劳动者易陷入"数字系统"困境

四川省新就业形态特别是以外卖骑手为例的管理方式处于一种"数字泰勒主义"中，将业绩和收入紧密相连，使得劳动者在劳动过程中身心高度紧张，长期承受着超负荷的身心压力。并且，平台公司善于将对一线劳动者的控制甩给算法，自己却"隐形"在劳资关系中，劳动者很容易遭遇维权无门的困境。此外，强大的智能技术使得劳动者只能"被迫"不断积累新技能，且需要将该技能与系统共享，始终处于"无技能"状态。

四 四川新就业形态从业人员特征及现实需求

（一）新就业形态从业人员基本特征

1. 行业分布多元化

新就业形态包容的特点使得职位和岗位众多，从业者群体可大致分为进入门槛低且主要依据平台接单的快递员、网约送餐员（外卖员）、网约车司机，以及与互联网平台推广、销售、服务相关的网络主播四大"重点群体"。根据《权益保障报告》的评估，全省 2020 年底新就业形态带动农村劳动力直接就业总量超过 145 万人，还带动了大量间接就业，以及短期、灵活就业，为四川省稳就业工作提供了坚实支撑。其中，农村劳动力在快递、外卖行业就业约 19 万人，在网约车行业就业约 10 万人，在电子商务行业就业约 100 万人，在直播行业就业约为 6 万人，在电竞行业就业近 10 万人。

多数新业态行业呈现平台化、扁平化组织结构和管理模式，劳动者受传统组织的管理约束较弱，如邮政快递员、外卖骑手、电竞场馆运营员等职位的灵活性、流动性特征明显。另一项针对农民工群体的全省调查显示，快递员与外卖员两类行业占调查总数的 31%。此外，还有网络客服、培训从业者、农村中的乡村旅游演艺员、民宿从业者、农技员等农村新出现的本地非农就业形式。这项调查数据显示，以互联网平台为依托进行营销活动的从业者约占 26%，而本地非农就业及网络教育培训分别占 20% 和 14%。

2. 劳动力素质较高但内部差异大

四川省新就业形态从业人员以本市域内就业人口占多数（60.4%），多数为已婚（66.2%），有较好的居住条件，其人口学特征表现为以下两点。

年龄结构趋于年轻化。新就业形态伴随互联网、数字经济等蓬勃发展，据调查，从业人员以年轻人为主，平均年龄为 31 岁左右。有 53.7% 的人小于 30 岁，而 45 岁以上人员仅占 11.5%。除网约车行业有从业条件的限制，大部分从业人员年龄在 30 岁以上外，快递、外卖、电竞等行业从业者年龄约有 60% 分布在 18~30 岁。

受教育程度不平衡，且存在明显的"职业—性别"区隔。新就业形态吸纳了不同学历层次的劳动者就业，仅有 1/3 的从业人员学历在初中及以下，而受过大专或大学及以上教育的占比达到 37.61%。在网络教育培训或网络主播等从业者中，存在一部分高学历劳动力，有大专或大学及以上学历的劳动者分别占到 74.3% 和 45.6%。

3. 以男性从业者和农村劳动力为主

新就业形态劳动者群体数量多、涉及面广、人员结构复杂，但是以男性从业者为主，总体上男性占 82.8%。而在直播行业中，蕴含潜在传统凝视消费的主播岗位等则以女性从业者为主（网络主播中女性占 54.0%）。此外，四川省为农业大省，新就业形态吸引了八成的农村劳动力，为其提供了就业机会。除了直接就业以外，新就业形态还为不少农村劳动力灵活就业、短期过渡或兼职提供了机会。

（二）新就业形态从业人员工作状况

1. 劳动力就业方式与薪酬

新就业形态呈现劳动就业方式的多样性，薪酬水平总体上不高。从就业形式来看，八成从业者为全职/专职，全职人员中以快递员（94.9%）和网约送餐员（89.3%）居多，兼职人员中主业主要是民企职员、个体工商户和自由职业者；从工作的平台数量来看，全职人员比兼职人员更大可能只在一个平台工作，显示了新就业形态工作的灵活性，但也呈现专职化、专一化的趋势；从平台的就业时长来看，从业3年及以上的劳动力只占23.9%，说明就业稳定性不高。并且普遍存在工作时间长的问题，约九成从业者日工作时间都超过了8小时。《权益保障报告》显示，"四大群体"中有41.4%的劳动者月均薪酬收入在4000~5999元，低于四川省城镇全部单位就业人员的月均工资（6785元）及城镇私营单位就业人员的月均工资（5232元）①。月收入4000元以下的仍有约1/5，而高工资仅占少数，且通常分布在网络主播行业中。

2. 岗前培训

与新就业形态相关的劳务公司都会对劳动者进行岗前培训，一般按照平台公司的培训设计。据调查，约90.3%的快递员、网约送餐员、网约车司机都接受了岗前培训，培训的内容主要包括交通安全、紧急情况应对处理、专业技能、法律法规知识、公司管理规定、App使用等培训，大约3/4的被访者认为培训非常有用。网络主播暂无相关的职业技能标准，技能主要来源于自学（67.9%）和所在MCN机构②的培训（46%），较其他群体所需技能更多、成长时间更长，更需要提升技能。

3. 主观态度

新业态从业者存在较强的职业焦虑。一项问卷调查显示，从业者最担心的事情分别是工伤（44%）、顾客不合理差评（43.4%）、收入不高（39.9%）、没有参加社保（33.7）、工作强度大（32.7%）、工作太忙无法照顾家庭（27%）、没有签订劳动合同（25.1%）。不同群体的忧心事各不

---

① 参见2022年10月27日四川省统计局发布的2022年全省城镇单位就业人员平均工资。
② MCN模式源于国外成熟的网红经济运作，其本质是一个多频道网络的产品形态，将PGC（专业内容生产）内容联合起来，在资本的有力支持下，保障内容的持续输出，从而最终实现商业的稳定变现。

相同，总的来说，快递员、网约送餐员、网约车司机的生存性焦虑（顾客差评、工伤、收入）很明显，而网络主播的发展性焦虑（晋升空间）很突出。工作满意度"一般"的占47.7%，表示满意和非常满意的约占40%，其中非常满意的只占11.5%，约12%表示不满意和非常不满意。主要原因与工作时间、工作压力成反比。此外，网络主播对工作满意的程度随着收入变化呈现两极分化。不过，约三成的从业者想"换工作"，原因可能是面临较大的交通安全风险和高强度的劳动，而想"稳定"的则大多出于自身学历不高、缺乏核心技能而现有工作收入相对较高的原因。

4. 选择新职业原因

新就业形态因其用工的灵活性，吸引了大量流动性较强的劳动力，成为城市就业的蓄水池。据调查，在选择新职业之前，绝大多数从业者为民营企业职员（23.1%）、自由职业者（22.0%）、农民工（15.0%）、个体工商户（14.4%）等；从选择本职业的原因来看，"灵活"（35.0%）和"较高收入"（16.0%）是他们选择这类职业的共同特征，但基于劳动力的文化素质和技能，快递员、网约送餐员、网约车司机无奈被动选择的成分可能更多，网络主播主动选择的成分可能更多，折射出他们就业地位的差异。

5. 城市融入和社会阶层认同

据《权益保障报告》，85.7%的从业者认为自己融入得一般或很好，70.9%认为自己处于社会阶层中的中间偏下或下层。原因可能和年轻化的从业者大多为农民工二代或三代，甚至本身为城镇居民有关，他们在与城市的密切接触中成长，对城市生活较为认同；但社会阶层认同偏低，很可能与学历低、工作压力大、生存性焦虑有关。同时，不同群体之间的阶层认同存在较大差异，社会心态从积极到不积极的群体分别为网络主播、网约送餐员、网约车司机、快递员。

（三）现实需求

1. 就业质量总体偏低

实现更高质量的就业，是加快转变经济发展方式的现实需要，是加强和改进社会管理的重要途径。新就业形态就业质量的根本改善和提升，是一项艰巨、长期的系统工程，需要平台企业更好发展，创业环境更加优化，就业服务更加优质，职业技能培训更有针对性，劳动监管更加严格，劳动关系更加和谐。当前及今后一个时期，实现更高质量就业的重点难点在于政策支持体系和治理制度的完善。

新就业形态农村劳动力就业质量存在五个方面的问题：就业环境持续优化，但问题依然突出；就业能力不断提升，但增速缓慢，总体有待加强；收入稳步提升，但工作强度大、工作时间长；就业保障问题突出，覆盖率过低；就业劳动关系总体好转，但矛盾依然复杂。

2. 公共服务体系建设缺乏

现行公共就业服务所提供的职业培训、职业指导和职业介绍等，大多面向存在传统劳动关系的专职劳动者；公共就业政策性补贴主要是支持传统用人单位的，中央及各地方财政的职业培训补贴资金用于新就业形态群体的明显偏少，尚未全面针对"新"就业领域开展专职培训，未能适时匹配互联网平台发展催生的以现代服务业为主的新就业形态岗位的技能需求。新就业形态下，农村劳动者在就业领域选择上极不稳定，时常变化从业方向，短期内就业领域频繁变化，无法向其提供稳定的就业培训，同时现行职业技能培训体系的覆盖面还不够广泛，部分培训企业将"新"职业培训作为盈利点，过度夸大培训效果和从业收益，职业技能培训、就业创业培训等服务供给不足且服务质量有待提升。此外，面向新就业形态群体的技能培训供给不足，网络直播、微商电商、知识分享等新业态新模式发展时间较短，相关的学历教育和职业教育相对滞后，无法形成规模化的人才供给。

3. 基层管理部门重视程度不足

虽然各级政府工作报告从 2017 年至今或多或少都提到"运用'互联网+'发展新就业形态""规范引导新就业形态发展""引导新就业形态健康发展"等，但从政策制定和执行上，支持新就业形态发展的公共政策还在探索和尝试中，对新就业形态聚焦不够，思想认识和监管政策滞后于新就业形态的发展，老办法管新问题现象突出，平台企业面临的政策不确定性问题凸显。

不少基层干部、企业经营者对新就业形态的概念、内涵、价值、意义认识有偏差、不够全面充分。一是将其和实体经济割裂，或是把互联网、数字经济、直播等同于新就业形态。二是忽略了新就业形态相关数据蕴含的巨大价值。三是缺乏需求意识和问题意识，对于当前新就业形态发展的不足、问题所知甚少。对于收集什么类型数据、多少数据以及数据拿来后怎么提升产业效益没有清晰概念。同时，新就业形态对当前一些就业政策措施提出了挑战。新就业形态具有去中心化、跨区域化等特征，与现行的以行政区划为基础的行政管理体制相冲突，这就导致现行行政管理体制难以对一些跨行政区划的平台型企业和异地就业的个体发挥作用。

4. 劳动关系界定困难，劳动权益难保障

由于新就业形态工作方式、时间、地点等相对灵活，从传统角度难以界定从业人员与企业的劳动关系，一些平台企业为了降低用人成本、规避法律责任，甚至不与劳动者签订劳动合同。现行劳动保障法律的适用，是以企业与劳动者建立劳动关系为前提的，而新就业群体的劳动关系并不规范。而且，目前对于灵活就业人员以个人缴费方式参与养老、医疗等社会保险，存在申报手续复杂、个人缴纳费用高、最低缴费年限长、异地转移接续关系困难等问题，导致灵活就业人员参保意愿严重不足，劳动权益难以得到充分保障。因此，现有的法律法规、现行的商业保险产品的保障范围和标准已经明显不能适应新就业形态的发展需要，亟须完善。[1]

5. 就业结构性矛盾突出，用工短工化显著

就业结构性矛盾是指人力资源供给与岗位需求之间的不匹配。新就业形态的就业岗位虽然数量比较充分，但市场供求匹配度却出现越来越大的差距。就业结构性矛盾愈加突出，"招工难、用人难、留人难"三难并存。随着数字经济、平台经济的发展和产业结构调整升级，就业的结构性矛盾

---

[1] 于凤霞：《稳就业背景下的新就业形态发展研究》，《中国劳动关系学院学报》2020 年第 6 期。

更趋隐蔽性，新就业形态的相关企业三难并存将长期存在。尤其显著的是，在以快递配送为代表的新就业形态中，劳动力就业在强度日益增加的同时，普遍出现用工"短工化"趋势，即工作持续时间短、工作变动频繁。

用工"短工化"又具体体现为"高流动"和"水平化"两个方面。"高流动"体现为流动频繁，每份工作持续时间短。新就业形态兼职类型的农村劳动力中，在新就业形态中就业只是短暂的过渡，存在过客心态，导致流失率极高的问题，尤其是在春节后离职率大大提升。"水平化"体现为职业地位的水平化，难以通过换工实现职业地位上升，即他们在不同的生产体制间流转，徘徊于经济需要和社会需要之间，即"跳跃式换工"现象，频繁换工的现象已经成为骑手界的共识。

五 促进新就业形态劳动力发展的建议

（一）建立分类认定用工关系制度

应由劳动保障部门牵头，联合行业主管部门、工会、司法部门、企业、行业协会、专家等深入调研，根据四川省的实际情况，出台分类认定的规范性文件。政府部门、企业分类履行劳动权益的责任和义务，对于不切实履行相应用工关系义务的企业给予处罚。用人单位和劳动者因为用工关系的认定发生争议时，可由工会组织协商解决或提请劳动仲裁委员会仲裁处理。

面对新就业形态劳动者权益保障不足的现实问题，在分类认定的新机制出台之前，可主动运用"三元"用工关系的思维理念①把新就业形态劳动者

---

① 所谓"三元"用工关系理念，是借鉴英美的做法，对劳动关系认定进行的扩大化解释：尽量认定为完全劳动关系，作为职工（员工、雇员）身份，享受全部劳动权益保障；不能完全认定为劳动关系的，给予"准职工"身份，享受最基本的劳动权益保障；对于完全不能认定为任何劳动关系的，作为独立承揽人，完全按照民事协议处理，享受灵活就业人员的待遇。

纳入服务保障的范围，出台保障服务政策，完善保障服务的体系和机制，着力解决"无保险、无福利、无薪加班"等冲突问题。

（二）拓展相关法律适用范围

新就业形态的立法和修法工作应秉持数字商业模式保护和从业人员社会保护并重原则，既与现行劳动法律保持一定衔接与协同，又通过拓展和深化现行劳动法律的实践以适应新就业形态的重大变化。以现行《劳动法》[①] 和《工会法》[②] 为例，应考虑到新就业形态的用人单位多元化、隐匿化、模糊化、"去雇主化"，劳动者灵活性强的特点。一方面，将新就业形态劳动者纳入《劳动法》的保护范围，授权中央政府根据新就业形态的发展适时调整保护措施，主动把"准劳动关系"的理念运用到相关政策中，强烈要求用人单位与具有准劳动关系的劳动者签订准劳动合同，确保新就业形态劳动者的基本权益得到切实保障。另一方面，将新就业形态劳动者纳入《工会法》的适用范围，拓宽其入会途径，突破单位和用工形式的限制，把难以单独建立单位的职工组织起来，加大对应建立而未建立工会单位的处罚力度，并赋予工会直接向同级人民政府提出处理意见和向法院直接提起诉讼的权利。

（三）建立多元化保险体系

新就业形态从业者参加社保的比例低，又普遍关心社保问题，建议用去中心化的思维，积极构建多层次、多类型的保险体系，优化保险供给机制，为新就业形态劳动者提供更有力保障。第一，调整社会保险体系，淡化社保的"单位性"，允许新就业形态劳动者直接参加社会保险，积极探索适合新就业形态特点的工伤保险和失业保险方式。第二，适应新就业形态劳动者的

---

① 《中华人民共和国劳动法》。
② 《中华人民共和国工会法》。

灵活性和个性化需求，设计不同的社保套餐。① 第三，尽快开展职业伤害保险前期政策研究，四川省可选择少数城市自行开展试点工作，逐步建立职业伤害保险制度，尽力争取将全省纳入全国职业伤害保险试点范围。第四，鼓励保险公司根据新就业形态的特点，灵活设计缴费方式和保险责任，满足不同劳动者和平台企业多元化需求，提供更多保障充分、服务高效的保险产品。

（四）完善协同治理服务格局

应将新就业形态劳动者的劳动权利保障看成一项系统工程，建立完善党委领导、政府支持、部门配合、社会协同的工作格局，凝聚强大合力，破除劳动者陷入数字系统的困境。

政府层面，应建立专门领导小组，及时研究权益保障方面的突出问题和主要诉求并提出合理化建议；也可适度介入确定平台责任，打破平台对工作标准制定的垄断，增加国家和劳动者的话语权。此外，还应积极出台包括工作时间、休假、报酬、待遇、安全和社保等方面的保障政策，推动劳动法律法规和政策适应新就业形态发展的同时，应加强职业培训，将新就业形态从业人员全面纳入正式的社会职业体系，对优秀人才给予政策福利。应加强政府对新就业形态企业的执法监管，引导和规范平台用工行为，分类定制监管规则标准，强化执法科学性，提升监管精准度。

群团组织层面，应充分发挥各群团组织等的协同作用，尤其是动员新就业形态劳动者进入工会，积极拓展关爱服务新就业形态劳动者的项目，参加集体合同协商谈判，营造尊重、关爱、维护新就业形态劳动者合法权益的良好氛围。

---

① 例如，对于可以认定为劳动关系的，要求企业和劳动者必须购买整套社会保险（即"五险一金"）。对于认定为"准劳动关系"的，要求平台或相关企业必须购买工伤保险或职业伤害保险，基本养老保险费和医疗保险费可以由平台或相关企业和劳动者共同分担。对于只存在承揽关系的劳动者，但同时又是高风险职业的（如网约送餐员），则要求与劳动者联系最紧密的平台或者其关联企业（例如承揽业务的主要提供者）必须购买工伤保险或职业伤害险。

　　企业和行业协会层面，应完善诚信体系、制定社会责任标准，自觉履行承担培训、工伤、最低报酬等基本责任。企业要形成多层次、多属性的绩效评估体系，行业协会则要自觉接受政府、工会指导，充分发挥自律规范和桥梁沟通作用。

B.5
青年志愿服务助力社会治理的
四川实践研究[*]

张雪梅 刘艺[**]

摘　要： 青年志愿服务是现代社会治理的有机组成部分，青年志愿服务管理体系是国家治理能力现代化的有机构成，青年志愿者是社会治理的重要力量。本文梳理了近 15 年四川志愿服务的发展历程，对 2019 年以来四川青年志愿服务制度改革三个阶段的政策演进和成效进行了分析。通过四川青年志愿服务的实践经验，提炼出"平台支撑+项目引领+文化引领"的模式特点，探索形成青年志愿服务助力社会治理的"四川方案"。具体而言，四川省自上而下推进以县域为单位的志愿服务组织体系网络式覆盖，多部门协同并常态化参与，共同保障激励青年志愿服务发展。

关键词： 青年志愿服务　社会治理　四川

一　青年志愿服务助力社会治理的背景

"志愿服务"在 2017 年国务院发布的《志愿服务条例》中被定义为："志愿者、志愿服务组织和其他组织自愿、无偿向社会或者他人提供的公

---

　* 基金项目：中国青少年研究会立项课题"青年志愿服务助力社会治理的路径与政策研究——基于四川省的实践经验"（项目编号：2022B14）。

** 张雪梅，四川省社会科学院副研究员，博士，研究方向为社区发展治理、婚姻家庭及青少年发展；刘艺，四川省社会科学院，研究方向为社会学。

益服务。"①"青年志愿服务"一般是指由青年群体组成的志愿服务组织，围绕人民生活和社会发展自发性地开展相关志愿服务活动。在我国"青年志愿服务"主要分为狭义和广义两种：由共青团牵头组织实施的可以称作狭义的青年志愿服务；除共青团领导的青年志愿服务外，还包括各类包含青年志愿者参与的民间组织和社区志愿服务等，即只要有青年参与的志愿服务活动都可被称作广义的青年志愿服务。

我国的志愿服务最早起源于 20 世纪 60 年代毛泽东同志发出的"向雷锋同志学习"的号召，在最初的萌芽阶段，青年志愿服务还未成形，大多与"学雷锋，做好事"活动交融在一起。共青团中央于 1993 年启动了"中国青年志愿者行动"，2 万多名铁路青年在寒冬开展为旅客送温暖的春运志愿服务活动，这一事件成为我国青年志愿服务正式开启的标志性事件。由此，青年志愿服务在中国顺利启动，志愿服务活动开始推广，青年志愿者组织初步兴起，中国青年志愿服务事业初步发展。中国青年志愿者协会和共青团中央青年志愿者工作部在 20 世纪末相继成立。21 世纪初，各地逐步建立了各具特色的青年志愿者服务站，青年志愿服务组织进一步发展，中国青年志愿服务开始步入正轨。2008 年以来，中国青年志愿服务进入全面发展阶段。无论是汶川特大地震救灾抢险，还是在北京奥运会中的义务奉献，全国开始形成青年参与志愿活动的浪潮，服务领域不断扩大，青年志愿者队伍力量不断壮大，志愿服务精神在青年群体中得到广泛认同。自此，青年志愿服务事业呈现全面发展的态势。

党的十八大以来，中国特色社会主义进入新时代，社会治理体系建设和治理能力提升一直是中央和地方关注的重要议题。《中共中央关于制定国民经济和社会发展第十四个五年规划和二〇三五年远景目标的建议》提出："到二〇三五年，要基本实现国家治理体系和治理能力现代化，社会治理特别是基层治理水平明显提高。"社会治理强调以政府为主导的多方参与，特

---

① 中华人民共和国国务院：《志愿服务条例》，http：//www.gov.cn/zhengce/content/2017-09/06/content_ 5223028. htm，2017 年 9 月 6 日。

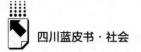

别是个人与社会相联系，公众以及各种社会力量共同参与到社会治理当中，从而构建共建共治共享的治理格局。

新时代的中国青年始终是社会治理与国家发展的中坚力量。《中长期青年发展规划（2016—2025年）》提出"深化青年志愿服务工作"。青年志愿服务作为社会文明进步的重要标志，成为助力人民美好生活的有效载体，同时也是优化政府治理体系不可或缺的补充力量。青年志愿服务内容涉及应急救援、文明实践、社区治理、生态环保、扶贫助困、乡村振兴、文化复兴、网络空间等众多方面，青年志愿服务助力社会治理的重要意义更加凸显。如何更好地发挥青年志愿服务的作用？青年志愿服务如何助力社会治理？其参与社会治理的有效途径如何？四川的地方实践经验为我们提供了一个很好的范本。

四川省的志愿服务在2008年汶川特大地震后得到迅速发展。"5·12"汶川大地震发生后，中国共产主义青年团四川省委共派出志愿者约18万人投入紧急救援。并且，在后方持续给予灾区信息、物质等各类支持的自发性志愿者总人数达到千万人，可以说，这是四川应急志愿服务工作积累经验的开始。同年10月，"四川省应急志愿服务总队"在成都成立，作为中国第一支正规化的应急志愿服务队伍，它的成立标志着四川应急志愿服务走上正轨并初步发展。其积极参与了2009年"7·9"姚安地震和2010年"4·14"玉树地震的抗震救灾，初步建立起较为完备的全省应急志愿服务体系。四川志愿服务制度建设在这一时期也缓缓拉开帷幕。2009年9月，四川省颁布《四川省志愿服务条例》，标志着四川志愿服务向制度化稳步发展。四川省应急志愿服务体系在2010年"8·7"舟曲特大泥石流的应急志愿服务中有效运转，四川省应急志愿服务总队成为救灾抗险的专业救援后备，并被党中央、国务院、中央军委于2010年8月授予"全国抗震救灾英雄集体"荣誉称号，这是对四川应急志愿服务几年来快速发展和取得成效最有力的认可。

2013年4月芦山地震，四川率先探索在应急服务经验基础之上，进一步形成大群团格局和建立常态化的应急机制，并成功建立省级群团组织社会服务中心，四川群团组织协同社会力量参与社会治理的创新模式应运而生。后来逐步建立起群团组织社会服务中心工作体系，充分发挥"大群团"格局优势，聚合更多社会力量促进社会发展，可以说这是一个走在全国前沿的新创举。2015 年 3 月，"志愿四川"云平台正式上线，志愿服务线上平台的成功搭建进一步完善了志愿服务体系建设。"四川联动青年社会力量应急服务中心"在前期成立的四川省群团组织社会服务中心的基础上，由共青团四川省委和四川省灾后重建基金会等单位联合发起并成立。

民间志愿力量作为国家力量的有益补充，是从抢险抗灾中兴起并发展壮大的。2008 年以来，四川应急志愿服务工作稳步前进，在各级团组织的推动带领下，四川应急志愿服务事业发展成效显著。从最近 15 年的发展历程来看，四川青年志愿服务以应急志愿服务为起点，以省级群团组织社会服务中心为载体，逐步发展和改革创新，转型为省团委指导下的四川青年志愿者协会和四川省青年志愿者服务中心，这一历程推动四川青年志愿服务逐步成熟壮大并蓬勃发展。同时，也为中国青年志愿服务参与社会治理和推动国家社会治理体系和治理能力现代化的进程中贡献四川力量和西部经验。

二 2019年以来的改革创新

青年志愿服务制度改革作为四川省推出并持续深化的原创性改革的 7 项内容之一，从 2019 年便开始走上了新时代改革创新之途。从政策演进来看，四川青年志愿服务助力社会治理经历了三个阶段，分别为：青年志愿服务制度改革试点、推进青年志愿服务制度常态化、青年志愿服务改革全面推进。

（一）青年志愿服务制度改革试点阶段

1.政策保障

这一阶段始于 2019 年。为推进四川省志愿服务制度化常态化，深化青年志愿服务改革，中共四川省委办公厅、四川省人民政府办公厅在这一年发布了《关于进一步推进志愿服务制度化常态化的通知》（川委厅〔2019〕42号），从发展壮大志愿服务队伍、积极拓展志愿服务阵地、强化志愿服务项目推动等7个方面出发，明确要求"推动志愿服务融入经济发展各阶段、社会治理各领域、群众生活各环节"。

为了进一步推进四川省青年志愿服务制度改革，以创新点燃改革引擎，2019年四川省六部门发布了《四川青年志愿服务制度改革试点方案》（川青联发〔2019〕27号），该试点方案主要包括总体要求、试点任务、激励机制和保障措施四个部分，明确提出试点地区的注册青年志愿者总人数到2020年从改革前的70万人增长到超过100万人，到2022年超过200万人，同时建成"布局合理、管理规范、服务完善、充满活力的青年志愿服务工作体系"的目标。《四川青年志愿服务制度改革试点方案》是中国第一个青年志愿服务的改革方案，也是四川省率先创造性提出的一套青年志愿服务改革操作蓝本，该试点方案明确构建了"党委统一领导、文明办统筹指导、部门依法履责、共青团组织实施、社会协同参与"的科学合理的青年志愿服务工作机制，形成了"一体两翼三支撑"的省级示范运行体系，成功探索了组织架构方面的创新。其中，"一体两翼三支撑"的"一体"即以团省委为主体；四川省青年志愿者服务中心、四川青年志愿者协会则作为"两翼"成为青年志愿服务工作强有力的抓手；"三支撑"则是指以青年志愿服务专项基金、青年志愿者注册管理信息平台、青年志愿者学院为支撑。在"一体两翼三支撑"的省级青年志愿服务示范运行体系带动下，成都市、眉山市、宜宾市、泸州市、南充市、攀枝花市6个城市开始了青年志愿服务改革的试点先行，同时也代表着四川省志愿服务制度化常态化工作拉开序幕。

2.改革成效

试点方案从2019年10月实施一年来，截至2020年9月，"志愿四川"平台的6个改革试点市注册青年志愿者人数由改革前的70万人增至102万人，顺利完成"2020年试点地区注册青年志愿者人数超过100万人"的改革目标。并且，全省在"志愿四川"平台累计注册志愿者271.6万人，注册团队2.9万个，发布项目2.5万个，服务时长达3000余万小时。在试点方案的指导下，每个试点城市的志愿服务发展领域各有特色，比如成都市重点围绕社区服务、生态环保等领域开展志愿服务；眉山市则重点围绕城市治理、节水护河等领域开展志愿服务；宜宾市重点围绕长江上游生态屏障保护等领域开展志愿服务；泸州市则重点围绕未成年人心理健康、禁毒防艾等领域开展志愿服务；南充市重点围绕留守儿童关爱、特殊人群社会融入等领域开展志愿服务；攀枝花市则重点围绕康养医疗等领域开展志愿服务。

经过一年的改革试点探索实践，四川省青年志愿服务在运行体系建构、网络平台建设、品牌项目培育、应急能力提升、激励保障落实等方面取得初步成效。

在运行体系建构方面，依托"一体两翼三支撑"的省级青年志愿服务示范运行体系，带动成都、攀枝花、泸州、南充、宜宾、眉山6个试点市相继成立市级青年志愿服务中心和青年志愿者学院；建成各级青年志愿者协会205个，其中县级青年志愿者协会共183个，已完成民政规范性注册135个；全省高校全部建立校级青年志愿服务组织共134个。全省乃至各地区的青年志愿服务运行体系更加完善。

在网络平台建设方面，充分利用"志愿四川"网络平台，建立高效便捷的志愿服务供需对接机制，完善平台功能，提升"志愿四川"平台注册、招募、报名、上岗、计时等板块的便捷度，推动志愿者注册使用，初步实现志愿服务组织随时发布项目需求、招募志愿者，志愿者随时就近就便参与服务项目。6个改革试点市开设具有特色的市级专区，设置"中小学专区"，鼓励中小学生参与志愿服务体验，推动全省有条件的4414所中小学校建立志愿服务组织，注册志愿者85.6万人，发布项目3800余个，有效强化平台地区特色和个性化服务能力。打造省级青年志愿服务大数据中心，对志愿服务进行多层次、多维度分析，为提升志愿服务针对性和专业性提供数据支撑。开放平台数据，初步实现与全国志愿服务信息系统互联互通，探索推动与重庆青年志愿服务数据互认共享。

在品牌项目培育方面，突出品牌引领、精耕品牌项目，打造志愿文化创意品牌和青年志愿服务四川名片。深入实施"青春志愿""爱在社区、靓在乡村、爱在旅途"等系列品牌项目，"爱在社区"项目平均每周 2.3 万名大学生参与城乡社区志愿服务，全省 119 所高校就近结对 1549 个社区；"爱在旅途"项目年均 2 万余名青年志愿者在重要交通场所提供秩序维护、便民咨询、重点帮扶等服务，帮扶旅客 200 余万人；"靓在乡村"项目建立乡镇志愿服务队伍 3583 支，发动 5.5 万余名青年志愿者围绕环境治理、生态保护、移风易俗等开展活动 1.2 万余场。实施川渝携手志愿服务计划，成立川渝青年志愿服务联盟，签订《成渝地区双城经济圈建设青春建功行动志愿服务专项合作备忘录》，泸州、南充等 10 个市（州）与江津、合川等毗邻地区相互结对，共同开展长江上游"河小青"生态环保志愿服务活动。不断向地灾防治、森林草原防灭火等特殊领域和服刑人员、吸毒人员等特殊群体拓展延伸。与监狱管理局、戒毒管理局共同推出"青春志愿·迷途导航"项目，面向服刑、戒毒人员提供志愿服务，服务 5000 余人，覆盖监狱、戒毒所 43 个。

在应急能力提升方面，疫情期间发布《四川青年志愿者倡议书》《四川疫情防控社会组织协作倡议》《四川省共青团组织建立完善应急志愿服务体系参与疫情防控指引》等指导性文件，组建疫情防控志愿服务队伍 200 余支，总上岗 81.9 万余人次。与自然资源等部门共同推出"青春志愿·守护生命"项目，发布《四川应急志愿服务防汛工作指引（1.0版）》，组建 1100 余支队伍参与地灾防治、防汛减灾和森林草原防灭火，招募志愿者 2.4 万余人，开展宣传教育、应急演练、隐患点排查等活动 2300 余次。围绕防汛、应急等，组建青年突击队 3277 支、动员 4.5 万人，协同社会组织 502 家，上岗 5.1 万人次，服务时长 23 万小时，覆盖群众 61 万人次。

在激励保障落实方面，将学生在"志愿四川"平台积累的时长纳入学生个人综合素质评价，有效管理"时间银行"数据，做到激励有据可依。全省 74 所高校将学生志愿服务时长纳入"第二课堂成绩单"，并作为 A 级证书申领、推优入党入团的重要依据，对志愿服务时长达到 500 小时的 1700 余名志愿者骨干进行跟踪培养。成都出台《成都市志愿服务激励办法

（试行）》，宜宾出台《宜宾市青年志愿者服务积分兑换制度（试行）》，攀枝花建设"同心圆公益超市"方便志愿者时长积分兑换，眉山全市 A 级景区对星级志愿者实行免费开放。实施高校志愿服务提升计划，联合省发改委、中国人民银行成都分行开展全国青年信用体系建设试点。

总的来说，通过第一阶段改革试点，四川省青年志愿服务在 2019 年 10 月至 2020 年 9 月这一年取得初步成效。这一阶段是四川省青年志愿服务走出具有四川特色的青年志愿服务改革新路的开端，6 个试点城市积累的试点经验为后一阶段向全省其他地区推广奠定了坚实的基础。

案例 1 四川应急志愿服务

四川地处青藏高原西南缘，山地丘陵广布，地形高低悬殊，地质构造复杂，是全国自然灾害高发区之一，常年遭受干旱、暴雨、洪涝、低温和地震、滑坡、泥石流等侵害。而在灾害的应对中，无论是在现场救援、款物捐赠、物资发放、心理抚慰、灾后重建还是在防灾减灾教育等方面，志愿者在应急工作中都发挥了重要作用。

改革开放以来，有记载的四川青年志愿者参与应急志愿服务最早可以追溯到 1991 年、1998 年的洪灾应对。2003 年"非典"疫情暴发，四川数万名青年志愿者组建抗击"非典"助农志愿者服务队活跃在田间地头，帮农民抢种忙收。但在这一阶段，还未有应急志愿服务这一概念，志愿者也是零星参与灾害应对。2008 年"5·12"汶川地震发生后，进入灾区的志愿者多达 300 万人，在后方救灾的志愿者更是超过 1000 万人，中国志愿者瞬间爆发出巨大能量，志愿服务领域也因此诞生一个新名词"应急志愿者"。2008 年 10 月，在四川省委牵头，省应急办、团省委等 14 家厅局级单位联合筹备下，首支正规化应急志愿服务队伍——四川省应急志愿服务总队在成都成立。2010 年"4·14"玉树地震发生，四川省应急志愿服务总队驰援，四川省 800 多名青年志愿者有力、有序、有效地开展现场救援、物资筹集、藏语翻译、医疗陪护等志愿服务。同年 8 月，被党中央、国务院、中央军委授予"全国抗震救灾英雄集体"荣誉称号。

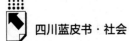

2013 年"4·20"芦山地震，四川省抗震救灾指挥部成立社会管理服务组，创建雅安抗震救灾社会组织和志愿者服务中心，共青团四川省委第一时间在灾区建立"193"工作平台①，四川探索出群团组织协同社会组织参与社会治理的创新模式。2017 年"6·24"茂县山体滑坡，四川探索形成"一个县级中心+一个镇级站+三个交通要道服务点"的布局，建立联合行动合作机制。共青团四川省委首次联合相关民间组织成立"社会组织和志愿者协调中心"，承担救灾指挥中心以及社会组织之间的信息对接和协调工作。紧接着"8·8"九寨沟地震发生，成功运用"快速响应、登记报备、供需对接、精准参与、有序撤离"的机制。2018 年，四川推出了全国首部关于应急志愿服务规范化的标准文件——《应急志愿服务管理规范》（地方标准），在对应急志愿服务进行准确定义的同时，提出分层分级分阶段的规范管理流程，推动志愿服务标准化、制度化、体系化。至此，四川省形成了在当地指挥部统一指挥下，按照"快速响应—登记报备—供需对接—精准参与—有序撤离"的流程，引导广大志愿者和社会组织有序、有效、有力参与应急志愿服务的工作机制。2019 年 11 月，联合发起茂县富顺镇社会力量参与灾害应对综合演练，这是国内首次在灾害应对过程中，将社区自救互救、政社协同、社社协同有机融合的实战模拟演练，此后每年常态化组织综合演练或桌面推演，实现了应急志愿服务的常态化发展。2020 年 8 月，为推动志愿服务向社会特殊领域拓展，特推出《四川应急志愿服务防汛工作指引（1.0 版）》。2020 年 11 月，"联动-2020"成渝地区双城经济圈应急志愿服务综合演练举行，川渝共青团联合成立"川渝应急志愿联合服务队"。近年来，常态化开展应急志愿者城市救援、山地救援、火灾救援、水上救援等专业技能培训，建立"零延迟"响应机制，让四川应急志愿服务成为政府应急救灾力量的有力补充。

---

① "193"工作平台：指在芦山县城建立 1 个抗震救灾志愿者指挥中心，在芦阳镇政府等受灾群众安置地建立 9 个抗震救灾志愿者服务站，在龙门乡等重灾乡镇建立 3 个抗震救灾志愿者服务点。

（二）推进青年志愿服务制度常态化阶段

1. 政策保障

这一阶段从延续 2019 年的改革一直到 2021 年。特别是 2020 年和 2021 年这两年，青年志愿服务改革不断深化，通过上一阶段改革试点方案的 6 市"实验"所取得的成效，四川青年志愿服务发展的思路更加明确，进一步推进青年志愿服务制度常态化。

有了改革试点的基础和青年志愿服务快速发展的前期成果，2020 年 9 月，青年志愿服务工作的重点任务便进入进一步推进制度常态化的志愿服务"深化改革"轨道。鼓励各个试点地区大胆探索、先试先行，为全省青年志愿服务制度改革创造有益经验。2021 年 9 月，共青团四川省委联合多部门共同印发了《关于进一步深化青年志愿服务改革推动志愿服务制度化常态化的通知》（川青联发〔2021〕32 号）。这个通知可以说是面向青年志愿者发放政策"福利"以及支持青年志愿服务工作的政策"礼包"，其围绕青年志愿服务激励保障，推出了包括"成长激励、校园激励、公共服务激励、信用激励、财政保障、平台支持和项目培育"7 个方面的具体举措。聚焦 7 条激励举措，可以发现各条举措真正惠及青年志愿者所关注的方方面面，通过志愿服务激励体系的建立与完善、激励政策的落实和各部门的协同推进，进一步激发青年志愿者投入志愿服务事业的热情，提高青年参与志愿服务的活跃度。

2. 改革成效

在这一阶段，各试点地区积极探索，四川省青年志愿服务各项工作落地落实并取得阶段性成效。截至 2021 年底，"志愿四川"6 个改革试点市注册青年志愿者总人数达到 304.9 万人，提前一年完成"2022 年试点地区注册青年志愿者人数超过 200 万人"的改革目标。并且，全省在"志愿四川"平台注册青年志愿者人数增长至 579.1 万人，注册团队数由上一阶段的 2.9 万个增长至 7.1 万个，发布项目数由上一阶段的 2.5 万个增长至 16.1 万个，志愿服务时长新增 1400 余万小时。四川省青年志愿服务经过 2020 年、2021

年这两年的深化改革，在品牌项目引领、应急服务常态化、文化氛围营造、激励机制落实等四个方面取得阶段性成效。

在品牌项目引领方面，强化品牌项目建设，深化实施"青春志愿"系列项目，"爱在社区"项目逐步形成省、市、县联动态势，全省高校大学生志愿者常态化结对社区 1500 余个；"爱在旅途"项目年均服务重点旅客群体 20 万人次；"靓在乡村"项目建立乡镇志愿服务队伍 3806 支；"迷途导航"项目完成结对 49 个，开展活动 135 场次，覆盖人员 3000 人；"守护生命"项目组建队伍 3952 支，参与志愿服务 26.1 万余人次，开展宣传教育、应急演练、隐患点排查等活动 1.8 万余次。有效运用线上平台发布项目，持续优化"志愿四川"平台功能，通过平台"点单式"发布项目需求、招募志愿者，志愿者就近"接单"、精准记录时长，新增实时定位、电子围栏、扫码打卡等功能，实现志愿服务项目个性化便捷化参与。联合共青团重庆市委开展川渝"河小青"巡河徒步活动，启动首届高校志愿服务项目大赛，动员全省高校志愿者广泛参与。派遣四川青年志愿者赴重庆参加"2020 中国国际智能产业博览会"和"第三届中国西部国际投资贸易洽谈会"志愿服务，举办成渝地区双城经济圈青年文化发展峰会暨川渝青年公益嘉年华活动，成立川渝青年志愿服务联盟，实现"熊猫侠"川渝两地常态化交流。

在应急服务常态化方面，持续完善应急志愿服务响应机制，常态化开展应急志愿服务综合演练，四川省应急志愿服务总队建立心理疏导、社会协同等专业队伍 10 支，储备骨干志愿者 300 余名。组建覆盖 21 个市（州）的应急志愿服务队伍 144 支，招募培训注册应急志愿者 6.4 万余人。印发《四川各级团组织参与我省新冠病毒核酸检测的志愿服务工作方案》《四川省"青春志愿·守护生命"地质灾害防治志愿服务行动指引（2.0 版）》《共青团四川省委地震应急预案》，积极应对"9·16"泸县地震、"5·21"漾濞地震，实现了四川应急志愿服务机制的有效复制与高效应用。科学协助"7·20"河南洪灾抗险，实现四川应急志愿服务响应机制首次远距离线上输出。2021 年以来，围绕防汛、应急、防疫等发布项目 13849 个，参与志愿者17.6 万人次，服务时长 160 余万小时。

在文化氛围营造方面，打造"熊猫侠"IP，丰富"熊猫侠"文化内涵，创新推出"天府三九大安逸走四川，期待你成为下一个熊猫侠"志愿文化。联合中国大熊猫保护研究中心将一对大熊猫幼崽命名为"志志""愿愿"，作为"熊猫侠"形象大使为志愿服务代言。设计"熊猫侠"卡通形象、制作文化产品、举办主题活动，打造雅安碧峰峡熊猫基地"志志愿愿之家"成为青年志愿者的网红打卡地。原创《熊猫侠》同名主题曲，推出《熊猫侠》四川青年志愿服务主题宣传片和《遇见"蜀"于你的青春》西部计划系列宣传片，进行全网传播和专题报道，营造具有四川特色的志愿文化氛围。

在激励机制落实方面，《关于进一步深化青年志愿服务改革推动志愿服务制度化常态化的通知》出台后，围绕成长激励、校园激励、公共服务激励、信用激励、财政保障、平台支撑、项目培育出台7条激励举措，下发任务清单，扎实推进各项措施落地落实。制定实施《四川青年志愿者星级认定规则（试行）》，依托平台完成星级青年志愿者认定9529人，对志愿服务时长达到500小时的1900余名志愿者骨干进行跟踪培养。成都、泸州、南充、宜宾、眉山已出台志愿服务专项激励政策5个，加大对优秀青年志愿者的表彰力度，为其在就业创业、金融信贷、景区票价等多方面提供优惠，全面提升广大青年志愿者的获得感和光荣感。成都为青年志愿者开发专属联名借记卡等金融产品，眉山在改革经费中列支1.5万元为活跃度高的星级志愿者定制专属意外伤害保险。四川警察学院开设全国首个志愿服务选修课，四川大学锦江学院也已开设志愿服务相关选修课程。

从推进常态化这一阶段的成果来看，四川青年志愿服务在各方面的改革与发展趋于成熟，并且持续深入的志愿服务改革态势将在全省全面推开。

案例2　四川省大学生志愿服务西部计划

"大学生志愿服务西部计划"（以下简称"西部计划"）是由共青团中央和教育部等共同组织实施，财政部门和人力资源部门提供相关政策、资金支持等双重保障的一项重大人才工程。西部计划从2003年开始实施，遵循公开招募和自愿报名的原则，由高校集中选拔、组织派遣到全国各服务地，每年招募一定数量的普通高等学校应届毕业生或在读研究生，到我国西部贫困地区基层开展为期1~3年，涉及教育、卫生、农技、扶贫等方面的志愿服务工作。西部计划鼓励青年"到西部去、到人民最需要的地方去"为中西部贫困地区的经济发展和社会进步贡献力量。2011年，西部计划被列为国家重大人才培养计划，如今，西部计划已是我国发展战略中的重要一环。

2003年以来，大学生志愿服务西部计划项目已经在四川实施了近20年，累计招募派遣志愿者5万余人次，覆盖四川省21个市（州）183个县（市、区）。一大批青年志愿者通过西部计划项目服务四川，为四川省医疗卫生、基础教育、抗震救灾、脱贫攻坚、乡村振兴、社会治理等方面提供了强有力的人才支撑。西部计划四川项目始终坚持本地特色项目的创新性探索。2004年，四川作为劳务输出大省，农村留守儿童问题尤为突出，于是四川省开始实施西部计划"留守儿童关爱"专项；2008年，四川省增设"抗震救灾志愿服务"专项，为四川省汶川地震灾区群众的生活生产恢复重建提供服务；2010年，"西部放歌农村文化志愿服务行动"项目在四川省5个市（州）的5个县（市、区）试点实施，青年们积极投身西部文化建设；2016年以来，西部计划四川项目开始紧紧围绕脱贫攻坚、乡村教育、乡村建设、健康乡村、乡村社会治理、基层青年工作等重点工作开展志愿服务，全省西部计划项目实施规模由3140人扩大到4899人，增量达56%。随着2021年四川省凉山州最后7个贫困县摘帽，乡村振兴战略、新西部大开发、成渝地区双城经济圈建设等政策的推进，四川省大学生志愿服务西部计划又将探寻地方特色项目的新方向。

近年来，更多的大学生积极加入西部计划的队伍①，青年志愿者参与西部计划的成长历程也是与四川基层双向奔赴的过程。一方面，一批又一批有理想、有担当的青年志愿者通过西部计划项目服务四川、奉献四川、扎根四

---

① 在笔者于共青团四川省委的实地调研中，为我们介绍青年志愿服务发展历程和搜集提供相关资料的两位四川青年志愿者协会工作人员（四川青年志愿者协会秘书处综合部专员丁当，四川青年志愿者协会培训研究部专员赵江楠）均为西部计划青年志愿者。

川，为四川乡村振兴、社会治理等事业的发展做出了重要贡献；另一方面，青年志愿者通过西部计划有效提升了基层工作能力、社交能力、组织协调能力，同时锻造自我的吃苦耐劳精神。有研究表明，西部计划志愿者服务期结束后，21.45%的志愿者希望继续留在西部发展，57.55%的志愿者首选的就业方向是考公务员。① 可以看到，西部计划培育了一大批有着扎实基层工作经验的人才，在培养青年人责任与担当，构建新时代城乡基层社会治理新格局，促进西部经济、政治、文化、社会和谐发展等方面发挥了极其重要的作用，青年志愿者通过西部计划提供志愿服务的重大意义赢得了党和人民的赞许与社会的尊重。

（三）青年志愿服务改革全面推进阶段

1. 政策保障

四川青年志愿服务通过第一阶段改革试点的探索和第二阶段推进常态化的成果，接下来便进入全面推进阶段，将青年志愿服务制度改革在全省推开。

2022年初，共青团四川省委和四川省文明办、四川省民政厅、四川省教育厅、四川省人力资源和社会保障厅等五部门联合印发《四川全面推进青年志愿服务制度改革方案》（川青联发〔2022〕2号）。该方案提到四川青年志愿服务"在体制机制创新和激励保障落地等方面均取得重大突破，并在平台支撑、项目培育、文化引领等方面取得阶段性成绩，6个试点市（成都市、攀枝花市、泸州市、南充市、宜宾市、眉山市）初步构建起布局合理、各具特色的青年志愿服务体系"。将对6个试点城市取得的改革试点工作经验进行推广，并提出"到2024年底，四川省21市（州）全部完成青年志愿服务制度改革重点任务"的总体目标，使得四川青年志愿服务制

---

① 丁梦丽、钟平：《西部计划四川项目成效的影响因素及对策分析》，《新生代》2022年第5期。

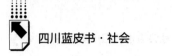
度改革"全覆盖",实现四川青年志愿服务制度化常态化。

2.改革成效

目前青年志愿服务制度改革工作正在四川省全面落实推进。四川青年志愿服务从2019年10月启动改革试点以来,经过2年多的探索实践,四川共青团始终把青年志愿服务与创新社会治理相结合,推动四川青年志愿服务改革在体制机制创新和激励保障落地、网络平台支撑、重点项目培育、品牌文化引领等方面取得阶段性成绩。成都市、攀枝花市、泸州市、南充市、宜宾市、眉山市6个试点市初步构建起布局合理、各具特色的青年志愿服务体系,提前一年完成改革试点任务。全省183个县(市、区)全部建立县级青年志愿者协会,并已规范性注册139个;全省134所高校全部建立校级青年志愿服务组织,逐步完善"校院班"三级志愿服务运行体系;全省有条件的4472所中小学校建立志愿服务组织,负责本校学生志愿服务的具体组织、实施、考核评估等工作。共青团四川省委联合四川省委教育工委创新开展四川省首届高校志愿服务项目大赛。四川大学锦江学院、四川警察学院开设志愿服务相关选修课程。成都大学开设全国首个志愿服务辅修专业。

在平台建设方面,"志愿四川"志愿服务信息系统不断迭代升级,平台功能持续优化,创新推出"四川省高校志愿服务云展馆",开设四川青年志愿服务发展历程展、高校志愿服务风采展、高校志愿服务金奖项目展、"熊猫侠"文化IP展和项目共建云对接5个单元。立足社区实际需求,遴选历届志愿服务项目大赛中可持续性强、可复制性高的10个高校志愿服务项目,通过云展馆进行项目推介,面向全省所有高校搭建项目共建渠道。

根据"志愿四川"平台发布的数据,截至2019年底,四川省累计实名注册志愿者约271.6万人;2020年底相比于一年前增长了177.0万人,实名注册志愿者总量达到448.6万人;2021年底相比于改革初期增长了307.5万人;根据"志愿四川"平台2022年实时更新数据,其注册志愿者累计接近700万人,相比于2019年改革初期,四川省注册志愿者数量增长了一倍有余,注册青年志愿者的增速势如破竹(见图1)。注册志愿者组织数量也呈现明显的增长趋势,由2019年的2.9万个增长至2022年的8.1万个(见

图 2）；志愿者组织队伍不断发展壮大，志愿组织呈现快速成长、蓬勃发展的良好态势。

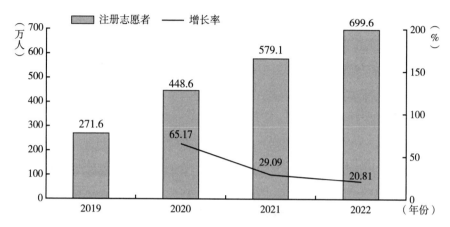

图 1　2019~2022 年"志愿四川"平台注册志愿者累计人数及增长率

资料来源："志愿四川"官方平台。

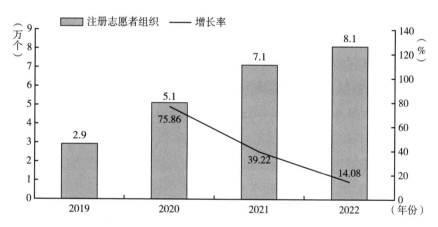

图 2　2019~2022 年"志愿四川"平台注册志愿者组织累计数量及增长率

资料来源："志愿四川"官方平台。

在项目建设方面，突出品牌引领、精耕品牌项目，打造志愿文化创意品牌和青年志愿服务四川名片。深入实施"青春志愿"爱在社区、靓在乡村、爱在旅途、迷途导航、守护生命等系列品牌项目，确定"社区青春行动"全国示范点位 16 个、省级示范点位 188 个。"爱在社区"项目形成省、市、县联动态势，全省高校大学生志愿者常态化结对社区 3560 个；"靓在乡村"项目发动 17.7 万余名志愿者开展乡村治理活动 1.5 万余场，建立乡村志愿服务队 4250 余支；"爱在旅途"项目中青年志愿者在重要交通场所年均服务旅客群体约 20 万人次；"迷途导航"项目向服刑、戒毒人员提供菜单式服务，累计服务时长 26.1 万小时；"守护生命"项目将志愿服务引入地灾防治领域，开展应急防控演练、风险隐患排查等活动 4.6 万余次。举办"熊猫侠"形象大使"志志""愿愿"周岁探访活动，增强"熊猫侠"的感召力和影响力。

根据"志愿四川"平台发布的数据，2019~2022 年发布的志愿服务项目活动累计数量的增长趋势向好。截至 2019 年底，累计发布的志愿服务项目活动数量为 2.5 万个，2020 年底相比于一年前增长了 1.1 万个，总量达 3.6 万个；2021 年发布的志愿服务项目活动累计数量增长形势最为迅猛，相比于 2020 年增长了 12.5 万个，增长率达 347.22%；根据"志愿四川"平台 2022 年 12 月实时更新数据，2022 年累计发布的志愿服务项目活动数量为 37.5 万个，相比于 2019 年改革初期，志愿服务项目活动数量明显大幅度增长（见图 3）。由此可知，四川青年志愿服务在项目活动建设方面持续发力，并在增加志愿服务项目数量、提高志愿服务项目质量等方面取得显著成效。

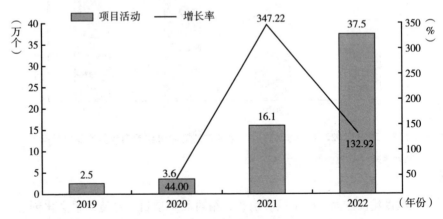

图 3　2019~2022 年发布志愿服务项目活动累计数量及增长率

资料来源："志愿四川"官方平台。

在应急防控方面，先后出台《四川省共青团组织建立完善应急志愿服务体系参与疫情防控指引》《四川各级团组织参与我省新冠病毒核酸检测的志愿服务工作方案》等指导性文件，开展四川省新冠疫情防控青年志愿服务应急演练，优化应对流程，提高处突能力。总结应对灾害应急志愿服务的四川经验，探索出"应急准备—启动响应—发布公告—激活储备—开展服务—解除响应"+"信息反馈"的"6+1"疫情防控志愿服务工作流程，进入改革全面推进阶段以来，全省各级团组织通过"志愿四川"平台发布疫情防控志愿服务活动 1 万余个，招募志愿者约 13 万人，累计服务时长约111 万小时。

在激励保障方面，推动成长激励、校园激励、公共服务激励、信用激励、财政保障、平台支撑、项目培育等 7 条激励举措落地落实，提升志愿者获得感、光荣感。依据《四川青年志愿者星级认定规则（试行）》，目前已完成全省星级志愿者认定 28905 人。联合省文明办、民政厅开展"第九届四川省青年志愿服务优秀个人、工作者、组织和项目评选表扬"活动，评选出优秀个人 150 人、工作者 50 人、组织 50 个、项目 75 个。

当前，四川青年志愿服务改革正处于全面推进阶段，6 个试点市的改革试点工作经验正在全省推广开来。在这一阶段，各地区各部门保障协同，推动各市（州）发展具有地方特色的青年志愿服务事业，全面推进青年志愿服务制度改革。四川省其他市（州）正在积极学习试点市优秀工作经验，不断探索创新，力争取得实效，各市（州）积极探索出台市级青年志愿服务制度改革方案和本地志愿服务激励促进办法。四川青年志愿服务改革行动在未来一段时间将着重从以下三个方面发力。

首先是回归社区主场景，在优化实施好现有常态化志愿服务项目的基础上，跟踪培育新的优秀社区志愿服务项目，复制推广具有时效性和可持续性的优秀项目。其次是通过四川高校志愿服务联盟，省、市两级青年志愿者学院，四川青年志愿者骨干成长营等，挖掘志愿者骨干人才，加强对在项目大赛中脱颖而出的指导老师和学生志愿者骨干的跟踪培养，引导优秀指导老师、志愿者骨干向志愿服务项目管理者和志愿服务工作者转化。最后是提升

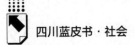

志愿服务理论研究水平，完善青年志愿服务基础性理论体系，引导高校广泛使用高校志愿服务指标体系，以成都大学志愿服务辅修专业为切入点，充分发挥四川青年志愿服务专家人才库作用，开发志愿服务专业课程和专业培训。

可以预期，全面推进的青年志愿服务改革将不断提升四川青年志愿服务事业的发展质量，青年志愿者在基层社会治理中的贡献也必将促进社会发展，并在全社会营造浓厚的志愿服务文化氛围，进一步培育志愿服务文化引领的道德风尚，使参与志愿服务成为青年志愿者的光荣使命，感召更多的青年投身志愿服务的实践，形成良性循环。

三 经验与模式总结

（一）四川青年志愿服务的经验与特点

1. 自上而下的路线推进

回溯青年志愿服务事业发展历史，不论是20世纪的青年"学雷锋"行动，还是改革开放后共青团发起的青年志愿者扶贫接力计划、保护母亲河、大学生三下乡等一系列志愿服务活动，以及进入21世纪，青年志愿者参与抗击非典、汶川抗震和北京奥运会等大型赛会志愿服务，青年志愿服务事业始终显示出实践先行、活动先行、青年先行和榜样引领的特点。而四川省2019年以来的青年志愿服务制度改革却显示出与以往"实践先行"所不同的"体制先行"的特点。

四川省从全局的高度对青年志愿服务进行统筹规划，健全统抓统管的领导机制，建立"党委统一领导、文明办统筹指导、部门依法履责、共青团组织实施、社会协同参与"的青年志愿服务领导体制机制，以更高效更快捷地发展高质量青年志愿服务事业。后来取得的一系列成效也进一步展现和印证了四川青年志愿服务改革"顶层设计"的优势。

当然，共青团作为青年志愿服务事业发展组织实施的指导主体，在整个四川青年志愿服务改革设计与组织实施推进的过程中发挥了极其重要的作用。一是在青年志愿服务改革实施以及志愿工作推进过程中，共青团作为主体从决策层面出谋划策，以便志愿服务组织高效开展志愿服务活动，使改革顺利推进。二是共青团积极对接四川省委宣传部、省文明办、省改革办、民政厅、教育厅、人社厅等众多部门，一方面使得多个部门常态化参与到四川青年志愿服务改革中；另一方面志愿服务事业的发展也从多部门联动中得到更多资源与保障。

在这当中可以看到，四川青年志愿服务以共青团四川省委为主体，其所建立的协同高效的运行机制以及其所具有的中枢调度功能是不可取代的，这种多部门协同联动对于四川青年志愿服务改革与发展的影响将在后面部分具体论述。

如今，随着志愿服务事业的发展，青年志愿服务也深入越来越多的场域，小到社区的邻里互助和弱势群体帮扶，大到突发性重大灾害的应急救援或是各类大型赛会活动，青年志愿服务渗透进现代社会的方方面面，与我们的日常生活紧密相连。同样，参与志愿服务的人群也越来越广泛，志愿服务从传统的"献爱心"逐渐转化为当代社会所提倡的一种生活方式，并获得青年群体精神和思想上的认同。除此以外，青年志愿服务也从以往的"无序"状态发展为如今的"有序参与"，这不仅仅是动员的作用，更多的是依靠"自上而下"的设计推进。例如应对新冠疫情时，可以看到四川青年志愿者在公共管理服务、基层社区协调、危机风险干预等众多领域发挥重要作用，但青年志愿者的有序服务是在党政主导、共青团组织指导以及资源协调等保障下准入与运行的。

2. 以县域为单位的组织体系网络式覆盖

四川省青年志愿服务改革起步便创新提出"一体两翼三支撑"运行体系，可以说这也是贯穿四川青年志愿服务改革始终的核心。其中以共青团四川省委为主体，将四川省青年志愿者服务中心和四川青年志愿者协会作为抓手，以青年志愿服务专项基金、青年志愿者注册管理信息平台和青年志愿者学院为有力支撑，构建极具示范性的省级青年志愿服务

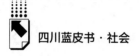

组织体系。

构建好四川省志愿服务示范运行体系之后，便带动6个改革试点城市成都、攀枝花、泸州、宜宾、南充、眉山相继成立市级青年志愿服务中心和青年志愿者学院，并在基层织密覆盖广泛的组织网络，将"县县建协会"作为推进县域团属青年社会组织建设的重要内容，推动试点市县级青年志愿者协会建设全覆盖，在有条件的乡镇（街道）建立青年志愿服务组织，高校建立校级志愿服务机构。目前，四川省建成各级青年志愿者协会205个，全省183个县（市、区）已全部建立县级青年志愿者协会，134所高校全部建立校级青年志愿服务组织，完成"县县建协会""校校建组织"的目标，分层分类夯实基层志愿服务组织体系。

这种以县域为单位的组织体系网络式全覆盖的方式，极大地激活了基层青年志愿服务改革的动力。"一体两翼三支撑"的上下同构化的组织体系建设，一方面形成青年志愿服务制度改革"一盘棋"的工作格局，另一方面全面提升了青年志愿者行动基层组织化动员基础上的社会化动员力。

另外，在"一体两翼三支撑"体系中，四川青年志愿者服务中心和四川青年志愿者协会作为"两翼"极大地发挥着承上启下的作用。从实践来看，四川省青年志愿者服务中心和四川青年志愿者协会始终做好"上下推动"的组织发展工作：向上支持和落实共青团省委作为运行组织主体所制定的规划，向下推动县级青年志愿者协会、青年志愿者学院等基层青年志愿服务机构的建立运行，并实施基层青年志愿者组织能力提升计划，增强基层青年志愿服务事业的活力。

我们从青年志愿服务整个组织体系的建设可以看到，通过各级各类青年志愿服务组织的建立，实现了以县域为单位的组织体系网络式覆盖，在一定程度上也实现了对社区、农村、企业、学校各类志愿服务对象和人群的全覆盖。总体来讲，志愿服务改革中积极探索推进"基层建队"的成效实现了组织体系的上下同构化，四川省青年志愿服务示范运行体系架构中各部分功能的纵横交织也极具中国特色的示范性。

3. 多部门协同和常态化参与

针对部门协同和常态化参与的难题，2019年9月通过的《四川青年志愿服务制度改革试点方案》，制定了涉及十余个部门的14条具体改革事项，并建立了各部门的任务分解表、时间进度表，用工作台账和定期召开部门联席会议的方式，形成了多部门协同推进志愿服务改革的工作模式。各部门的分工任务见表1。

表1　四川青年志愿服务工作参与部门及功能

部门单位	功能内容
共青团四川省委	牵头实施四川青年志愿服务改革工作
四川省青年志愿者服务中心	作为抓手承担青年志愿者服务引导工作
四川青年志愿者协会	接受团省委领导和中国青年志愿者协会的指导,组织和指导全省开展青年志愿者行动
四川省志愿服务联合会	由四川省志愿服务基金会、四川青年志愿者协会等12家单位联合发起成立,目的是进一步整合四川省志愿服务力量,组织动员广大志愿者积极参与志愿服务活动
中共四川省委宣传部	宣传推广志愿服务精神和理念,营造志愿服务良好氛围
中共四川省委组织部	负责志愿者队伍的组织和干部队伍建设
四川省文明办	指导"奉献、友爱、互助、进步"志愿服务精神文明建设
四川省民政厅	推进志愿服务组织依法登记工作
四川省教育厅	负责省内学生志愿服务工作
四川省财政厅	为青年志愿服务提供资金保障
四川省人力资源和社会保障厅	促进青年志愿者就业工作和社保工作
四川省发展改革委	配合研究拟定志愿服务改革规划工作
四川省交通运输厅	配合开展全省交通运输行业志愿服务工作
四川省文化和旅游厅	配合文化和旅游领域志愿服务工作
四川省自然资源厅	配合开展地质灾害防治志愿服务行动工作
四川省应急管理厅	配合开展应急志愿服务行动工作
四川省农业农村厅	配合开展农产品安全志愿服务工作
四川省林业和草原局	配合开展森林草原生态保护志愿服务工作
四川省水利局	配合开展水文生态保护志愿服务工作
四川省市场监督管理局	配合食品安全领域志愿服务工作
四川省机关事务管理局	配合引导全省干部职工开展志愿服务工作
中国人民银行成都分行	配合青年志愿者个人信贷和信用激励工作

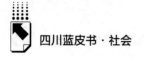

4. 保障和激励并重

我国青年志愿服务事业全面发展以来，探索出许多志愿服务制度建设方面的经验，特别是完善了志愿服务所涉及的各种章程、激励措施、服务规范等科学合理的相关规章制度，各级部门积极探索专项志愿服务制度的建立，例如青年志愿者"西部计划"等一系列政策制度就是由青年团中央、教育部、财政部等各部门探索制定的。2014年，中央精神文明建设指导委员会印发了《关于推进志愿服务制度化的意见》，为志愿服务制度化、规范化、经常化、专业化发展指明了前进的道路，各地区也积极推进志愿服务法律、政策、规范等建设。2015年，教育部印发了《学生志愿服务管理暂行办法》，明确学生思想道德建设的重要举措之一便是志愿服务，这也为高校志愿服务未来的发展指明方向，同时为大学生志愿服务的具体开展提供政策保障。中央宣传部等八部门于2016年联合印发了《关于支持和发展志愿服务组织的意见》，将"支持和发展志愿服务组织"纳入"四个全面"的国家战略布局之中。2017年，国务院公布的《志愿服务条例》站在国家层面的高度对志愿服务的基本原则、管理体制、权益保障、促进措施等方面进行了全面界定与规定。种种政策与措施的出台充分表明党中央和政府从顶层设计的角度出发，为志愿服务制度建设与未来充分发展掌舵护航，成为中国青年志愿服务形成自上而下、有组织有领导的全面制度化发展格局的基础。

从中央出台的《志愿服务条例》，到各省级、市域、县域的《志愿服务促进条例》，都无一不从制度层面鼓励全社会积极参与志愿服务，对志愿服务事业的发展给予了充分支持。除了党委政府对志愿服务发展的一般性支持制度和共青团等组织联合各部门对青年志愿服务发展的专项支持制度外，还有青年志愿组织自主建立的规范性发展制度，这些都为青年志愿服务的持续发展提供了制度保障。

四川省利用改革契机，推动成都市、宜宾市先后出台《成都市志愿服务激励办法（试行）》《宜宾市青年志愿者服务积分兑换制度（试行）》等，为志愿者提供关爱礼遇、就业创业、文体交通、金融服务等方面的优惠。并提出将志愿服务纳入四川省高校学生的"第二课堂成绩单"和"A

级证书"评选条件,激励每一名大学生青年在大学期间从事不少于 60 小时的志愿服务。为落实激励保障体系,持续提升青年志愿者的获得感和光荣感,2021 年共青团四川省委联合 10 余家单位共同印发《关于进一步深化青年志愿服务改革推动志愿服务制度化常态化的通知》,联合多个部门围绕成长激励、校园激励、公共服务激励、信用激励等方面创新激励保障措施,其中明确青年志愿者享受积分落户,影院、交通、旅游购票等福利,提出"信用体系红名单"及审贷便利、优质担保服务、快速退款等优惠政策,提出保障和激励关于青年志愿者所能享受到各方面权益的细节举措,例如成都为青年志愿者开发专属联名借记卡,眉山为活跃度高的星级志愿者定制专属意外伤害保险,四川大学锦江学院、四川警察学院先后开设志愿服务相关选修课程。

除了激励保障制度以外,青年志愿服务的供需对接、督导评估及传播推广为青年志愿者社会化发展提供了有力的支持,极大地增强了青年志愿者的获得感。同时,制定《四川青年志愿者星级认定规则(试行)》,将对星级志愿者的认定作为志愿者激励的主要根据。开展"道德模范""四川好人"等志愿服务优秀个人、团队和项目表彰激励,不断提升志愿者的成就感,四川青年志愿服务也不断从多部门联动中得到保障和激励。

(二)四川青年志愿服务的路径模式

四川青年志愿服务的特点可以概括为"平台支撑+项目引领+文化引领"。"平台支撑"更多体现"志愿四川"志愿服务信息系统平台的资源链接整合作用;"项目引领"则重点体现为青春系列项目的打造;"文化引领"注重特别的文化领域,如"熊猫侠"IP 四川品牌及系列周边的打造。

在平台支撑方面,四川省打造"志愿四川"志愿服务信息系统,通过平台"点单式"发布项目、志愿者就近"接单"的模式开展志愿服务活动。协助 6 个试点城市开设市级专区,联合教育厅、省文联开发中小学专区和文学志愿服务专区。另外,建设省级青年志愿服务大数据中心,对志愿者、项目和组织等进行多层次、多维度分析。可以说,"志愿四川"是国内首家以志愿活动O2O（Online To Offline）志愿服务模式为核心，集志愿活动、志愿工作管理，志愿服务时长记录，志愿者就业、创业、社交、生活服务于一体的一站式成长服务平台，也是四川省内最具影响力的志愿服务平台。截至2022年底，"志愿四川"平台累计实名注册志愿者约700万人，志愿服务组织约8.1万个，发布志愿服务项目活动累计约37.5万个。"志愿四川"平台建立了先进的志愿者激励与成长体系，打造了"逐梦计划""职通车""积分商城"等板块，为遍布四川省各大高校、志愿机构和社会团体，乃至全国的志愿者、志愿团队、志愿组织、志愿机构等提供高效优质的综合服务，对四川青年志愿服务的发展具有资源链接整合的重要作用。

在项目引领方面，四川青年志愿服务从"活动"向"项目"与"品牌"转化，以更有效的形式赋予其更加丰富的内涵，推动实现志愿服务的专业化。例如，近年来四川举办的"中国青年志愿者项目大赛暨志愿服务交流会"，目的之一就是通过青年志愿服务的项目化推动实现青年志愿服务的专业化，成为一个综合性、全口径的志愿服务平台，发挥着重要的牵引作用，也是汇聚青年志愿服务项目、创新青年志愿服务理念的有效途径。青年志愿服务的系列项目大赛，一方面可以发掘创新优秀项目，拓展服务领域，提高可持续发展能力，起到带动地区与行业志愿服务发展的"领头羊"作用；另一方面也有利于志愿服务组织的培育，提高项目实施能力，有效覆盖更多需要关爱帮助的人群。这些志愿服务比赛的开展不仅可以鼓励青年志愿者和青年志愿组织设计出更多来源于群众、符合百姓美好生活需求的接地气的志愿服务项目；也推动各地区创造出许多蕴含当地文化特色的具有全面牵引力的志愿服务项目。从国家级志愿服务项目大赛或历届各类志愿服务赛会的获奖项目看，四川省志愿服务参赛项目包揽了许多金银奖牌，并不断总结经验为全国提供参考，这不仅是西部经验的输出，也是不断提高四川志愿组织能力的重要途径。四川聚焦社区治理、生态环保、安全应急等领域，开发的"青春志愿"系列品牌项目可以说是四川青年志愿服务项目的"领头羊"，其中包括"爱在社区""爱在旅途""靓在乡村""迷途导航""守护生命""蜀你最赞"几个部分。另外，"西部计划"也是四川青年志愿服务项目的一大招牌，21世纪初，团中央、教育部、财政部等启动大学生志愿服务西部计划，最初的重点落地省份就是四川省，参与西部计划的青年志愿者在山区农村服务的同时，也传播了志愿服务的精神与文化，带动当地志愿服务发展，四川充分发挥西部计划青年志愿服务的资源优势和影响力，积极发展农村志愿服务。可以说，西部计划是四川青年志愿服务将本地特色与国内趋势相结合，着力推进的具有中国影响力和西部特色的志愿服务项目。近期，四川省将志愿服务项目与党史题材相结合，以四川省红色资源、青年之家等为依托，创新开展"红色基因代代传"党史学习教育、心理健康和生命教育等志愿服务项目。

在文化引领方面，四川青年志愿服务的打造是以社会文化影响为基础的，四川省利用当地独有的"大熊猫"形象，联合中国大熊猫保护研究中心将一对大熊猫幼崽命名为"志志""愿愿"，作为四川志愿服务的形象代言大使，创新打造"熊猫侠" IP和系列文创作品，其中包括文化衫、口罩、公仔、帆布袋、纪念品等系列文创产品的输出；包括原创《熊猫侠》同名主题曲和《熊猫侠》四川青年志愿服务主题宣传片以及《遇见"蜀"于你的青春》西部计划系列宣传片等西部计划"熊猫侠"文化IP的运用；包括"全国第六届大学生艺术展演活动""2021年泛珠三角区域合作行政首长联席会议"等大型赛会中"熊猫侠"文化IP的运用；还包括"熊猫侠·高校窗口""谁是卧底"桌游等高校志愿服务中"熊猫侠"文化IP的运用，以及线上"熊猫侠·知识讲堂""熊猫侠·故事剧场"等"熊猫侠"文化IP的运用，增强"熊猫侠"的感召力和影响力。推出"天府三九大安逸走四川"的志愿文化，营造具有四川特色的志愿文化氛围。

"平台支撑+项目引领+文化引领"模式作为四川省青年志愿服务发展的"西部特色"，颇具特色志愿服务的"川味"，这种特色不仅表现在组织架构和项目品牌上，最重要的就是四川青年志愿者有韧性的真挚服务，其中融合了四川人热情坚韧的个性，这一切综合起来构成四川青年志愿服务的"川味"特色。从全国来看，四川省是较早探索志愿服务体系建设的地区，也是志愿服务发展较快的一个省份，四川的志愿服务来源于基层、贴近于基层、服务于基层，同时也注重志愿服务在实践中所取得成果的及时总结与转化。例如，四川省出台的全国首个《应急志愿服务管理规范》（地方标准），以及后来制发的涉及地震灾害防治、西部计划参与乡村振兴、防疫与核酸检测、春运"暖冬行动"等方面的志愿服务实施方案，并积极推动社区、赛会、博物馆等领域和志愿服务阵地建设的指南制定与标准立项，持续提升四川青年志愿服务项目的专业化和规范化水平。四川青年志愿服务取得的实效是作为输出"西部经验"的主体在全国产生影响力的重要基础。

四川青年志愿服务参与社会治理的模式就是一个由共青团牵头自上而下推进以县域为单位的"一体两翼三支撑"志愿服务组织体系网络式覆盖，多部门协同常态化参与青年工作当中，共同保障激励青年志愿服务事业发展，进而有效促进国家治理能力现代化和现代社会治理能力提升的模式（见图4）。

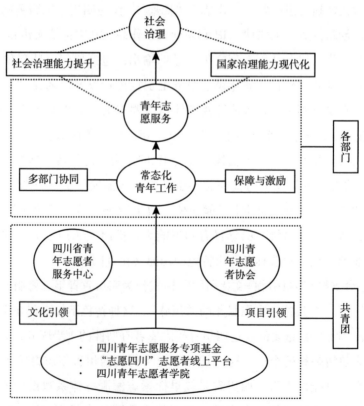

图4 四川青年志愿服务参与社会治理的模式

四 青年志愿服务参与社会治理的未来展望

近年来，我国青年志愿服务的制度保障和管理体系日趋完善，服务内容和时代内涵日益丰富，具有中国特色的青年志愿服务事业蓬勃发展并渗透到我国经济、文化、社会的各个角落，为推进中国社会治理现代化提供有力支撑，在融入基层社会治理、促进社会和谐、增进人民福祉等方面具有重要的意义。青年志愿服务未来也应当不断完善管理体系，促进国家治理能力现代化；应当持续创新志愿服务内容，为推进社会治理能力提升提供有益补充和有力支撑；在中国式现代化背景下，青年志愿服务应当朝着发展成为独具中国特色的新时代青年志愿服务的方向迈进。

（一）青年志愿服务管理体系是国家治理能力现代化的有机构成

随着中国特色社会主义进入新时代，提升国家治理能力现代化水平是社会主义现代化进程中的实际需要，也是顺应社会发展与进步趋势的必然要求。青年志愿服务不断健全的体制机制和日益完善的管理体系应当作为国家治理体系与治理能力现代化的有机构成。可以说，体制机制和管理体系的健全与完善是理论与实践相结合的重要过程，在提升志愿服务的制度化水平和服务效能的同时，也增强了参与社会治理的能力，提高了国家治理能力现代化水平。所以，青年志愿服务良性运行与管理的理论背景必须从国家治理体系和治理能力现代化的角度出发，思考探究志愿服务管理体系的建设，涉及国家治理体系的健全、民主法制建设、社会文明、公民参与、社会组织、社区发展等一系列重大问题。①

党的十八届三中全会首次提出"推进国家治理体系和治理能力现代化"这一重大命题，把"完善和发展中国特色社会主义制度，推进国家治理体

① 陆士桢、蔡康鑫：《社会治理现代化视野中的志愿服务运行与管理》，《中国青年社会科学》2021年第6期。

系和治理能力现代化"确定为全面深化改革的总目标，也明晰了社会治理的核心理念价值通过志愿服务传递到社会大众的方向与路径，凸显了建立科学合理的志愿服务运行管理体系的必要性。党的十九届四中全会和五中全会都明确提出要推进志愿服务制度化，健全志愿服务体系，畅通和规范志愿者参与社会治理的途径。国家治理体系和治理能力现代化是一个体系性结构，不断构建更加科学、更加完善的体制机制，实现治理的制度化、规范化、程序化是习近平总书记对现代化科学管理体系建设提出的重要标准和要求，这不仅成为建设科学合理的社会治理体系和创新完善社会治理方式的总体目标，也应当成为未来我国志愿服务管理体系建设的重要追求与志愿服务事业发展的根本遵循。

国家治理体系和治理能力现代化理论背景的要求成为共青团推进青年志愿服务改革创新的原动力，其中，志愿服务制度体系是基础，志愿服务的科学管理与专业运行是保障。回顾前文四川青年志愿服务管理体系的特征和成效，我们可以看到，在整个青年志愿服务发展的历程当中，青年志愿服务管理体系作为青年志愿服务事业发展之基首先得到完善与创新，并以科学的管理体系不断丰富中国特色志愿服务的架构。从群团中心的创新转型和共青团自身的改革，到联合各部门多元参与形成多方主体协同联动的大格局，志愿服务串联起社会更多力量与资源并常态化参与，探索出科学有效的"一体两翼三支撑"的顶层制度设计，这种以县域为单位的网络式覆盖的趋于完备、稳定和制度化的志愿服务管理体系和具有共建共治共享价值的社会多元参与，在一定程度上必然提升志愿服务的效能，志愿服务管理体系的科学建构与志愿服务能力的不断提升也是提高国家治理能力现代化水平的重要体现。

青年志愿服务是提升国家治理能力现代化水平的重要一环，具有有效凝聚青年力量，围绕中心、服务大局，积极参与社会治理的重要作用。一方面，提升国家治理能力现代化水平的要求越来越成为青年志愿服务体系建设的重要方向；另一方面，青年志愿服务应当围绕建设科学布局、组织完善、服务高效、青春洋溢且富有活力的志愿服务体系架构，不断丰富国家治理能力现代化的内容。

（二）青年志愿服务是现代社会治理的有机组成部分

党的十八大以来，以习近平同志为核心的党中央对加快推进社会治理现代化作出一系列重要部署，强调在社会治理重点领域和关键环节取得进展，健全社会治理体系、提升社会治理能力，切实增强人民群众的获得感、幸福感、安全感。[1] 在现代社会治理的话语体系当中，又引申出作为现代社会治理的追求和特征的"善治""共治""德治"等意义和内涵，"善治"的主体是政府，强调发挥政府的主导作用，不断创新以探求科学的治理方式；"共治"强调的是合作，激发社会多方活力实现政府与社会共同参与社会治理的过程；"德治"就是要加强全民的思想道德建设。总而言之，关于社会治理及其引申出的一系列话语都涵盖着同一个根本目标的价值意义：维护社会公共利益，增进民生福祉。在社会治理中，不论是政府善治、合作共治、基层自治、社会法治、全民德治等其中哪一个关键环节[2]，都强调"以人为本"的价值观念。

回顾中国特色社会主义理论体系的发展历程，无论是"三个代表"重要思想的主要内容之一"代表中国最广大人民的根本利益"，还是作为科学发展观核心的"以人为本"[3]，抑或是贯穿于新时代新征程始终的"人民至上"的价值理念，无一不体现中国共产党坚持"以人民为中心"的初心和"全心全意为人民服务"的宗旨。而志愿服务的内容恰恰与"以人为本"的价值理念是高度契合的，志愿服务的最大特点就在于其群众性强，它源于群众，为了群众，主体也是群众，其核心就是"以人为本"这一理念。要发展中国特色的志愿服务，就应当践行全心全意为人民服务的理念追求，聚焦民生，走进基层，紧贴百姓日常生活，围绕养老助残、教育科技、文化文艺、医疗健康等领域展开高质量的志愿服务，提升人民群众的获得感、幸福

---

① 李金华：《以人民为中心推进社会治理现代化》，《社会治理》2019 年第 7 期。
② 乔耀章：《政治学视野中的社会治理"三部曲"》，《江苏行政学院学报》2014 年第 5 期。
③ 王成：《发生逻辑、哲学意蕴与当代价值："为人民服务"思想的多维透视》，《理论导刊》2016 年第 12 期。

感、安全感。志愿服务不仅和增进社会福祉的目标相一致，更应当作为现代社会治理维护公共利益、实现社会公平正义的关键环节持续发展。

青年作为新时代中国特色志愿服务事业发展的主体力量，是社会最积极活跃的力量，青年志愿服务中所包含的广泛的青年参与也是青年"人本价值"的一种实现。"人本"是青年发展与志愿服务共同的价值核心。[①] 人本主义理念主张人是社会发展的主体，坚持将人的发展视为最终目标，关注人的自我价值的追求与实现。卡尔·罗杰斯（Carl Ransom Rogers）作为人本主义心理学的重要代表人物之一，强调个体作为一个独立且完整的有机体而存在，是生命历程中所有感受与体验的端点，个体在不断丰富的经历中寻求着自我价值的实现，并且逐步形成生命中一种高度的"自我实现"的需求，在这一需求倾向的强烈驱使下，个体获得自我扩充与成长的能力，最终实现"自我"。因此，从"人本"出发，从"人"这一核心出发，从"青年"自身出发，青年基于自我实现的需求和基本的人本需求，在一定程度上可以实现自身潜能的自然发挥，与此同时，正是由于主体意识是个人发挥主观能动性的基础，青年参与志愿服务必然成为促进青年成长的重要方式，具有激发个体活力的功能。回溯马克思主义基本原理，从人与现实社会的关系出发去理解，人是一切社会关系的总和，每个人在为他人服务的同时，最终也是在为自己服务。可以说，参与志愿服务是人的工具理性与价值理性的统一，青年在为集体利益奋斗的过程中实现了自身的人生价值与人生目的，青年志愿服务具有重要的人的发展功能，是完善及养成"自我"和"人格"的有效途径。

总的来说，青年志愿服务中的"人本"是青年发展最核心的价值取向，其包含的"以人为本"也是现代社会治理中促进社会福祉和公共利益这个根本目标最重要的功能定位。青年志愿服务与青年发展的理论和现代社会治理的理念的本质是相统一的，它们之间的高度同质化与密切关联构成彼此的不可分割性。这也就决定了青年志愿服务应当成为现代社会治理的有机组成部分这一必要性。

---

① 陆士桢、马彬、刘庆帅：《简论现代志愿服务与青年发展》，《青年探索》2021年第2期。

（三）中国特色青年志愿服务的发展

中国特色社会主义进入新时代，青年志愿服务获得新的发展机遇的同时也迎来新挑战。进入"十四五"时期，志愿服务应当作为人民追求美好生活的社会实践活动，作为提升社会文明程度的重要抓手，作为现代社会治理的有机构成，成为社会主义现代化建设的重要力量，迎来新的发展任务。以习近平同志为核心的党中央高度重视志愿服务，在《中共中央关于制定国民经济和社会发展第十四个五年规划和二〇三五年远景目标的建议》中提出，"健全志愿服务体系，广泛开展志愿服务关爱行动"。"十四五"规划的要求为进一步探索形成中国特色的青年志愿服务体系理清了思路的同时也提供了有效遵循，为扎实推进志愿服务高质量发展奠定了基础。中国青年志愿服务具有传统志愿服务所包含的"自愿性""无偿性""公益性""服务性""组织性"五大特征。在新发展理念引领下，中国特色青年志愿服务在新阶段的发展特征也应当在传统特征基础上延伸呈现"时代性""人民性""专业性""功能性"等符合时代背景的新的鲜明特性的趋势。

中国特色青年志愿服务的"时代性"应当来源于新时代志愿服务基本理念和指导思想。党和政府为促进新时代志愿服务发展而发布的重要文件，为中国志愿服务的科学发展绘制蓝图；习近平总书记曾多次对志愿服务作出重要指示，为推进新时代我国青年志愿服务事业健康发展提供了根本遵循；新时代发展理念为志愿服务的实践提供了价值和思想的指引。党的二十大报告以中国式现代化为核心，深刻阐述了中国式现代化的发展基础、发展方略及部署，习近平总书记在报告中强调要"以中国式现代化全面推进中华民族伟大复兴"。中国特色的青年志愿服务是在党的领导下体现社会主义制度优势的志愿服务，充分发挥中国特色青年志愿服务在文明实践中的优势，是建设中国式现代化的时代要求。

中国特色青年志愿服务的"人民性"应当来源于"以人为本"的价值理念。共同富裕作为中国特色社会主义的本质要求，把实现人民对美好生活的向往作为现代化建设的出发点和落脚点，志愿服务不仅是当代人民群众实现向往的美好生活的一种积极的生活态度与方式，也是打通党和政府为广大基层群众服务的"最后一公里"的重要探索。党的二十大报告中系统阐述的中国式现代化坚持以人民为中心的发展思想，强调"人民至上""以百姓心为心""提升人民群众获得感、幸福感、安全感"等理念，人民群众是中国式现代化最深厚的力量之源，也是中国特色志愿服务的主体对象。

中国特色青年志愿服务的"专业性"应当体现在近年来的专业化特色发展上。新时代的人民群众对社会服务的需求呈现多元化、多样化的发展态势，对志愿服务的质量与要求也随之提升，我国青年志愿服务总体逐步向科学化、常态化、社区化、精细化转变，志愿服务活动内容逐步升华，志愿服务形式持续创新。一方面要促进传统青年志愿服务老品牌的优化，另一方面要培育开展新的、优质的、符合人民美好生活追求的志愿服务项目，并且充分利用"互联网+"实现全国志愿服务数据平台的信息共享互通。同时，注重志愿者和志愿组织的专业性培训与提升，加强志愿服务政策与理论的学习，有效提高服务质量和专业化水平。

中国特色青年志愿服务的"功能性"应当体现在其作为一种服务性救助模式和福利性供给模式，为城乡基层广大人民群众提供了帮助，满足了儿童、老年人、妇女、残疾人等弱势群体的服务性需求，提升了社会福利水平。中国特色青年志愿服务作为国家力量的有益补充，增强了人们对社会的认同感，为促进形成社会共同体和社会团结做出巨大贡献，中国特色青年志愿服务所承载的中华文明与社会主义先进文化的理想信念，具有增进社会团结、规范社会秩序与培育社会道德的功能，有助于引领具有中国特色的社会主义核心价值观共识。可以看到，新时代中国特色青年志愿服务发展已经成为当代中国推进国家治理体系和治理能力现代化的一项重要战略部署，为实现中国梦提供道德与文化价值引领和生生不息的强大精神动力，其充分发挥青年的活力与动能，在健全完善社会治理体系，推动国家治理能力现代化，创新基层社会治理方式，传递社会协同治理理念，共同维护社会和谐稳定等方面发挥着重要作用。

参考文献

丁梦丽、钟平：《西部计划四川项目成效的影响因素及对策分析》，《新生代》2022年第 5 期。

李金华：《以人民为中心推进社会治理现代化》，《社会治理》2019 年第 7 期。

陆士桢：《中国特色志愿服务理论与实践体系构建研究》，《中国青年社会科学》2021 年第 6 期。

陆士桢、蔡康鑫：《社会治理现代化视野中的志愿服务运行与管理》，《中国青年社会科学》2021 年第 6 期。

陆士桢、马彬、刘庆帅：《简论现代志愿服务与青年发展》，《青年探索》2021 年第 2 期。

乔耀章：《政治学视野中的社会治理"三部曲"》，《江苏行政学院学报》2014 年第 5 期。

谭建光、周宏峰：《中国志愿者：从青年到全民——改革开放 30 年志愿服务发展分析》，《中国青年研究》2009 年第 1 期。

谭建光：《改革开放以来我国志愿服务的发展历程》，《社会治理》2018 年第 7 期。

谭建光：《中国特色的志愿服务与青年发展——实施〈中长期青年发展规划（2016-2025 年）〉的多维度研究》，《中国青年社会科学》2021 年第 1 期。

王成：《发生逻辑、哲学意蕴与当代价值："为人民服务"思想的多维透视》，《理论导刊》2016 年第 12 期。

B.6
四川"新文艺青年"调查研究*

张雪梅　封 琳**

摘　要： "新文艺青年"是指在新媒体发展的背景下，在体制外从事文艺工作的职业青年群体。本研究基于 2017～2018 年四川省文联对四川省新文艺工作者的调查数据，结合相关典型个案，对四川"新文艺青年"进行了调查研究。研究发现，新文艺青年的职业类型分布非常广泛，并呈现与其他业态相融合的发展特征；由于文艺行业内的流动主要依靠"人情"来实现，行业内资源分布不均衡，新文艺青年主要通过建立文艺组织来提升社会资本，实现资本转换；同时，新文艺行业还具有一定的脆弱性，受环境影响，新文艺青年往往采取向体制依附的方式来平衡收入与爱好。

关键词： 新文艺青年　社会资本　体制依附　四川

一　研究背景

我国的社会主义文艺事业，本质上以人民为中心，反映人民心声，将为人民和社会主义服务作为基本方向。2014 年 10 月，习近平总书记在新文艺座谈会上提出："互联网技术和新媒体改变了文艺形态，催生了一大批新的文艺类型。近些年来，民营文化工作室、民营文化经纪机构、网络文艺社群

---

　* 立项课题：四川省社会科学院社会学所青年课题"新文艺青年生存发展现状调查研究"。
　** 张雪梅，四川省社会科学院副研究员，博士，研究方向为社区发展治理、婚姻家庭和青少年发展；封琳，四川省社会科学院，研究方向为社会学。

等新的文艺组织大量涌现,网络作家、签约作家、自由撰稿人、独立制片人、独立演员歌手、自由美术工作者等新的文艺群体十分活跃。"自此,"新文艺群体"开始进入大众的视野,成为不可忽视的文艺新力量。

"新文艺群体"的"新"首先体现在与体制内文艺群体的区分上,"不端体制饭碗"意味着新文艺群体有着与传统意义上体制内文艺群体不同的发展方向。不同于体制内的公权力思维,体制外文艺群体的私权利思维具有更大的开放性与创新性,这种创新分别体现在技术与文化层面,技术层面的创新是指文艺与数字技术的融合,文化层面的创新体现在新文艺群体的创作思维上。

"新文艺群体"并不是一夜之间生长起来的,2015~2019年这五年,有165位网络作家和自由撰稿人成为中国作家协会会员。到2017年底,有83952个业务涉及文化文艺的各种新兴组织和群体在四川工商民政领域注册,共计251万人。① 面对这样一个日益壮大的群体,如何用全新的视角看待和理解他们、如何吸引与团结他们成为社会主义文艺事业的新力量已成为需要迫切关注的问题。

二 "新文艺青年"概念界定与研究现状

本研究中"新文艺群体"的概念来源于习近平总书记在2014年文艺工作座谈会上的讲话,主要指在财政预算之外和体制外从事文化艺术创作、生产、组织、中介、培训工作的自然人和个体工商户,如各类网络作家、签约文艺家、自由撰稿人、独立制片人、独立演员歌手、自由美术工作者、非遗传承人、蓉漂艺术工作者等。研究根据世界卫生组织于2013年确定的年龄分段,将青年界定为年龄在18~44岁的群体,因此"新文艺青年"就是指年龄在18~44岁的新文艺工作者。

(一)青年研究与职业青年

改革开放以来,青年研究一直是兴起最早且发展最迅速的社会科学

---

① 杨槐:《文艺"双新"与统一战线研究》,《辽宁省社会主义学院学报》2021年第3期。

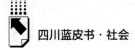

研究领域之一。风笑天对近 30 年来我国青年研究的对象、主题和方法进行了总结，发现在研究对象上，国内青年研究以各类在校青年为主，以各类在职青年为对象的研究则相对较少。[1] 通过以"职业青年"为关键词检索中国知网发现，此主题下的研究多集中于职业青年心理压力及社会适应度，而针对不同职业类型，尤其文艺职业类型的青年研究较为缺乏。

在对职业青年的研究中，贾子若、吴祖平发现职业青年压力和困境的主要来源为"工作家庭矛盾、工作超负、经济压力、组织支持、组织氛围、职业发展和技术更新"这七个方面[2]；周海涛等认为职业青年普遍处于压力状态，主要表现为收入水平与生活消费水平不对称等方面[3]；赵莉、王蜜以新兴职业青年群体"外卖骑手"为研究对象，发现该群体存在"对生活现状评价不高、工作保护意识薄弱、交际圈狭窄、自身认可度偏低、个体归属感不高"等困境[4]。廉思发现自由职业青年在社会参与、从业方式、社会结构以及价值观念上存在"组织参与程度低、从业方式更专业化、社会结构边缘化以及价值观念中立化"的问题[5]。

自由职业多具有工作时间灵活化的特征，社会学常常采用"社会时间"的视角对自由职业青年进行研究。如对快递和外卖小哥[6][7]、互联网工作者[8]、

① 风笑天：《三十年来我国青年研究的对象、主题与方法——对四种青年期刊 2408 篇论文的内容分析》，《青年研究》2012 年第 5 期。
② 贾子若、吴祖平：《职业青年工作压力及应对方式研究》，《中国青年研究》2013 年第 6 期。
③ 周海涛、孙倩：《职业青年阶层分化的资本检视》，《合肥工业大学学报》（社会科学版）2017 年第 3 期。
④ 赵莉、王蜜：《城市新兴职业青年农民工的社会适应——以北京外卖骑手为例》，《中国青年社会科学》2017 年第 2 期。
⑤ 廉思：《自由职业青年的生存现状、群体特征及对策建议》，《江苏省社会主义学院学报》2018 年第 1 期。
⑥ 廉思：《时间的暴政——移动互联时代青年劳动审视》，《中国青年研究》2021 年第 7 期。
⑦ 李胜蓝、江立华：《新型劳动时间控制与虚假自由——外卖骑手的劳动过程研究》，《社会学研究》2020 年第 6 期。
⑧ 陈雪霞：《自由的牢笼：劳动关系中的弹性化雇佣与工作》，赣南师范大学硕士学位论文，2021。

高校青年教师①②、空乘人员③等职业青年的研究，这些研究旨在表明，灵活化的工时并没有带来自由工作状态，反而加剧了劳动的不平等，并且灵活化体制下的时间规训体系使劳动者更容易产生"劳动自由"的认知，制造劳动同意。

从现有对职业青年的研究中不难发现，职业青年群体在生活与职业发展、自我认同以及个体归属感中普遍存在一定的困境，这一点在自由职业青年中尤为突出。

（二）青年研究与文艺青年

现有对"文艺青年"的研究多划分在青年亚文化之下。亚文化的核心是"风格"，伯明翰学派认为亚文化是通过风格对主流文化进行仪式抵抗从而建立文化认同的附属文化。也就是说现有对文艺青年的研究，实际上是将其视为一种亚文化群体，"文艺"则是该群体的风格。

通过以"青年研究"为关键词检索中国知网发现，以《中国青年研究》为代表的国内青年研究领域权威期刊中，更多的是研究或阐释青年群体文化现象方面的论文，对于青年群体职业发展的研究甚少。在关键词"文艺青年"之下，现有研究多集中于对文艺青年"污名化"问题的研究，如学者倪丽娜将文艺青年视为一种青年亚文化风格，并从社会记忆的视角分析了文艺青年被污名化的过程，提出社会记忆是文艺青年被污名化的主要原因④，再如学者刘黎黎认为文艺青年被污名化的困境是由现代化进程带来的⑤。

从现有研究中可以发现，"文艺青年"是被"污名化"的青年群体，"文艺"也常常与亚文化挂钩，而并未与"职业"发生关联。

---

① 廉思：《时间的暴政——移动互联时代青年劳动审视》，《中国青年研究》2021 年第 7 期。
② 李雨潜：《困在时间里的人：高校青年教师的"时间焦虑感"研究——基于时间社会学的视角》，南京师范大学博士学位论文，2021。
③ Vivian Shall, "Time Warped: The Flexibilization and Maximization of Flight Attendant Working Time," *Canadian Review of Sociology*, 2004, (8): 345-364.
④ 倪丽娜：《社会记忆视角下文艺青年的自我认同研究》，福建师范大学硕士学位论文，2017。
⑤ 刘黎黎：《文艺青年的现代性困境及治愈途径》，《佳木斯职业学院学报》2018 年第 12 期。

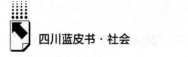

（三）研究评述

从已有研究中不难看出，对青年的研究虽然数量甚多，但多数集中于大学生和青少年群体，这是由于研究者大多是在校学生，他们的生活环境使其更容易关注到自身群体中存在的现象，同时对这类群体也更容易收集数据。

但对于职业青年的研究则相对不足，现有的研究多集中于职业青年心理压力及社会适应度，而针对不同职业类型的青年研究较为缺乏，尤其是在互联网技术和新媒体迅速发展的背景下大量产生的一系列新职业青年群体，对他们的研究非常有限，更少有研究将从事文艺行业的青年群体尤其是体制外的青年文艺群体作为研究对象。而对于"文艺青年"的研究，仅仅将"文艺"作为群体风格，而非职业特征，忽视了现实中大量存在的以文艺为职业类型的青年群体，其生存现状、生活需求、劳动特征、社会资本等方面都存在着研究空白。

以本研究中"新文艺群体"为代表的众多从事体制外新职业的青年群体，在现实中的基数日渐庞大，需要得到更广泛的关注和研究。

三　研究方法

本研究采用定量和定性相结合的方式。2017年四川省文联通过基层调研对四川省新文艺个体工作者的基本情况、主要成果、面临困难和工作诉求等内容进行梳理，共收集了1391个新文艺工作者的样本，本研究通过限定年龄变量，最终筛选得到537个新文艺青年的有效样本，并运用Stata16.0分析软件对537份调查问卷数据进行分析处理。

在调查数据的基础上，为了从个体层面深入探究新文艺青年现状，研究还通过知情人介绍和滚雪球的方式，收集了典型个案，采用访谈法对不同领域的新文艺青年进行访谈，并对被访者进行了化名处理，被访者基本情况见表1。除数据分析与访谈外，研究还通过与新文艺从业者相关的网络小组、在线直播、媒体新闻等渠道对已有资料进行补充。

表1　新文艺青年典型个案情况

序号	被访者	性别	年龄	学历	专业	婚姻	籍贯	从业类型	从业时长
1	小进	男	30岁	硕士	文学	已婚	四川广安	文学组织	七年
2	小古	男	25岁	高中	—	未婚	四川成都	影视自媒体	一年半
3	小房	男	32岁	本科	医药	已婚	四川成都	摄影	三年
4	小邢	男	28岁	高中	—	未婚	陕西榆林	陶艺	两年
5	李老师	女	32岁	硕士	音乐	未婚	四川成都	音乐录音	六年
6	赖老师	男	31岁	本科	音乐	已婚	四川成都	音乐培训	六年
7	袁老师	男	28岁	本科	视觉传达	未婚	甘肃庆阳	书画培训	四年

四　新文艺青年生存发展现状

（一）新文艺青年的群体画像

以下将通过性别、民族、学历、政治面貌、个人年收入和从业类型六个单变量的描述统计，简要勾勒四川新文艺青年的群体面貌。

1.性别分布

被调查的新文艺青年中，男性占48.93%，女性占51.07%（见表2）。可以看出在四川省新文艺青年群体中，性别差异较小，女性略多于男性。

表2　新文艺青年的性别分布

单位：人，%

类目		频率	百分比	有效百分比	累计百分比
有效	男	251	46.74	48.93	48.93
	女	262	48.79	51.07	100.00
	合　计	513	95.53	100.00	
缺失	系统	24	4.47		
合　计		537	100.00		

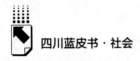

2. 民族分布

四川省新文艺青年以汉族居多。被调查的新文艺青年中，汉族占95.16%，藏族占3.17%，羌族占0.37%，彝族占1.30%（见表3）。

表3 新文艺青年的民族分布

单位：人，%

类目		频率	百分比	有效百分比	累计百分比
有效	汉族	511	95.16	95.16	95.16
	藏族	17	3.17	3.17	98.32
	羌族	2	0.37	0.37	98.70
	彝族	7	1.30	1.30	100.00
合　计		537	100.00	100.00	

3. 学历分布

被调查的新文艺青年中，高中及以下学历占14.78%，大专学历占32.05%，本科学历占46.83%，本科以上学历占6.33%（见表4）。可以看出，新文艺青年的受教育程度虽然分化较大，但普遍学历较高，且受过本科及以上专业训练的比例比没有接受高等教育的比例略高，可以认为四川新文艺青年具有高学历的特征。

表4 新文艺青年的学历分布

单位：%

类目		频率	百分比	有效百分比	累计百分比
有效	高中及以下	77	14.34	14.78	14.78
	大专	167	31.10	32.05	46.83
	本科	244	45.44	46.83	93.67
	本科以上	33	6.15	6.33	100.00
	合　计	521	97.02	100.00	
缺失	系统	16	2.98		
合　计		537	100.00		

4. 政治面貌

被调查的新文艺青年中，中共党员占 26.20%，民主党派占 3.66%，无党派人士占 11.56%，群众占 58.57%，总体上看四川省新文艺青年以非党员居多（见表 5）。

表 5　新文艺青年的政治面貌

单位：%

类目		频率	百分比	有效百分比	累计百分比
有效	中共党员	136	25.33	26.20	26.20
	民主党派	19	3.54	3.66	29.87
	无党派人士	60	11.17	11.56	41.43
	群众	304	56.61	58.57	100.00
	合　计	519	96.65	100.00	
缺失	系统	18	3.35		
合　计		537	100.00		

5. 个人年收入

被调查的新文艺青年中，2016 年个人年收入的情况：年收入在 6 万元以下的占 69.05%，年收入在 6 万~20 万元的占 28.05%，年收入在 20 万~100 万元的占 2.71%，有 0.19% 的新文艺青年年收入在 100 万元以上（见表 6）。而近七成的新文艺青年年收入在 6 万元以下。综合年收入和学历情况看，四川省新文艺青年表现出"学历高、收入低"的特征。

表 6　新文艺青年的个人年收入

单位：人，%

类目		频率	百分比	有效百分比	累计百分比
有效	6 万元以下	357	66.48	69.05	69.05
	6 万~20 万元	145	27.00	28.05	97.10
	20 万~100 万元	14	2.61	2.71	99.81
	100 万元以上	1	0.19	0.19	100.00
	合　计	517	96.28	100.00	
缺失	系统	20	3.72		
合　计		537	100.00		

6. 从业类型

从新文艺青年所从事的文艺活动类型上看，如表7所示，排在前五位的依次是：①文学（24.29%）；②音乐（16.95%）；③美术（12.43%）；④舞蹈（10.73%）；⑤书法（8.29%）。

表7　新文艺青年的从业类型

单位：人，%

类目		频率	百分比	有效百分比	累计百分比
有效	文学	129	24.02	24.29	24.29
	戏剧	10	1.86	1.88	26.18
	书法	44	8.19	8.29	34.46
	摄影	40	7.45	7.53	42.00
	电影	8	1.49	1.51	43.50
	电视	3	0.56	0.56	44.07
	音乐	90	16.76	16.95	61.02
	舞蹈	57	10.61	10.73	71.75
	美术	66	12.29	12.43	84.18
	曲艺	5	0.93	0.94	85.12
	杂技	1	0.19	0.19	85.31
	民间文艺	34	6.33	6.40	91.71
	文艺评论	3	0.56	0.56	92.28
	网络文化艺术	7	1.30	1.32	93.60
	其他	30	5.59	5.65	99.25
	广告、美工	4	0.74	0.75	100.00
	合　计	531	98.88	100.00	
缺失	系统	6	1.12		
合　计		537	100.00		

在从业年限上，从事文艺工作在3年以下的人数占21.51%，3~5年的人数占20.94%，5~10年的人数占25.85%，10年以上的人数占31.70%（见表8）。总体上看，一半以上的新文艺青年从事文艺工作5年以上。

表8　新文艺青年从事文艺活动的年限

单位：人，%

类目		频率	百分比	有效百分比	累计百分比
有效	3 年以下	114	21.23	21.51	21.51
	3～5 年	111	20.67	20.94	42.45
	5～10 年	137	25.51	25.85	68.30
	10 年以上	168	31.28	31.70	100.00
	合　计	530	98.70	100.00	
缺失	系统	7	1.30		
合　计		537	100.00		

总体来说，四川省新文艺青年的性别差异不大，以汉族居多，具有"学历高、收入低"的特征，从业年限普遍较长，从业类型集中在文学、音乐、美术、舞蹈和书法这五个领域。

（二）新文艺青年的社会资本获得

1. 有限的家庭支持

新文艺青年从兴趣转向职业多以"艺术型"为主①，在探索艺术兴趣的初期，家庭支持发挥着重要的作用。

爱好音乐的李老师认为自己对音乐的热爱主要与家庭的鼓励有关，"我妈在我很小的时候就发现我在音乐方面有天赋，家里人觉得有天赋就应该去学，所以我从小就开始学唱歌了"。李老师的父母都是教师，有音乐背景，因此更注重对子女的兴趣培养。

然而，对普通家庭而言，学习艺术不仅要花费高昂的学费，还要付出更多的时间成本，就业的形势也不容乐观，许多父母出于经济考量会阻止子女的艺术追求。不仅是艺术，一些文科专业也常常会因为不好就业而受到家长的歧视。

---

① 霍华德将职业兴趣类型分为六大类，即现实型、研究型、社会型、艺术型、企业型和传统型。

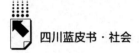

爱好音乐的赖老师在培养兴趣的初期就遇到过这样的困境。"高中之后我决定学音乐。学的过程其实挺艰辛的，高中的时候不是要参加高考嘛，2008年高考，但是我爸不同意，他觉得我们是农村长大的，对我去学音乐这件事怎么都不同意，学费都没有给我打，去川音考试的前一天，他们还在催我回家。"赖老师的父母都是农民，在他们传统的职业观念中，学音乐就是"不务正业"，这给赖老师的音乐之路带来了不小的阻力。

小进是一家青年文学组织的创始人，虽然热爱文学，但迫于就业形势和家庭压力在大学选择了物理专业。"从小到大你知道很多偏远地区都认为要学好数理化，所以对物理、化学这些学科我自然就会好好学一些，上了高中也是这样，所以我一直觉得自己没有理由不读理科。"

传统的职业发展观念所导致的家庭压力会对新文艺青年的兴趣发展造成层层阻力，在有限的家庭支持下，许多新文艺青年在兴趣培养和从业初期，会更多依靠个人的自主性探索去获得其他社会支持，在兴趣培养和从业的过程中，社会资本是新文艺青年获取社会支持的重要渠道。

2. 加入趣缘群体：职业启蒙的开始

高校是新文艺青年社会资本的重要来源，在家庭支持之外，新文艺青年的社会支持更多来自基于共同兴趣而形成的"趣缘群体"。作为社会化最重要的场所，高校内的互动，如专业划分、社团和兴趣活动都为兴趣社群的产生创造了条件。高校内的趣缘社群通常是新文艺青年职业启蒙的开始。

"像川音、川师、川艺这种院校，同学之间互相都会有这种（工作）资源介绍，比如哪个培训学校需要音乐老师。我们这个音乐行业，在校期间（老师）会很希望你多去兼职，因为你在教学生的过程中也会增加自己的经验。"经营录音工作室的李老师毕业于四川音乐学院，在这种艺术类专业院校中，师生之间会自发形成关于就业的信息网络，学校更会鼓励学生参与专业相关的就业实习。

高校中的兴趣社团通常也是新文艺青年交换信息的资源网络。"在大学参加书法协会，结识了一群小伙伴，其实（认识）一群跟你做同样事情的人特别重要，能让你的眼界更开阔。现在这些朋友有一些是专职的画家，也有一些在高校当老师，还有跟我一样做培训机构的。"做书画培训的袁老师认为高校社团内的趣缘群体不仅对个人艺术专业方面的提升有很大帮助，同时也是日后从业过程中的"合作伙伴"或者"同行"。

加入趣缘团体的意义主要在于能够获取从业机会和行业信息，从调查数据上看，"同行交流"往往是新文艺青年获取行业信息时使用最多的渠道，74.5%的新文艺青年都曾通过同行交流获得信息；排在第二位的是专业网站和网络，64.8%的新文艺青年都曾通过专业网站和网络获取信息；然后是通过文联及协会（55.7）和传统媒体（55.4）获取信息，二者比例相近；最后是通过政府文艺部门（46.7）和专业期刊（45.6）等来获取信息（见表9）。

表9　新文艺青年获取专业信息的渠道

单位：人，%

获取信息的渠道	响应		个案百分比
	频率	占比	
政府文艺部门	244	12.9	46.7
专业期刊	238	12.6	45.6
文联及协会	291	15.4	55.7
传统媒体	289	15.3	55.4
专业网站和网络	338	17.8	64.8
同行交流	389	20.5	74.5
其他	106	5.6	20.3
总　计	1895	100.0	363.0

3. "结识贵人"：行业内的结构洞

在从业初期，一些新文艺青年往往不会盲目追求高收入，而是通过"帮忙"和实习的方式获取工作经验，更多的是为了获取行业内的社会资本。"当时在学校一个会议上认识了青少年作协的人，我就说我是你们的会员，我也喜欢做编辑工作，可以无偿奉献，然后那些领导一看，这青年人不错，那就过来帮帮忙吧。当时我因为喜欢，也就愿意花时间精力，他们也喜欢这样积极的小伙子，什么事儿都愿意带着我。后来大四的时候就在他们那里做过一段时间实习编辑。"小进认为自己创立文学组织的经验就来源于大学时期在青少年作家协会"帮忙"的经历，"帮忙"意味着不计较经济收入，而将获取经验与阅历放在第一位。

"高三刚结束之后就帮老师代课，就一直在做画室。对这个比较熟悉，也就成为我后来从业选择的一个重要方向。"做书画培训的袁老师认为中学时期帮老师代课的经历让自己对这个行业慢慢熟悉起来，也是自己职业生涯的开始。

曾在剧组中工作的小古认为自己能进入这一行，不仅需要自身的勤奋肯学，也需要不断有"贵人"的相助，"我高中数学成绩比较好，老师对我印象特别深，当时有个剧组在学校拍摄，就介绍我去试一试，然后导演选角的时候就把我选进去了。后来在这个剧组的制片人觉得我还不错，就把我介绍到另外一个剧组，让我从事管理工作，就是在现场管理的那种"。而依靠自身努力结识的"贵人"虽然不会直接带来经济收入，但会提供更多的工作机会与资源，帮助新文艺青年在行业内进一步发展。"你要是能帮他们大忙，他们会给你介绍很多工作的，如果你能很好地处理这些事，你就能获得更多的工作机会。"

这些新文艺青年眼中的"贵人"就是在行业社会网络中的"结构洞"，新文艺青年通过勤奋和"低价"的劳动交换与"贵人"结识，进而提升自己在行业内的社会资本。

4. 文艺组织：资本积累与转换的渠道

社会组织是新文艺青年社会资本提升的重要来源。在新文艺青年从所属协会、社团、组织获得的各种支持中，如表10所示，排在前五位的依次是：①交流培训（76.0%）；②展演或发表（63.6%）；③参与评奖或表彰（48.0%）；④推荐和推介（31.2%）；⑤政策扶持（26.9%）。

小进加入的是四川省青少年作家协会，这是下属于省作协、面向中小学生的文艺组织，在他的文学组织成立之初，四川省青少年作家协会的网络帮助他联合了许多其他文艺组织作为活动资源，"最开始是跟青少年作家协会联系的。整个过程简单来说首先联系各市（州）和县（市、区）的作家协会，不管认不认识毕竟都是在省作协里面，打电话过去，大家都会相互尊重、相互支持，这样相当于全省这个系统的人基本上都能认识，像雅安市作协、广安市作协"。

表 10　新文艺青年获得所属协会、社团、组织支持情况

单位：人，%

获得的支持	响应		个案百分比
	频率	占比	
参与评奖或表彰	228	15.0	48.0
展演或发表	302	19.8	63.6
交流培训	361	23.7	76.0
推荐和推介	148	9.7	31.2
政策扶持	128	8.4	26.9
业务拓展	123	8.1	25.9
权益保护	78	5.1	16.4
行业发展和政策信息	90	5.9	18.9
职称评定	28	1.8	5.9
其他	36	2.4	7.6
总　　计	1522	100.0	320.4

　　文艺组织的组建，增加了新文艺从业者的异质性，在"互帮互助"和"学习"时可以扩大成员的社会网络，增加他们的"结构洞"，每一次吸收成员时都会带来新的社会网络。同时，组织内的成员也可以借助媒介从外部进行宣传，达到提高组织和个人声望的目的。在市场的驱动下，新文艺青年会有意识地积累社会资本，扩大社会网络，谋得更好的发展机会和发展途径。

（三）新文艺青年的从业现状

1. "金字塔"形从业结构

经营音乐录音工作室的李老师用"金字塔"来形容音乐行业的业态结

构,"这个行业的结构完全是一个类似金字塔的形状。它入门的门槛很低,但是要往金字塔顶上爬就很难,因为它是熟人制的,所有的工作都是由熟人介绍的,基本上如果你熟悉某一个人,跟他一旦挂上线之后,他就不会去找别人,是非常封闭的,大家彼此都很忠诚"。在李老师看来,所谓"金字塔"意味着行业内的等级制,这种等级是由"熟人制"带来的,也就是说,行业内的晋升与流动主要是依靠"人情"来实现的。

同李老师一样,做书画培训的袁老师也用"金字塔"来形容书画行业结构。"就像一个金字塔一样,塔尖的比如展览、出版和拍卖这些(行业),像我们培训还有做书画材料这些可以算它的中间结构,最后是做直播短视频的、文创的,还有一些小的画廊。"袁老师所描述的"金字塔"主要指行业结构的资本分布,在书画行业,塔尖的部分(如展览、出版、拍卖等)拥有大量的经济、文化与社会资本,越向上流动所要求的资本量就越多(见图1)。

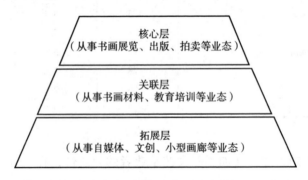

图1 新文艺青年从业的典型状况:书画产业的业态结构

在这个"金字塔"内部,处在各层业态中的新文艺青年依靠社会资本进行"移动"。从各层之间的关系看,越接近核心层,所需要的文化资本积累就越多,这意味着可进入的门槛就越高;而处在底部拓展层的一些业态,如自媒体等,可进入的门槛就比较低,但如果想往"金字塔"上层移动,就需要更多资本积累。

2."会员身份":区分圈内外的标志

布迪厄在分析场域中的斗争时,引入了"局限性"的概念,他认为

"局限性"是由一种操作性的论断所确定的。这一操作性的论断实质上是以科学的名义武断地解决一些在现实中并没有得到解决的问题。在新文艺场域，这种"操作性论断"就是关于"参与的合法性"问题，具体而言就是关于"圈内人"身份的认定。

对于如何区分圈内和圈外，袁老师认为，在书画行业，加入了当地省、市级的书画协会就可以被视为圈内人，"一般入了会员就算是圈内人了"。

调查数据显示，67.94%的新文艺青年是文联或其所属协会的会员（见表11）；其中，国家级会员占比2.3%，省级会员占比17.5%，市级会员占比39.9%，县级会员占比40.3%（见表12）。可见，在四川省新文艺青年中，以文联或其所属协会的会员居多，同时在会员中，市级及以下的会员占多数。

表11　是不是文联或其所属协会的会员

单位：人，%

类目		频率	百分比	有效百分比	累计百分比
有效	是	365	66.29	67.94	67.94
	否	168	31.28	32.06	100.00
	合　计	524	97.58	100.00	
缺失	系统	13	2.42		
合　计		537	100.00		

表12　文联或其所属协会会员级别

单位：人，%

会员级别	响应		个案百分比
	频率	占比	
国家级	10	2.3	2.8
省级	75	17.5	21.3
市级	171	39.9	48.6
县级	173	40.3	49.1
总　计	429	100.0	121.9

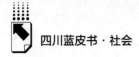

除此之外，有42.72%的新文艺青年加入了其他文艺协会或文艺社团（协会）（见表13）；其中，国家级占比5.5%，省级占比21.3%，市级占比44.7%，县级占比28.5%（见表14）。

表13 是否加入其他文艺协会或文艺社团（协会）

单位：人，%

类目		频率	百分比	有效百分比	累计百分比
有效	是	217	40.41	42.72	42.72
	否	291	54.19	57.28	100.00
	合　计	508	94.60	100.00	
缺失	系统	29	5.40		
合　计		537	100.00		

表14 加入其他文艺协会或文艺社团（协会）级别

单位：人，%

加入其他文艺协会的级别	响应		个案百分比
	频率	占比	
国家级	13	5.5	6.7
省级	50	21.3	25.9
市级	105	44.7	54.4
县级	67	28.5	34.7
总　计	235	100.0	121.8

从上述数据可以看出，四川省新文艺青年近半数是文艺组织的会员，且以市级及以下文艺组织的会员居多。这可以表明，"会员"身份在新文艺行业内具有重要的价值。

书协、作协都属于文联，中国文联属下包括中国戏剧家协会、中国电影家协会、中国书法家协会、中国作家协会等14个文艺家协会，在各省、自治区、直辖市中又有32个省级文联。文联是党和政府联系文艺界的桥梁和纽带，对于文联及其下属协会会员而言，组织对个体最重要的意义是提供社会关系网络和整合社会资源。

新文艺青年虽是在体制外从事文艺行业的职业青年,不具有"组织"性,但他们往往并不孤立活动,而是生存在以各种新旧文艺组织为主体构成的社会文艺系统中,在保持个体独立性的同时通过新的方式与新旧文艺组织对接,以此实现自身社会功能。

3. 行业流动:文艺类型的市场导向

相比于体制内文艺行业,新文艺行业与市场的联系更为紧密,因此,与市场的关系也让圈内、圈外的区分除了"会员"身份外,变得更为多元。

根据文艺类型的不同,新文艺行业可以分为以市场为主导和非市场主导,同时,同一种文艺行业内部也会出现市场导向和非市场导向。

音乐、影视和短视频行业具有娱乐性质,产出的文艺作品是市场化的大众艺术,因此这些行业的新文艺从业者可以直接以从事作品的创作、演出为主要工作内容,这也就造成背靠"娱乐市场"的新文艺行业,在圈内圈外的界定上更为模糊。在巨大的娱乐文化消费市场中,新文艺工作个体主要与"流量"挂钩,也就是说,"消费者的注意力"可以增强文化产品的变现能力。虽然该青年群体内部差距较大,但是文化领域具有一定的阶层流动性与开放性,"草根"也可以在一夜之间跃升为"网红",表现出一定的圈层开放性。

而书画、文学、曲艺等文艺行业并不具备大众审美的娱乐性,其文艺作品的审美门槛较高,这些行业的新文艺业态往往与教育、服务、旅游等行业融合发展,在这些文艺的衍生业态中,"是不是圈内人"的界定除了"会员"身份这种静态的单一标准,还与资本的拥有以及资本转换的能力息息相关。在这些圈层较为封闭的文艺行业,"家承"与"师承"往往是非常重要的资本,是相比"会员"身份更具权威性的标志。

4. 资本转换:从文化资本到社会资本

在文艺行业中,文化资本在大多时候是获取社会资本的前提,甚至文艺职业地位就处在文化资本的支配下,通过文化资本的区分来显示彼此之间的差异。新文艺青年主要的生计模式,就是将文化资本转化为经济资本,或者将文化资本转化为社会资本,积累一定的社会资本后,将文化资本更有效率地转化为经济资本。

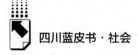

袁老师是省级书法协会的会员，对他而言省书协会员是一种社会性的身份，是文艺从业者社会关系的体现，"加入省书协需要入展两次以上的省展，这个是硬性要求，但不是说只要入展两次就能加入，需要找一个会员作为推荐人，这就要求你至少在这个圈内已经有了一点人脉"。在书画场域，在省级比赛中入展意味着更多文化资本的积累，通过这样的社会性比赛，文化资本就有机会转换为社会资本。

这种文化资本的积累在其他文艺类型的会员中也得到体现，爱好文学的小进表示，"加入四川省作家协会要求公开发表10万字以上，或者出版10万字以上，这是基础条件，你要再有其他的获奖会更好，而且他们是有名额限制的"。在小进看来，组织关系的获得必须先依靠文化资本的积累，这一过程具有一定的门槛。

除了"组织关系"之外，"同学关系"也可以作为社会资本的一种形式。"同学关系"即高校内同专业、同年级学生内发生的交流和资源交换。经营录音工作室的李老师就通过"同学关系"实现资本间的转换。"因为我身边有很多搞音乐的朋友，他们会有这种业务需求，然后我就跟朋友说开了棚，如果你需要的话，可以上门，学校客户也是通过朋友介绍的，因为我的同学大多都是老师。"

新文艺青年通过文化资本的积累可以获得更多的社会资本，而文化资本的经济收益和社会收益在很多情况下主要依赖社会资本，也就是说，是社会资本让学业资本的经济价值显示出来。

在这个过程中，对新文艺青年而言，资本转换主要的困境来源于积累文化资本所需要的大量时间和精力同获得生活必需的经济资本和为获得地位而准备的社会资本之间相互矛盾。文化资本的积累需要大量练习和不断领悟，这个过程不但是脱产的，而且会消耗经济资本乃至社会资本。

（四）新文艺青年从业困境与行动策略

1. 弹性工作带来的时间困境

"每个学艺术的人都有一颗追求自由的心。"说到自己的职业选择，袁老师谈道，"我不愿意被那种工作环境束缚着，不想每天准时上下班，朝九晚五的这种模式。"

从事体制外工作的新文艺青年追求的是更灵活、更具弹性的工作时间。这样的工作时间表现为"有课的时候来教室，其他时间都可以自己安排。有时候不想早起也会把早上的课排到下午"。

"自己做相对比去上班是要自由的，至少没有一个人规定这个时段你必须要干什么。"同样做艺术培训的赖老师也表达了自己对自由工作时间的理解。

从新文艺青年的职业选择上看，"自由"是一个重要因素，"自由支配工作时间、没有外部对劳动过程的管理、没有时间节点的限制"，这是大多选择自由职业的新文艺青年所认同的劳动"自由"。

企事业单位从业者的工作通常有时间节点的要求，比如在高校内，科研有课题申报、中期考核和结题的时间节点，教学也有排课、教学周、学期和学年的时间节点，处在各种各样时间节点的安排下，会产生强烈的"倒计时"压力。

在新文艺青年中，就不乏从体制内"逃离"出来的自由职业者。"（在高校）那会儿每天上班5点多必须出发，晚上7点多才回来，时间上确实让自己很疲惫。就算是没课，学校也会有各种安排，什么赛课的比赛等，还要经常去开会。"经营音乐工作室的李老师在创业之前曾是某高校的音乐教师，她认为自己不适合在体制内工作，"我性格属于比较自由的那种，不喜欢有太多的约束，所以后来就辞职了"。

但是，弹性制的工作时间是否就能真正增加对"自由"的体验呢？

从高校辞职后，李老师创立了自己的音乐工作室。摆脱了高校日常工作中时间节点的逼迫，她却发现自由选择工作时间也造成了时间边界的模糊，反而增加了隐形的工作时间。

（我们这个行业）分淡旺季。大部分的客户是学校，所以基本上我们就知道大概哪几个月是他们有需求的时间。一般到5月份，我们就知道五四青年节，6月儿童节开始了，9月要准备教师节，或者开学这些活动，12月份有艺术节，就是四川省中小学的艺术节。不像上班每天都是那样规律的。客户扎堆的时候，就忙到累倒，比如2019年庆祝七十周年，那一年特别忙，从年头到年尾都非常非常忙，真的累到崩溃，比如有一次就弄到凌晨5点。每天都很焦躁，看到别人都在卷，本来想自己能拒绝，拒绝被卷，但是最后又不得不卷。

在一些文艺行业中，弹性的工作时间带来的是工作对日常生活的入侵。新文艺青年工作的时间弹性使其可以灵活自由地选择工作时间，但这种自由总是相对的，工作常常与日常生活交织在一起，常常会出现"工作到凌晨""随时进入工作状态"这种超长时间的工作状态。

追求工作的时间弹性却带来自由的失衡，当热爱与理想变成工作与现实，反而会产生职业倦怠感。

"将音乐当作一个理想是很幸福的，但在你真正从事这方面工作之后，幸福感会降低，如果以后让我去选择从事一个行业，我可能不会选跟音乐相关的。"赖老师发现，在对音乐的兴趣爱好面前，职业化反而降低了幸福感。

兴趣爱好是人自主性的体现，但工作却是强迫性的力量，是一种外部的强制力，这种强制性就体现于工作伦理中，当兴趣爱好成为工作，除了在时间上会出现工作时间对闲暇时间的入侵，还会出现强制性的工作伦理对个人主体性的入侵。

2. 新文艺青年的社会支持困境

本研究调查了当前新文艺青年最希望获得的社会支持，如表15所示，排在前五位的依次是：①交流提升的机会（68.1%）；②资金支持（50.7%）；③业务辅导培训（50.5%）；④政策信息支持（41.9%）；⑤参与评奖或表彰（38.2%）。

可见，由于信息平台的不健全，新文艺青年无法获得更多交流和展示的机会，并且资金的缺乏也是新文艺青年从业中遇到的主要困难之一。

表 15　新文艺青年希望获得的社会支持

单位：人，%

您最希望获得的支持	响应		个案百分比
	频率	占比	
参与评奖或表彰	200	10.1	38.2
展陈发表平台	176	8.8	33.7
交流提升的机会	356	17.9	68.1
业务辅导培训	264	13.3	50.5
政策信息支持	219	11.0	41.9
资金支持	265	13.3	50.7
权益保护	95	4.8	18.2
经纪和中介	52	2.6	9.9
创作时间保障	112	5.6	21.4
创作空间和场所保障	162	8.1	31.0
职称评定	65	3.3	12.4
其他	24	1.2	4.6
总　计	1990	100.0	380.5

数据调查还发现，在新文艺青年遇到的困难中，如表 16 所示，排在前五位的依次是：①缺乏专业提升机会（61.8%）；②缺乏政策支持（45.9%）；③缺乏资金和场地支持（44.4%）；④缺乏演出展演和评奖的机会（39.4%）；⑤生活经济压力（37.3%）。

表 16　新文艺青年工作中遇到的困难

单位：人，%

工作中遇到的困难	响应		个案百分比
	频率	占比	
缺乏专业提升机会	323	20.1	61.8
缺乏演出展演和评奖的机会	206	12.8	39.4
缺乏推荐和宣传机会	105	6.5	20.1
缺乏良好的中介服务	29	1.8	5.5
生活经济压力	195	12.1	37.3
知识产权风险	86	5.4	16.4

续表

工作中遇到的困难	响应		个案百分比
	频率	占比	
社会认同度较低	95	5.9	18.2
合法权益得不到保障	54	3.4	10.3
缺乏资金和场地支持	232	14.5	44.4
缺乏政策支持	240	15.0	45.9
其他	40	2.5	7.6
总　计	1605	100.0	306.9

可见，专业提升的需求对于新文艺青年而言是难以通过市场化手段解决的，这也进一步表明，文艺行业信息网络相对闭塞，如果不是"圈内人"，很难获得专业信息以及交流展示的机会。

3. 行业发展的脆弱性

针对文艺行业的政策会对新文艺青年的职业发展产生重要影响。在进入现在这家 MCN 公司之前，小古一直跟随剧组做幕后，"2019 年我回到成都，主要是因为国家政策调整，当时很多古装戏都停拍了，当时我就处于半失业的状态"。受到政策调整的影响，小古陷入无戏可拍的境地，最终只能选择重新择业。

而疫情更是对一些线下行业造成了致命的打击。线下的新文艺行业，如艺术教培行业、演出行业、文创以及与艺术相关的销售、服务等行业都受到疫情冲击，大量新文艺青年出现转业甚至停业的情况。

从事乐器销售和音乐教培的赖老师认为，疫情期间的防控措施，尤其是对文娱场所的封控，让新文艺从业者直接面临严重的资金压力，"疫情的影响非常大，首先它直接影响授课率，授课率跟我们的收入是直接成正比的，疫情期间根本上不了课，同时还要面临房租等各方面的支出，是非常难受的"。

经营书画培训机构的袁老师也谈到了同样的困境，不仅是房租等基础设施的支出，他还面临着雇员工资发放的问题，"疫情一来就无法营业，没有收入来源。但是房租还有各方面的开支还是照常的，导致当时整个状态很低迷"。

与文化培训行业相同，从事演出行业的新文艺青年也因不断取消的演出场次而遭遇从业困境，从事音乐行业的李老师发现"疫情来的时候，那些做演出的小伙伴们天天都在朋友圈发消息，今天被取消一场（演出），明天也被取消。（演出）不停取消"。

在严重的资金困难下，不少新文艺青年只能选择转业。经营录音工作室的李老师发现，"疫情发生以来，从去年中旬到今年3月份，我这个录音群里面有两个朋友都转业了"。

但一些不依托线下实体产业的新文艺行业，如文学、网络文化产业等则基本不受疫情的影响。小古目前在一家MCN公司做摄影和剪辑等自媒体工作，他认为，"疫情对我们这个行业（短视频）没有特别大的影响，而且疫情期间其实效益还更好一些，因为大家都待在家里，没事儿就刷手机看视频"。

除了线下产业和线上产业的区别之外，新文艺青年受疫情的影响程度还与其在创业中投入的资产比重有关。疫情之前，赖老师曾想打造自己的音乐培训品牌，并投入了大量资本运营，"疫情之前，我们开了第二家店，当时我们有规划，就是把这个机构做成一个品牌化的东西，因为成都目前为止没有一个有影响力的音乐类培训品牌。当时我们还是心比较大，就开了，但是遇到疫情，那个时候冲击特别大"。在赖老师看来，资金的大量投入使自身对风险的承受力变得更弱，更容易受到风险打击。

而经营音乐工作室的李老师认为疫情对她的职业发展影响较小，这种弱影响的基础在于她的工作室营业成本低，没有过多额外的开支，"我们不太想扩大，现在没有房租，因为工作室就在家里，也没有什么必要的人工开支。疫情之前真的很忙，累到崩溃那种，疫情反而让我慢下来，重新审视一下对工作的想法"。

但对于资产投入较多的赖老师和袁老师而言，无法营业会带来直接的损失，前期的投入越多损失就越大。面对不稳定的社会形势，轻资产与"佛

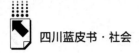

系"的工作态度反而是规避风险最有效的手段。

4. 新文艺青年的行动策略

为了应对从事单一业态而出现的风险，"身兼数职"在新文艺青年中成为常态。比如在音乐行业中，从事演出行业的新文艺青年同时也做音乐培训、乐器销售、音乐录音等工作，更多的新文艺从业者有自己的本职工作，大致包括公务员、记者、教师等同文化打交道的职业。

音乐培训行业的赖老师发现，"我们有做乐队的朋友，同时也做培训，也有其他做音乐的朋友，还做其他事情，比如在体制内做公务员的也有"。

而李老师也在疫情初期不仅经营着录音工作室，还在高校内兼职音乐教师，"因为疫情来了，生意上会有一点受影响，为了追求每个月有个基本稳定的工资，我就找了一所学校去兼职。我们工作室其他两个小伙伴都在体制内，对我们来说（工作室）是主业，他们只是赚个零花钱。这个行业基本上每个人都有另外的工作，身兼数职"。

进入"体制"内常常是新文艺青年在文艺事业之外的第二选择，在获得稳定的收入保障后可以发展自身的兴趣爱好。除了规避单一业态的风险之外，文艺行业本身收入低也是其中一个原因。

如果说"身兼数职"是新文艺青年应对行业风险的一种"内卷"，那么另一种应对方式就是"躺平"。"我们现在非常佛系，不太想扩大规模，遇到了像疫情这种不可抗力的因素，大量的投入反而是比较冒进的。"从高校辞职后，李老师决定放慢生活节奏，面对社会上不可控的风险，轻资产与"佛系"的工作态度是她认为规避风险最有效的手段。

五 研究发现

如今，青年的"躺平、摆烂"成为社会热点，这与内卷式的社会竞争以及社会发展速度的加快有着密切关联，工作越来越与人的主体性相背离。在体制外从事文艺事业的青年群体从兴趣爱好出发，在高度竞争的社会环境中探索自身职业发展的路径。总体来看，新文艺青年具有以下特点。

第一,从业类型分布广。新文艺青年几乎涵盖了所有文学艺术门类,从文学、戏剧、电影、电视、音乐、舞蹈、美术、摄影、书法、曲艺、杂技到民间文艺等各领域,新文艺青年无不参与其中,广泛的从业类型分布可以有效推动文艺创作和传播。在行业发展上,新文艺青年在艺术形式上多有创新,开辟了许多新的文艺领域,这些文艺领域与其他业态如教培、文创、旅游等相融合,逐渐产生诸多新兴文艺业态,体现出新文艺行业的无限创造性。

第二,资本分布不均衡。新文艺青年的活动主要依靠社会资本,通过社会资本来实现从文化资本向经济资本的转换。在不断细分的文艺圈层内,在背靠"娱乐市场"的新文艺行业中,新文艺青年的资本获取主要与"流量"挂钩,也就是说,"消费者的注意力"可以增强文化产品的变现能力,使得文艺领域具有一定的阶层流动性与圈层开放性;在脱离"娱乐市场"的文艺行业中,"家承"与"师承"往往是非常重要的资本,是权威性的标志,而大多新文艺青年需要通过文化资本与社会资本的积累以获取经济资本,这种资本积累通过成为文艺组织的"会员"得到固定。文艺组织会通过增强新文艺从业者的异质性,扩大成员的社会网络,增加"结构洞",因此在市场的驱动下,新文艺青年会有意识地加入文艺组织,积累社会资本,扩大社会网络,谋得更好的发展机会和发展途径。

第三,职业发展的矛盾性。在新文艺青年身上体现出价值理念与经济利益的矛盾:首先是艺术的高追求与收入的高期待之间的矛盾,新文艺青年普遍存在文化程度高、收入低的特征;其次是实现个人价值与满足消费者需求的矛盾,文化消费市场的偏好往往会左右新文艺青年的创作与表达;最后是从业方式的灵活多样与职业焦虑的矛盾,新文艺青年的职业选择往往以自由和兴趣为主要根源,自主的、弹性的工作时间看似带来了一定的自由选择,但同时造成工作时间对闲暇生活的入侵,反而出现过量、过度工作的情况,而将兴趣作为职业同样也可能出现工作的强迫性与兴趣的自主性之间的不可调和的冲突,造成职业倦怠。

第四,职业发展的依附性。新文艺行业具有一定的脆弱性,社会环境和政策的变化对新文艺行业有着重要影响。在行业发展的波动影响下,新文艺

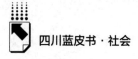

青年会通过减少投入来降低损耗，同时也会采取向体制靠近的方式来平衡收入与兴趣爱好，更多的新文艺青年往往身兼多职，以此来应对从业单一化所带来的风险。

六　相关对策建议

近年来，新兴文化领域得到了前所未有的关注和重视，由于新兴文化从业的多元化和灵活化，政府需要制定和完善对新文艺青年的支持政策和社会保障体系，解决新文艺青年的从业困难。

第一，加大对新文艺青年的就业扶持力度。设立相关扶持项目，积极向新文艺群体宣传相关扶持政策，给予有效合理的资金支持。实行资金补助和税收减免政策来扶持高校毕业后自主创业的新文艺青年，注重人才适应社会与产业发展的需要。

第二，新文艺业态在类型上的分布具有广泛性与交叉性，是文艺行业与其他行业的融合，因此需要注重不同文艺组织与行业协会的异质性和交叉性交流，增加新文艺青年获取社会资本的渠道，积极建立新文艺青年的展示和推介平台，形成信息通畅的文艺交流网络。

第三，新文艺青年作为新兴的职业群体，需要更加关注他们的权益维护，积极回应新文艺青年的发展诉求，保护新文艺群体的知识产权，为其提供必要的法律咨询和援助，做好社会保障工作。

第四，在体制分隔的背景下，需要更加关注体制外职业青年的社会支持体系与社会资本培育，引导社会力量与社会资本在新兴文艺行业的投资，培育和建设文艺市场，发展基于数字技术的新型文化业态。

参考文献

杨槐：《文艺"双新"与统一战线研究》，《辽宁省社会主义学院学报》2021年第3期。

风笑天:《三十年来我国青年研究的对象、主题与方法——对四种青年期刊 2408 篇论文的内容分析》,《青年研究》2012 年第 5 期。

贾子若、吴祖平:《职业青年工作压力及应对方式研究》,《中国青年研究》2013 年第 6 期。

周海涛、孙倩:《职业青年阶层分化的资本检视》,《合肥工业大学学报》(社会科学版)2017 年第 3 期。

赵莉、王蜜:《城市新兴职业青年农民工的社会适应——以北京外卖骑手为例》,《中国青年社会科学》2017 年第 2 期。

廉思:《自由职业青年的生存现状、群体特征及对策建议》,《江苏省社会主义学院学报》2018 年第 1 期。

廉思:《时间的暴政——移动互联时代青年劳动审视》,《中国青年研究》2021 年第 7 期。

李胜蓝、江立华:《新型劳动时间控制与虚假自由——外卖骑手的劳动过程研究》,《社会学研究》2020 年第 6 期。

陈雪霞:《自由的牢笼:劳动关系中的弹性化雇佣与工作》,赣南师范大学硕士学位论文,2021。

李雨潜:《困在时间里的人:高校青年教师的"时间焦虑感"研究——基于时间社会学的视角》,南京师范大学博士学位论文,2021。

倪丽娜:《社会记忆视角下文艺青年的自我认同研究》,福建师范大学硕士学位论文,2017。

刘黎黎:《文艺青年的现代性困境及治愈途径》,《佳木斯职业学院学报》2018 年第 12 期。

张似韵:《学校教育体系与社会等级制的再生产——布尔迪厄的文化再生产理论述评》,《社会》2002 年第 1 期。

〔法〕皮埃尔·布迪厄:《国家精英:名牌大学与群体精神》,杨亚平译,商务印书馆,2018。

王雨磊:《论社会资本的社会性——布迪厄社会资本理论的再澄清与再阐释》,《南京师大学报》(社会科学版)2015 年第 1 期。

对外经济贸易大学教授廉思课题组:《新文艺群体——正在崛起的新兴文化力量》,《光明日报》2019 年 5 月 10 日。

Vivian Shall, "Time Warped: The Flexibilization and Maximization of Flight Attendant Working Time," *Canadian Review of Sociology*, 2004, (8).

Holland J. L., Vocational Preference Inventory, Lutz, FL: Psychological Assessment Resources Inc. VPI Introductory Kit.

B.7
四川"复工复产"政策下的产业链稳定
与多元主体治理研究报告*

张舒婷**

摘　要： 本文根据四川省产业链辐射范围选取大型民营企业、外资企业
　　　　　以及中小微企业关键人物的深度访谈和实证数据，并通过对区
　　　　　域内疫情防控应急阶段以及常态化疫情防控阶段"复工复产"
　　　　　相关政策与主体进行分析，总结了地方"复工复产"工作的困
　　　　　境，探讨了区域内深化"复工复产"工作的多元主体协同治理
　　　　　路径。

关键词： 产业链　疫情防控　复工复产　多元主体协同治理

　　新冠疫情成为全球社区共同面临的公共卫生危机，并给各个国家的经济
发展与社会福祉的正常维持带来巨大挑战。尽管各地方在复工复产相关实践
中有诸多亮点，但依然面临困境与调整，如有专家提及企业劳务供需的结构
性矛盾、用工稳定性等问题。① 在此背景下，在各地政府积极推进"复工复
产"工作的同时，为了响应不同类型企业当下的急迫需求，解决后疫情时

---

　　* 基金项目：四川省科技厅软科学项目"常态化疫情防控下四川省新兴青年群体就业与社会
　　　整合研究"（23RKX0228）、四川省社会科学规划课题青年项目"常态化疫情防控阶段四川
　　　省精准'复工复产'多元主体治理研究"（SC20C031）阶段性成果。
　　** 张舒婷，博士，四川省社会科学院社会学研究所助理研究员，研究方向为青年研究、社会
　　　空间与社会政策。
　　① 郭晓鸣、骆希、王萍：《后疫情时期应加快绿色农业发展》，《当代县域经济》2020年第
　　　6期。

期"延迟"显现的社会问题,相关治理政策亟待进一步精准化。因此,本文聚焦四川省实践,基于产业链中不同辐射范围的各规模企业选取 60 人(包括大型民营企业、外资企业以及中小微企业关键人物)进行深度访谈。通过对四川省"复工复产"相关政策与主体的分析,并结合该地区地缘及产业链特征,探讨了四川省"复工复产"工作的主要困境,总结地方政府"精准复工复产"工作的对策,并展望进一步深化"六保""六稳"工作中加强社会治理的可行路径。

一 研究背景

正如联合国开发计划署在官网页面所提及的,"此次新冠病毒大流行正在定义我们这个时代的全球卫生危机,是继二战以来人类社会面临的最大挑战"。针对此次疫情,许多国际科研团队对其在全球经济、就业、社会心态、民众福祉等方面的影响进行了深入的研究与分析。首先,受到疫情影响的"产业链"对经济以及民生福祉的影响成为学界观察这一社会问题的重要角度。欧洲经济政策研究中心团队(Center for Economic Policy Research)就指出疫情大流行在经济层面的影响将是长远的,尤其是将通过产业链影响全球社区。其中,个体收入和需求的矛盾、商业活动衰减和经济环境的不确定性将导致个体与企业对彼此产品和服务的需求呈现螺旋式下降趋势。[①] 麻省理工研究团队还参照 1918 年流感疫情美国各州数据建立统计模型,认为疫情大流行从供应和需求两个渠道影响社会经济发展,导致企业倒闭、劳动力供需不平衡以及就业市场持续不确定等情况。[②] 如上所述,鉴于产业链与社会经济、民生福祉的紧密联系,本研究将企业在产业链中的不同定位作为个案选择的重要指标。其次,学界也开始关注防疫应急阶段以后疫情对社会

---

① Baldwin and Di Mauro, "Mitigating the COVID Economic Crisis: Act Fast and do Whatever it Takes," VoxEu. Org, CEPR. 2020.

② Correia, Luck, and Verner, "Pandemics Depress the Economy, Public Health Interventions do not: Evidence from the 1918 Flu," Public Health Interventions do not: Evidence from The Flu. 2020.

经济以及民生福祉方面的"延迟"影响现象，而这也是本研究强调的"精准复工复产"所考量的重要领域。比如，安德森指出中国的适龄劳动人口已经达到顶点。随着农村年轻劳动力的短缺开始显现，农民工工资已呈现大幅上涨的趋势，而疫情之后劳动力供需结构的进一步恶化将给劳工与企业带来巨大挑战。[①] 此外，健康经济学家麦基宾和西多连科认为学界还应该从劳动力性别视角来观察流行病对劳动力市场的冲击。比如在疫情大流行阶段，女性劳动力承担了大多孩童或家人照料的责任。[②] 而随着疫情缓解，针对女性劳动力的"精准复工复产"也将成为重点关注的社会议题与研究领域。

除了对疫情背景下社会经济、民生福祉的关注及思考以外，国外学术界对重大公共卫生危机治理模式的探讨也对本研究有所启发。库伊曼从法团主义视角提出了三种治理模式，即自我治理、合作式治理以及层级节制治理。其中，"合作式治理"被认为符合风险社会所呼吁的公私组织共同协力的价值理念。[③] 在近期关于流行病疫情危机处理的研究中，越来越多的学者提倡组织间协作。拉伊立足于网络理论（Network Theory），认为公共卫生危机中利益相关者之间的网络具有重要意义，同时他还强调网络内部组织间的协作能力，并指出在缺乏协作能力的情况下，公共卫生危机治理将难以成功。[④] 这些论点均成为本文的逻辑起点，基于此，本文着重关注多元主体之间的联系与秩序，探讨了"精准复工复产"的可能方向。

疫情期间，出于社会经济稳定的考虑，决策部门以及学术界很快强调了"复工复产"的重要性并对具体措施进行了积极探讨。从政策上看，国家关于"复工复产"的政策导向从初期的"应急反馈"逐步向"精准化"过渡。与国外文献遵循的逻辑相似，学界对"复工复产"对社会经济、民生

---

① Anderson, Heesterbeek, Klinkenberg and Hollingsworth, "How will Country-based Mitigation Measures Influence the Course of the COVID-19 Epidemic?" *The Lancet*, 2020, 395（10228）.

② McKibbin and Sidorenko, "Global Macroeconomic Consequences of Pandemic Influenza," Lowy Institute for International Policy Sydney. 2006.

③ Kooiman, *Governing as Governance*. Sage, 2003.

④ Lai, "Organizational Collaborative Capacity in Fighting Pandemic Crises: A Literature Review from the Public Management Perspective," *Asia Pacific Journal of Public Health*, 2012, 24（1）.

福祉的影响主要基于宏观经济产业链的维度,并强调"复工复产"可能面临的挑战。首先,复工复产需对中小微企业进行关注与扶持。根据 2020 年清华大学研究团队就全国 1435 家中小企业受疫情影响情况开展的问卷调查,35.96% 的企业现金流量只能维持 1 个月开销,31.92% 的企业只能维持 2 个月。工信部数据也显示,企业规模越小,复工率将越低。同时,"就业"问题是当前"复工复产"研究的另一个关注重点。如果复产是稳经济,那么复工则是稳就业。李志萌与盛方富指出,"企业的生产困难,将直接影响农民工、高校毕业生等特殊群体的就业,出现'就业难'或'招工难'的结构性矛盾"。① 沈国兵也指出中国社会将面临疫情下巨量高校毕业生叠加城镇化转移出来的大量人口的就业压力,优化产业结构,精准复工复产,为就业纾困,是目前亟待解决的问题。②

此外,学界针对区域禀赋也提供了系统性的"复工复产"建议。其中,杜丽红结合疫情对四川省社会经济的影响情况,认为疫情将从以下几个方面影响省内复工复产工作,即复工时间的大面积延后、对就业的巨大影响以及对企业家投资和发展信心的影响。她建议复工复产工作需"有序",包括坚持"分区分类"原则、全力保障企业用工需求、培育创新型新经济等。③ 同时,根据部门的差异,学者们也提供一些更加细致、专业的"复工复产"建议。比如有关于保证企事业机关复工复产心理建设研究④、流动人口服务管理部门的循证建议⑤以及医疗部门对复工复产用人单位风险与评估的指

---

① 李志萌、盛方富:《新冠肺炎疫情对我国产业与消费的影响及应对》,《江西社会科学》2020 年第 3 期。

② 沈国兵:《"新冠肺炎"疫情对我国外贸和就业的冲击及纾困举措》,《上海对外经贸大学学报》2020 年第 2 期。

③ 杜丽红:《新冠肺炎疫情防控背景下的四川省复工复产政策研究》,《中共四川省委党校学报》2020 年第 1 期。

④ 高文斌、唐义诚:《疫情背景下保障企事业机关复工复产的心理建设研究》,《社会与公益》2020 年第 2 期。

⑤ 裴圣愚、王莹莹:《重大疫情应对中做好流动人口服务管理工作的循证建议》,《民族论坛》2020 年第 1 期。

导①等。然而，以上研究都是从宏观或者单一部门的角度对"复工复产"进行审视与思考。2023年1月，成都市海关数据显示，2022年四川货物贸易进出口总值为10076.7亿元，首次突破万亿大关，规模位列全国第八，同比增长6.1%。同时，产业集群发展，开放平台的业绩突出。比如，2022年四川省综合保税区、保税物流中心（B型）实现进出口5905.5亿元，占四川贸易进出口总值的58.6%，其中，成都高新综合保税区进出口总值连续五年位列全国综合保税区榜首。② 因此，基于四川省现有的经济体量、产业结构以及进出口贸易总值来看，如何调动相关利益主体的互动格局以实现深化、精准复工复产的路径值得总结、分析，以结合新挑战探讨进一步优化的路径。

二 产业链视阈下四川省的"复工复产"

从国内来看，四川省是主要的劳务输出大省之一，四川省的"复工复产"一定离不开全国疫情防控和"复工复产"进程的大环境。笔者将疫情前两年有关四川"复工复产"工作进展的156篇新闻报道输入质性数据分析软件NVivo 12.0进行初步分析，发现四川省各级政府在疫情发展前期投入诸多资源、协调各方力量，集中解决如何把省内劳动力采取"点对点"的方式输送至省外的问题，为全国的"复工复产"工作做出了巨大贡献，采取了诸多试验性措施，并取得了积极成效。例如，在疫情发展早期，联动各级政府和部门的力量，开展了农民工"专列""专车"行动。同时，党和政府协调省内各种劳务供需信息，整合满足各种省内紧急"复工复产"需求，整合各种资源，扶持防疫物资生产企业等。

从全球产业链上看，四川省是中国西部的经济与贸易大省，因此，新冠疫情也对外贸产业造成严重的消极影响。根据四川省政府部门的公开数据，

---

① 刘武忠、赵乾魁、贾文斌、马丹、郭晓丽：《上海市某区建设项目职业病防护设施"三同时"调查》，《职业卫生与应急救援》2020年第1期。

② 《10076.7亿元 四川外贸总量跨上万亿台阶》，《四川日报》2023年1月16日。

2020 年 1~6 月，四川省一般贸易方式进出口交易量下滑了 1.2%，其中，农产品下跌 2.5%，随着疫情在全球范围的暴发甚至急剧下降，比如四川省农产品的进出口交易量到 7 月就下滑了 19.4%。其他产业，例如建筑、二极管及半导体零部件、鞋业等，进出口交易量下降了 20%。① 另外，从本课题组深度调研的工业园区管理人员处得知，四川省 2020 年一季度对外承包工程新签合同额下降 70%，对外承包工程的营业额下跌约 58%。

值得注意的是，相比其他产业，疫情对四川省外贸产业"复工复产"的消极影响更大。本文认为，主要有两方面原因造成此现象。首先，这个差距跟疫情在国内与国际上暴发的时间档期紧密相关。例如，当 2020 年第一季度结束以后，国内疫情得到了有效控制，于是"复工复产"工作基本全面铺开。与此同时，疫情在国际社会此消彼长，不断发展升级，全球产业链以及供应链受到巨大破坏。在此背景下，虽然国内"复工复产"取得了喜人进展，但由于国外疫情未能得到有效控制，区域的外贸产业必定受到持续的打击。因此，外贸交易量持续下跌，外贸产业"复工复产"难的现象不断发生。其次，本课题组认为，省内外贸产业的现状也与后疫情时期以美国为首的西方国家大搞"疫情政治化"紧密相关。2018 年中美贸易摩擦爆发以来，美国政府一直采取遏制打压的对华政策。全球新冠疫情蔓延以及民粹主义的抬头，加剧了此前贸易摩擦所带来的消极影响，影响了很多国家和区域的经济增长。因此，四川省外贸产业"复工复产"也受到全球政治经济生态的制约。

三 四川省"复工复产"的治理困境

新冠疫情在全球蔓延，中国基于"外防输入、内防反弹"策略探索出了一系列比较成熟的常态化疫情防控机制。习近平主席在 2022 年 3 月 17 日

---

① 杨春媛：《新冠疫情与中美贸易摩擦双重冲击下四川外贸企业推进全球化进程的路径研究》，《经济论坛》2021 年第 1 期。

中央政治局常务委员会中提出，"要保持战略定力，坚持稳中求进，统筹好疫情防控和经济社会发展，采取更加有效措施，努力用最小的代价实现最大的防控效果，最大限度减少疫情对经济社会发展的影响"。① 面对疫情反弹的现实，中国政府的治理逻辑始终是遵循科学，发挥社会主义的体制优势，努力在防控疫情与保障人民经济社会生活正常运转之间找到平衡点。基于对四川省防疫工作与复工复产实践以及区域特征的观察，本文总结了四川省在"精准复工复产"工作中面临的困境。

（一）区域防控水平存在差异化特点，使得常态化疫情防控阶段精准复工复产难度升级

从本研究对目标社区以及不同类型企业的田野调查数据来看，不同区域的防控水平存在差异化的特质。这不仅是四川省显现出的状况，而且是全国范围内公共服务与社会治理中普遍存在的现象。前文提到，复工复产的关键点在于各级政府需要在疫情防控与复工复产中找到平衡点。有学者认为，关于复工复产，我们应该意识到经济中心和危机中心的"双核叠加效应"，即经济发达的区域往往也是新冠疫情高发区域。② 相比中小城镇与广大的农村社区，大城市的公共设施基础好，人力、物力与社会服务各项资源比较丰富，其抵御社会风险的能力更加强劲。这些地区的政府会联动调用各方资源，分步骤地让防疫工作有序推进，从而采取更积极的态度展开"复工复产"工作，降低疫情对地方经济与社会生活的损害。然而，经济欠发达地区的小城镇或农村地区的地方政府，由于公共服务基础相对薄弱，在疫情发生时还亟须借力外部资源，因此在"复工复产"这项工作中通常采用比较保守的方案，毋宁采用"一刀切"或"层层加码"抑制复工复产的进程，也不愿将地方政府政绩信用与暂时的防疫成果置入风险之中。学界其他研究

---

① 《抓细抓实各项防疫工作》，求是网，http://www.qstheory.cn/qshyjx/2022 - 03/18/c_1128481415.htm，2022 年 3 月 18 日。

② 文宏：《危机情境中的政策扩散：一项探索性研究——基于 446 份复工复产政策的文本分析》，《四川大学学报》（哲学社会科学版）2020 年第 4 期。

也存在相似观点，比如有研究团队就明确指出，医疗救治与政策支持会显著促进企业复工复产，其中政府治理能力较高的城市更倾向采用积极的复产复工策略。[1] 而在这项研究中，地方政府治理能力模型的自变量就包括经济成本、医疗救治成本、疫情防控成本、信息公开、政策支持。[2]

除了以传统"城乡差异"视角理解区域疫情防控治理能力差异化以外，本课题组认为同一城市不同社区的治理能力也是有差异性的。譬如本课题所涉及的劳动力密集型产业企业密集的社区，其防疫压力与复工复产的压力肯定比其他普通居民社区的压力更大。在工业园区的基层政府工作人员评论道：

> 在疫情最严重时期，我们通宵达旦配合防疫部门进行工人的群体筛查，生怕出现社区群体感染事件。要知道即使在这种情况下，我们的工厂从未停业过，我们加班加点使用我们的车间去生产防疫物资，我们的一线工人与职能部门工作人员是为防疫工作做出巨大牺牲的，但是从后期的防疫成果来看，绝对是值得的。（X 工业园区街道办事处工作人员，访谈编号 XGO21）

由此可见，决策者需要用更科学系统的视角去理解常态化疫情防控阶段区域治理水平差异性的问题。否则，复工复产的"精准化"难以实现。

（二）"复工复产"工作中存在行业类型的差异性，直接导致实践的不同成效

本研究的实证数据同时显示，"复工复产"工作还需要注意行业类型的差异性。譬如在前面我们讨论了一些行业属于劳动密集型产业，在疫情防控阶段则需要调动大量的劳动力配合政府的相关防疫政策，同时更需要完善有

---

[1] 陈博、杜雯翠、温馨：《地方政府行为异化与城市治理现代化——基于疫情期间复工复产情况的分析》，《广东财经大学学报》2022 年第 1 期。

[2] 陈博、杜雯翠、温馨：《地方政府行为异化与城市治理现代化——基于疫情期间复工复产情况的分析》，《广东财经大学学报》2022 年第 1 期。

效率的管理机制，在疫情紧张的时候让企业正常运转、保质保量地交付订单。除了内部管理，我们也看到这些行业需要跟国际防疫工作与复工复产的进程接轨。从本研究对外资企业的观察来看，目标企业是受到国际疫情与政治经济环境双重影响的。在中国较为成熟的疫情防控机制推进下，尽管很多这类企业在疫情发生时实现了令人瞩目的工作效率和防疫成绩，但在抵御国外疫情与政治经济等大环境中过于被动，比如这类企业经营者在田野调查期间口述了很多因为供应链和资金链的问题而影响订单交付的案例。缺乏对海外市场信息的深度调研与相应的预警机制，让此类企业在复工复产工作中遇到了较大阻碍。

与此同时，除了少数企业在风险中找到了新的商机，大部分中小微企业在常态化疫情防控中依然面临资金链无法支撑风险的情况。更糟糕的是，一旦企业陷入现金流和贷款中断的情况，随之而来的就是员工失业，这将对社会经济的恢复与投资者对市场的信心造成严重的打击。因此，中小微企业之于整个社会经济就像细胞之于生命体，由于其抵御风险能力差，容易一击即溃，看似是即时效应，但对于社会经济的长期危害不容忽视。

本研究认为，决策者与各级政府在常态化防疫时期复工复产的困境之一就在于整齐划一的政策容易忽略企业类型的异质性。基于四川省统计局对全省 2379 家企业的网络问卷数据，有研究发现批发零售企业较住宿餐饮企业的复工情况要积极很多。① 然而这只是某些产业/行业的表现，对于复工复产情况的准确评估一定离不开产业/行业差异化这个事实。只有认清这个事实，我们才可以更系统地利用好各个行业的优势和更好地整合资源，将全省的复工复产精准化不断升级和落实。

（三）纲领性政策指引的是治理方向，要落到实处亟待出台更系统的政策

疫情期间，作为劳务输出大省以及西部经济中心，四川省及时出台了一

---

① 余学英、周作昂、安江丽、徐杨莉：《四川餐饮业应对"疫情寒冬"成效显著》，《四川省情》2020 年第 9 期。

些复工复产的纲领性政策。正如前面所提及的，尽管这些政策显现出政策制定者积极的姿态，但很遗憾的是，这些政策并不能精准聚焦更广泛的企业在实践过程中遇到的困境。换句话说，本研究认为已出台的政策受益群体依然比较有限，并且政策制定过程管理优化空间很大。

事实证明，复工复产相关政策的制定过程中，各级政府如果未对各类企业所面对的实际困境有全面的了解，那么这些政策就难以"对症"。从四川省已出台的政策来看，较为明细的补充政策涉及了对参与防疫物资生产企业的电费减免、特定类型企业的房租减免、金融贷款方面的降息补贴、税收优惠政策以及企业员工工资与社保在疫情期间不能断发等内容。然而，在实践中，我们发现这些规定对于那些不符合政策阈限条件、"入不敷出"甚至"不入仅出"的企业来说，并没有特别实质性的帮助。除此之外，政策制定过程中的其他步骤，如论证与事后评估方面，都不成体系。这些都是复工复产精准化所面临的现实困境，本研究认为各级政府关于复工复产相关政策从制定到评估的过程管理优化空间依然很大。

（四）在劳动力供需层面依然存在信息不对称的情况，使"招工荒"与"难就业"的现象并存

疫情期间，四川省一直在推动"六稳"工作，落实"六保"任务，切实保障改善民生，助推全省经济社会发展加快恢复、稳定向好。其中，四川省特别将"稳就业"作为"六稳"工作之首来对待。[①] 从本研究的实证数据来看，疫情发生以后，不仅是社会经济大环境发生了变化，青年就业人群的就业心态也发生了诸多变化。尤其是中小微企业，由于抵御风险的能力较差，更容易出现停工停业的情况。这种情形最直接的效应就是大批中小微企业从业人员失业，以及城市就业人口返贫。这对区域内的社会经济会造成极其恶劣的影响。

与此同时，上文也提到了疫情对于部分类型企业在就业方面的影响也会

---

① 王雪梅：《疫情、影响与行动：四川就业压力有所缓解》，《四川省情》2020 年第 8 期。

与广大应届高校毕业生、城镇化转移出来的大量就业人口相叠加。[1][2] 如果没有合理的产业结构规划与系统精准的复工复产策略，大量就业人口将无法消化，同时社会经济也难以稳定发展。以上后疫情时期的"难就业"情形导致"为企业纾困"一直是已出台纲领性复工复产政策的核心目标，可是面对治理能力与企业类型的差异化，如何将政策意图落到实处需要更多实践经验与智库建言。

除了"难就业"的困境，本研究还留意到企业复工复产进程中"难招工"的现实难题。其背后原因主要是后疫情时期适龄就业人口的就业心态有了很大变化。事实上，这是全球社区在后疫情时期必须面临的一个普遍现象。海外学界与媒体也关注和分析了后疫情时代人们更倾向于"灵活就业"与"居家办公"的就业方式。[3] 在美国国家经济研究局（National Bureau of Economic Research）从不同疫情时期收集包含 30000 个样本的采访来看，20%的工作是居家完成的，而这个数据在疫情发生前只有 5%。同时，这份调查指出很多企业雇员受益于居家工作，不仅节约了通勤的各种成本，而且让后疫情时期的工作效率提高了 5%。[4] 这些数据都让后疫情时期"灵活就业"与"居家办公"现象有了合理解释。中国社会学家李春玲近几年关于"新兴青年"群体的研究实质上也是关注到现下年轻人的就业形式、工作方式以及生活价值理念与传统形式非常不同，而这一群体的产生主要是产业结构变化引起就业结构变化的结果。[5] 本研究认为，疫情更是加速了这一进程。疫情期间，许多地区采用了非正规就业、临时就业、弹性就业、平台协作以及数字游民等更多元的就业形式，并在接纳度以及生产效率方面都有了

---

① 李志萌、盛方富：《新冠肺炎疫情对我国产业与消费的影响及应对》，《江西社会科学》2020 年第 3 期。

② 沈国兵：《"新冠肺炎"疫情对我国外贸和就业的冲击及纾困举措》，《上海对外经贸大学学报》2020 年第 2 期。

③ Caligiuri and De Cieri, "Predictors of Employees' Preference for Working from Home Postpandemic," Business and Economic Research. 2021 Mar 21.

④ Barrero, Bloom and Davis, "Why Working from Home Will Stick", 2021.

⑤ 李春玲、刘保中、李闯：《新兴青年群体：新的社会阶层中的新力量》，《中央社会主义学院学报》2021 年第 5 期。

很大提升，因此后疫情阶段，很多年轻的劳动力可能更倾向于延续这种就业方式或者生活方式。劳动力就业形式与就业心态发生巨大改变以后，导致很多传统行业面临"招工难"以及劳动力成本上升的困境，与"就业难"一并成为后疫情时代劳动力供需不对称的两种表现形式，为复工复产工作带来了巨大挑战。

四　常态化疫情防控阶段精准复工复产的多元主体治理途径

针对以上治理困境，本文立足实证数据，从以下几个方面探讨相关治理途径。

（一）总结疫情防控经验，建立公共卫生危机预防与应急机制

根据现有全球防疫工作实践，中国在疫情防控与复工复产工作中做出重要贡献。在疫情联防机制比较成熟的背景下，地方政府首先应该继续紧跟国家针对疫情防控的统一步调，并对国内外疫情变化有科学专业的研判；充分意识到公共卫生危机事件全过程特质，结合省内公共医疗基础设施与相关公共服务的实际情况，制定疫情常态化预防机制，以及疫情发生时联动社区（村）网格、县（市、区）、市（州）的应急机制；建设疫情防控新阶段防疫物资与生活生产物资供应链的畅通以及应急预案。本研究认为，"努力用最小的代价实现最大的防控效果"① 是四川省精准复工复产工作推进的基石，同时相关实践经验与理论探索将助益其他类别公共危机防控工作机制。以上工作不仅包含科研团队对风险情况的评估、政策智库对预警机制与风险常态化应对机制的建言，而且非常重要的一环是对疫情防控相关职能部门的专业培训，专业知识储备与预警机制的实践才能让公共卫生危机治理与复工复产工作落到实处。

---

① 《新华述评：始终坚持人民至上、生命至上——我国三年抗疫实践系列述评之一》，四川在线，https://www.scol.com.cn/zlts_ ss/202301/58795720.html，2023 年 1 月 13 日。

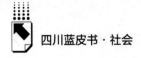
（二）公共卫生危机治理与精准复工复产需要技术条件保驾护航：促进"互联网+"社会治理实践的尝试

本研究发现地方复工复产工作的过程管理依然有很大的优化升级空间。通过本研究数据发现，地方政府已经有非常全面和灵敏的疫情防控大数据系统，且在过去的疫情防控工作中发挥了举足轻重的作用。地方政府可以继续在精准复工复产工作中借鉴这种治理逻辑，积极促进"互联网+"的多元实践。首先，本研究认为可以尝试建立多主体参与的企业复工复产工作相关的数据信息系统。一方面，为了全面了解各个主体的实际需求与治理困境，这项工作离不开信息技术开发机构与各主体前期的深入沟通。另一方面，技术使用的相关伦理道德问题也应该得到同样重视。近些年来，技术使用在社会治理中的伦理问题得到学界越来越广泛的关注和讨论[1][2]，当政策制定者在复工复产工作上探索更为广泛和全面的技术支持时，我们需要考量如何规避潜在的伦理道德风险，比如相关数据的保密工作以及职能部门相关工作人员的培训等，这样才能让参与分享数据的企业与其他组织机构真正地受益于这套机制。

其次，除了建立多主体共建共享的企业复工复产工作数据系统，本研究同时认为通过技术优化过程管理的工作内容也亟待丰富。本研究发现，省市一些针对企业复工复产的利好政策申请、劳动合同签订、劳动力非工资权益的申请等都耗费了极大的行政成本和时间成本，尤其在疫情高峰时期的封控会让这些成本加倍，并导致政策制定的初衷与实效存在一定距离。有鉴于此，后疫情时代的"数字政府"建设已经引起了学界的关注与探讨。[3] 本研究认为，在"互联网+"的范式下复工复产工作有很多可探索的空间。比

---

[1] Nathan, "Innovation Process and Ethics in Technology: An Approach to Ethical Innovation Governance," *Journal on Chain and Network Science*, 2015 (15).

[2] Nelson and Gorichanaz, "Trust as an Ethical Value in Emerging Technology Governance: The Case of Drone Regulation," *Technology in Society*, 2019 (59).

[3] 付舒：《非常态时期回应型政策范式转向及其发展困境——以支持企业复工复产的"组合式"政策为例》，《现代交际》2022 年第 1 期。

如，本研究发现很多企业，尤其是劳动密集型企业，因为疫情而产生让工人的劳动合同签订拖延滞后的现象，若能完善"电子劳务合同"签订和相关监督工作，将大幅简化聘用流程，节约时间和人力成本。同时，企业复工复产优惠政策申请程序也可以通过线上作业或多种服务终端实现简化流程、提高行政效率、普惠广大群众的目标。

（三）跨越传统"单中心"危机管理模式，建立多元主体协同治理的平台与渠道

尽管在防疫实践中已逐步建立非常成熟的疫情防控应对机制，但本研究认为这些实践多基于中国行政管理的"条块模式"。事实证明，这种"单中心"的危机管理模式在疫情防控阶段非常有效率，体现其优越性。但是在精准复工复产工作中，本研究认为需要更多主体参与到实际工作中。实际上，关于技术保障、过程管理、伦理道德等建议的实现就需要更广泛的主体参与其中，比如科研团队、信息工程团队、政府、社会组织以及市场力量。这样的"协同治理"逻辑其实也符合学界对过去危机管理经验的反思。比如张成福教授在 2003 年就提倡"构建由政府主导、多种主体参与、权责明确的公共危机管理机制"。① 最近十多年里，学者们更是广泛探讨了"单中心"危机管理的局限以及多元主体协同治理的重要性，并针对治理结构与制度保障面向进行了深入探讨。② 因此，接下来的精准复工复产工作治理模式的探索应致力于建立多元主体协同治理的平台与渠道。

---

① 张成福：《公共危机管理：全面整合的模式与中国的战略选择》，《中国行政管理》2003 年第 7 期。
② 韩丹、刘伟：《多中心理论视角下的公共危机治理——以江苏太湖蓝藻事件为例》，《法制与经济》（下旬）2011 年第 6 期；邓旭峰：《公共危机多主体参与治理的结构与制度保障研究》，《社会主义研究》2011 年第 3 期；林鸿潮：《巨灾应对背景下公共部门的能力整合模式——兼论国家安全委员会的公共应急职能》，《中国政法大学学报》2015 年第 1 期；刘智勇、刘文杰：《公共危机管理多元主体协同研究述评——以近 10 年来国内期刊论文研究为例》，《社会科学研究》2012 年第 3 期。

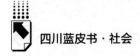

（四）正确认识后疫情时代劳动力的就业心态与就业方式，并从"蓝海策略"视角发展新兴产业

从本研究数据看，在探讨疫情对企业的消极影响的同时，地方政府也需要努力寻找风险中的机遇。后疫情时代，各级政府应该结合区域特征与优势，号召辖区内更多元的主体一起参与新产业的发展，努力推进"蓝海策略"的实践。本研究的实证数据中记录了很多中小微企业在疫情后发现新产业发展机遇的例证。由此，政府也应该立足社区，发现并逐步发展新兴的经济形态。事实上，从中央到基层政府已经开展一些试验性实践，比如发展"零工经济""地摊经济""夜市经济"等，关于"灵活从业人员"社会保险等相关政策也在逐步出台中。地方政府需要关注前沿实践经验，结合自身情况，积极扶持和促进新兴经济形态与从业人员的发展。

与此同时，本研究也建议正确认识年轻劳动力的就业心态与就业方式。健康合理的就业结构是稳定区域经济的关键。因此，省内各级政府一定要重视后疫情时期的就业形势变革，相关工作需要从"认可"向"赋能"转变。如前所述，新的就业形式与产业结构的转型密不可分。在此情形下，新产业、新业态、新就业模式需要更规范、更细致的政策予以指引。相关服务与支持体系也需要不断完善，譬如基层社区可以联动社会组织与市场力量不断建立新兴产业从业人员的相关技能学习体系。这样不仅能创建更多的就业岗位，也给予新兴产业足够的空间有序、稳定、健康发展。

参考文献

郭晓鸣、骆希、王萍：《后疫情时期应加快绿色农业发展》，《当代县域经济》2020年第 6 期。

李志萌、盛方富：《新冠肺炎疫情对我国产业与消费的影响及应对》，《江西社会科学》2020 年第 3 期。

沈国兵：《"新冠肺炎"疫情对我国外贸和就业的冲击及纾困举措》，《上海对外经贸大学学报》2020 年第 2 期。

杜丽红：《新冠肺炎疫情防控背景下的四川省复工复产政策研究》，《中共四川省委党校学报》2020 年第 1 期。

高文斌、唐义诚：《疫情背景下保障企事业机关复工复产的心理建设研究》，《社会与公益》2020 年第 2 期。

裴圣愚、王莹莹：《重大疫情应对中做好流动人口服务管理工作的循证建议》，《民族论坛》2020 年第 1 期。

刘武忠、赵乾魁、贾文斌、马丹、郭晓丽：《上海市某区建设项目职业病防护设施"三同时"调查》，《职业卫生与应急救援》2020 年第 1 期。

杨春媛：《新冠疫情与中美贸易摩擦双重冲击下四川外贸企业推进全球化进程的路径研究》，《经济论坛》2021 年第 1 期。

吴世林：《浅析后疫情时期我国企业复工复产现状》，《商场现代化》2020 年第18 期。

文宏：《危机情境中的政策扩散：一项探索性研究——基于 446 份复工复产政策的文本分析》，《四川大学学报》（哲学社会科学版）2020 年第 4 期。

陈博、杜雯翠、温馨：《地方政府行为异化与城市治理现代化——基于疫情期间复工复产情况的分析》，《广东财经大学学报》2022 年第 1 期。

余学英、周作昂、安江丽、徐杨莉：《四川餐饮业应对"疫情寒冬"成效显著》，《四川省情》2020 年第 9 期。

王雪梅：《疫情、影响与行动：四川就业压力有所缓解》，《四川省情》2020 年第8 期。

李春玲、刘保中、李闯：《新兴青年群体：新的社会阶层中的新力量》，《中央社会主义学院学报》2021 年第 5 期。

付舒：《非常态时期回应型政策范式转向及其发展困境——以支持企业复工复产的"组合式"政策为例》，《现代交际》2022 年第 1 期。

张成福：《公共危机管理：全面整合的模式与中国的战略选择》，《中国行政管理》2003 年第 7 期。

韩丹、刘伟：《多中心理论视角下的公共危机治理——以江苏太湖蓝藻事件为例》，《法制与经济》（下旬）2011 年第 6 期。

邓旭峰：《公共危机多主体参与治理的结构与制度保障研究》，《社会主义研究》2011 年第 3 期。

林鸿潮：《巨灾应对背景下公共部门的能力整合模式——兼论国家安全委员会的公共应急职能》，《中国政法大学学报》2015 年第 1 期。

刘智勇、刘文杰：《公共危机管理多元主体协同研究述评——以近 10 年来国内期刊论文研究为例》，《社会科学研究》2012 年第 3 期。

Anderson, Heesterbeek, Klinkenberg and Hollingsworth, "How will Country-based

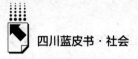
Mitigation Measures Influence the Course of the COVID-19 Epidemic?" *The Lancet*, 2020, 395 (10228) .

Baldwin and Di Mauro, "Mitigating the COVID Economic Crisis: Act Fast and do Whatever it Takes," VoxEu. Org, CEPR. 2020.

Barrero, Bloom and Davis, "Why Working from Home Will Stick," 2021.

Caligiuri and De Cieri, "Predictors of Employees' Preference for Working from Home Post-pandemic," Business and Economic Research. 2021 Mar 21.

Correia, Luck, and Verner, "Pandemics Depress the Economy, Public Health Interventions do not: Evidence from the 1918 Flu," Public Health Interventions do not: Evidence from The Flu. 2020.

Kooiman, *Governing as Governance*. Sage, 2003.

Lai, "Organizational Collaborative Capacity in Fighting Pandemic Crises: A Literature Review From the Public Management Perspective," *Asia Pacific Journal of Public Health*, 2012, 24 (1) .

McKibbin and Sidorenko, "Global Macroeconomic Consequences of Pandemic Influenza," Lowy Institute for International Policy Sydney. 2006.

Nathan, "Innovation Process and Ethics in Technology: An Approach to Ethical Innovation Governance," *Journal on Chain and Network Science*, 2015 (15) .

Nelson and Gorichanaz, "Trust as an Ethical Value in Emerging Technology Governance: The Case of Drone Regulation," *Technology in Society*, 2019 (59) .

人口与健康篇

Population and Health

B.8
四川省人口发展最新状况与变动趋势分析

陈 成 向雅书*

摘 要： 本文基于 2020 年第七次四川省人口普查数据，结合第一至六次四川省人口普查数据，对四川省人口发展最新状况与变动趋势进行了分析，描述了四川省人口数量、人口素质、人口结构等人口发展方面的变化。总结四川省人口发展呈现的七大特征，即人口数量呈现增长趋势，年均增速略低于全国；人力资本有所提升，人口素质红利逐渐凸显；性别结构持续改善，人口性别比趋于平衡；老龄化程度加深，人口数量红利临近红线；少数民族人口数量大体呈上升趋势；城镇化率稳步上升，流动人口规模呈扩大趋势；家庭户规模持续缩小。在此背景下，为了解决四川省人口发展面临的新问题，促进四川省人口均衡发展，提出了强化四川人口发展研判，完善相关政策体系；积极应对人口老龄化，借"人口质量红利"之势发展；完善托幼服务，建立生育友好型社会等应对措施。

* 陈成，四川省社会科学院社会学研究所助理研究员，研究方向为人口社会学；向雅书，四川省社会科学院社会学研究所，研究方向为社会学。

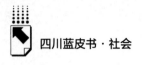

关键词： 人口发展　人口结构　人口质量　四川

人口发展问题始终是一个全局性、战略性、基础性问题，中国的人口发展与中国式现代化密切相关。党的二十大报告强调"中国式现代化是人口规模巨大的现代化"，提出"优化人口发展战略，建立生育支持政策体系，降低生育、养育、教育成本"，"实施积极应对人口老龄化国家战略"。2022 年末，我国人口达到了 14.1 亿多人，比上年末减少 85 万人，其中，全年出生人口 956 万人，出生率为 6.77‰；死亡人口 1041 万人，死亡率为 7.37‰；自然增长率为 -0.60‰，这表明我国人口已经出现负增长。在国家人口规模巨大以及人口负增长的背景下，四川省作为我国人口大省，有着和国家人口发展相似的特征，也有其独特的人口发展趋势。

一　四川省人口发展呈现的七大特征

（一）人口数量呈现增长趋势，年均增速略低于全国

根据全国第七次人口普查数据，2020 年，全国总人口为 14.4 亿人，四川人口为 8367.5 万人（见图 1），在全国总人口中占比为 5.8%，仍然是人口大省。但四川常住人口占全国的比重略有下降，在全国的人口规模排名从"六人普"的第四位降到"七人普"的第五位，仅次于广东、山东、河南和江苏。从"六人普"到"七人普"的十年来，全国人口增加 7205.4 万人，年平均增长率为 0.53%；四川人口增加 325.7 万人，年平均增长率为 0.41%，低于全国 0.12 个百分点。就四川省各市（州）常住人口来看，根据四川省"六人普"和"七人普"的数据，21 个市（州）中，常住人口超过 2000 万的市（州）只有成都市 1 个，且成都市的人口数量在四川省总人口中的占比大幅增加，由 2010 年的 18.80% 增加到 2020 年的 25.02%，增加

了 6.22 个百分点，说明人口有向大城市聚集的趋势。2020 年，四川省常住人口居前五位的市（州）依次是成都市、南充市、达州市、绵阳市、凉山州，合计占全省常住人口比重为 49.79%（见表 1）。

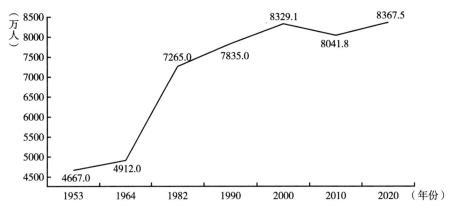

图 1 四川省历次人口普查人口数量

表 1 四川省各市（州）常住人口数量及占比

单位：万人，%

地区	2020 年常住人口	2010 年常住人口	2020 年比重	2010 年比重
成都市	2093.8	1404.8	25.02	18.80
自贡市	248.9	267.9	2.98	3.33
攀枝花市	121.2	121.4	1.45	1.51
泸州市	425.4	421.8	5.08	5.25
德阳市	345.6	361.6	4.13	4.50
绵阳市	486.8	461.4	5.82	5.74
广元市	230.6	248.4	2.76	3.09
遂宁市	281.4	325.2	3.36	4.04
内江市	314.1	370.3	3.75	4.60
乐山市	316.0	323.6	3.78	4.02
南充市	560.8	627.9	6.70	7.81
眉山市	295.5	295.1	3.53	3.67
宜宾市	458.9	447.2	5.48	5.56
广安市	325.5	320.5	3.89	3.99
达州市	538.5	546.8	6.44	6.80

续表

地区	2020年常住人口	2010年常住人口	2020年比重	2010年比重
雅安市	143.5	150.7	1.72	1.87
巴中市	271.3	328.4	3.24	4.08
资阳市	230.9	366.5	2.76	3.22
阿坝藏族羌族自治州	82.3	89.9	0.98	1.12
甘孜藏族自治州	110.7	109.2	1.32	1.36
凉山彝族自治州	485.8	453.3	5.81	5.64

数据来源：四川省第六次、全国第七次人口普查数据。

（二）人力资本有所提升，人口素质红利逐渐凸显

1. 文盲率持续下降

从"二人普"到"七人普"的56年间，四川省文盲率由39.96%下降到3.98%，下降了35.98个百分点（见图2）。2010年四川省文盲率为5.44%，较全国文盲率4.08%高出了1.36个百分点；2020年四川省文盲率为3.98%，较全国文盲率2.67%高出了1.31个百分点，十年间，四川省文盲率和全国文盲率之间的差距有稍许缩小。2020年，四川省文盲人口有333万人，比2010年文盲人口减少了104.6万人。由此可见，四川省的人口素质在提升的同时，和全国的差距也不断缩小。

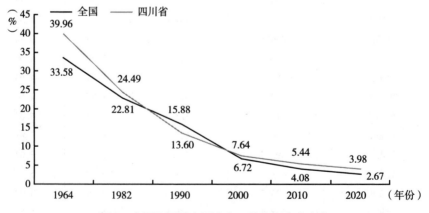

图2 全国和四川省历次人口普查文盲率变化

2. 高学历人口数量增加，但增速有所放缓

四川省每10万人中具有大学（大专及以上）文化程度的人口由"二人普"的284人上涨到"七人普"的13267人，增长约46倍。2010~2020年这十年，四川省大学（大专及以上）文化程度的人口增速有所下降（见图3）。而就四川省各市（州）来看，由表2可知，每10万人中具有大学（大专及以上）学历的人口数超过2万人的只有成都市，此外超过1.5万人的只有攀枝花市，在1万~1.5万人的有7个市（州），四川省各市（州）有大学学历的人口分布不均，且成都市是四川省最主要的高学历人口聚集地。

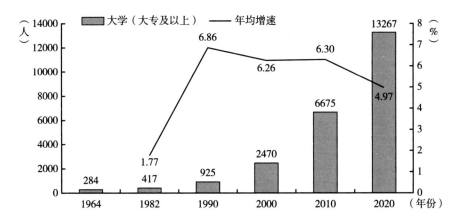

图3 历年四川省每10万人中具有大学（大专及以上）学历的人口数及年均增速

表2 2020年四川省各市（州）每10万人中各类受教育程度的人口数

单位：人

地区	大学 （大专及以上）	高中 （含中专）	初中	小学
成都市	25582	16186	28324	21802
自贡市	9484	12836	34694	33570
攀枝花市	15476	15078	30775	27624
泸州市	8410	12186	31690	37582
德阳市	11882	13114	32693	32326

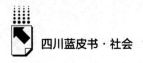

续表

地区	大学 （大专及以上）	高中 （含中专）	初中	小学
绵阳市	12959	13759	32089	30873
广元市	10242	13604	29837	34743
遂宁市	7475	12933	35840	32847
内江市	8057	12290	36909	33370
乐山市	10584	12834	32642	34703
南充市	8825	13348	33385	32568
眉山市	9600	11957	34277	34095
宜宾市	9621	12325	31749	37020
广安市	6508	12189	34110	36644
达州市	6920	13781	38231	32018
雅安市	10649	12131	35654	31762
巴中市	8615	15868	32890	32948
资阳市	6177	10195	37083	35685
阿坝藏族羌族自治州	13191	8261	21614	36097
甘孜藏族自治州	10486	7249	14603	38870
凉山彝族自治州	6776	6861	22732	41783

数据来源：四川省第七次人口普查数据。

3. 高中学历人口数量提升，初中及小学学历人口数量先升后降

根据四川省人口普查数据，由表3可知，四川省每10万人中具有高中（含中专）文化程度的人口由2010年的11247人增加到2020年的13301人，上升幅度为18.3%；每10万人中具有初中文化程度的人口由2010年的34889人下降到2020年的31443人，降低幅度为9.9%；每10万人中具有小学文化程度的人口由2010年的34627人下降到2020年的31317人，降低幅度为9.6%。就四川省各市（州）来看，由表2可知，2020年每10万人中具有高中（含中专）文化程度人口数量最多的依然

是成都市（16186 人），其次是巴中市（15868 人）和攀枝花市（15078
人）；每 10 万人中具有初中文化程度人口数最多的是达州市（38231
人），其次是资阳市（37083 人）和内江市（36909 人），而成都只有
28324 人；每 10 万人中具有小学文化程度人口数最多的是凉山彝族自治
州（41783 人），其次是甘孜藏族自治州（38870 人）和泸州市（37582
人），而成都市是每 10 万人中具有小学文化程度人口数最少的，仅 21802
人。由此可见，受教育程度和地区经济发展程度息息相关，四川省会城
市成都市是四川省高学历精英的聚集点，而相对落后的甘孜、阿坝等地
的受教育程度远远低于其他城市。

表 3　历年四川省每 10 万人中具有高中（含中专）、初中及小学学历的人口数

单位：人

年份	高中(含中专)	初中	小学
1964	1121	3487	28430
1982	3664	15102	40910
1990	5071	21243	43439
2000	7587	29358	42960
2010	11247	34889	34627
2020	13301	31443	31317

数据来源：四川省第二次至第七次人口普查数据。

4. 15岁及以上人口平均受教育年限小幅提高

根据全国和四川省"六人普""七人普"的数据，由图 4 可知，2010
年全国 15 岁及以上人口平均受教育年限为 9.08 年，而四川只有 8.35 年，
低于全国 0.73 年；2020 年全国 15 岁及以上人口平均受教育年限上升为
9.91 年，四川提高到 9.24 年，低于全国 0.67 年。十年间，四川 15 岁及
以上人口平均受教育年限上升了 0.89 年，和全国的差距缩小了 0.06 年。
就四川省各市（州）来看，15 岁及以上人口平均受教育年限最高的仍然
是成都，由 2010 年的 9.79 年提高到 2020 年的 10.85 年。21 个市（州）

中，15岁及以上人口平均受教育年限增长最多的5个市（州）依次是甘孜藏族自治州、成都市、凉山彝族自治州、宜宾市、巴中市，分别增长了1.11年、1.06年、1年、1年和0.81年（见表4）。平均受教育年限的提高源于义务教育基本均衡的实现、教育发展水平的提升和教育保障能力的不断增强。

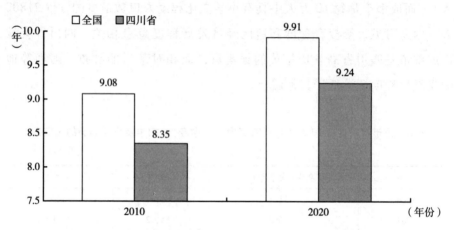

图4　2010年、2020年四川省15岁及以上人口平均受教育年限

表4　2010年、2020年四川省各市（州）15岁及以上人口平均受教育年限

单位：年

地区	2020年	2010年
成都市	10.85	9.79
自贡市	8.87	8.18
攀枝花市	9.47	8.71
泸州市	8.65	7.89
德阳市	8.98	8.44
绵阳市	9.17	8.37
广元市	8.70	7.98
遂宁市	8.61	8.17
内江市	8.72	8.23
乐山市	8.93	8.42

地区	2020 年	2010 年
南充市	8.62	8.08
眉山市	8.77	8.15
宜宾市	8.94	7.94
广安市	8.48	7.76
达州市	8.83	8.11
雅安市	9.04	8.46
巴中市	9.01	8.20
资阳市	8.27	7.83
阿坝藏族羌族自治州	7.97	7.59
甘孜藏族自治州	6.89	5.78
凉山彝族自治州	7.41	6.41

数据来源：四川省第六次、第七次人口普查数据。

（三）性别结构持续改善，人口性别比趋于平衡

根据历次人口普查数据，我国人口性别比的大趋势正从"男多女少"向"男女平衡"转变，四川省的人口性别比相对于全国整体来说，改善的时间相对较早、幅度相对较大。这与四川省的人口结构、经济发展水平和性别文化等因素有关。1953~1964 年四川人口性别比显著下降，但 1964~1990年一直快速上升，1990 年以后又开始下降，2000~2010 年性别比下降幅度最大，从 106.98 下降到 103.14。2020 年，四川省人口性别比为 102.19，低于全国人口性别比 105.07，四川省人口性别比较全国而言更平衡（见图5）。就四川省各市（州）人口性别构成来看，2020 年，人口性别比大于105 的有阿坝藏族羌族自治州（107.59）、攀枝花市（106.92）、甘孜藏族自治州（105.98）和达州市（105.90），而自贡市的人口性别比为 99.02，出现"女多男少"的现象（见表5）。

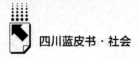
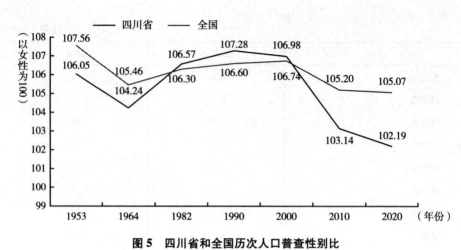

图5　四川省和全国历次人口普查性别比

表5　2020年四川省各市（州）人口性别构成

单位：%

地区	占常住人口总量比重		性别比 （以女性为100）
	男	女	
成都市	50.26	49.74	101.03
自贡市	49.75	50.25	99.02
攀枝花市	51.67	48.33	106.92
泸州市	50.42	49.58	101.70
德阳市	50.26	49.74	101.03
绵阳市	50.15	49.85	100.58
广元市	50.02	49.98	100.09
遂宁市	50.74	49.26	103.00
内江市	50.26	49.74	101.05
乐山市	50.18	49.82	100.71
南充市	50.68	49.32	102.74
眉山市	50.00	50.00	100.00
宜宾市	51.12	48.88	104.58
广安市	50.60	49.40	102.44
达州市	51.43	48.57	105.90
雅安市	50.60	49.40	102.42
巴中市	50.87	49.13	103.53
资阳市	50.48	49.52	101.94

地区	占常住人口总量比重		性别比（以女性为100）
	男	女	
阿坝藏族羌族自治州	51.83	48.17	107.59
甘孜藏族自治州	51.45	48.55	105.98
凉山彝族自治州	51.14	48.86	104.65

（四）老龄化程度加深，人口数量红利临近红线

人口年龄结构是衡量一个国家或地区发展潜力、发展活力的重要指标，判断一个社会是老龄化社会还是年轻型社会，主要看不同年龄段人口占总人口的比重。人口老龄化是指一个国家或者地区 65 岁及以上人口占总人口的比重超过 7%，深度老龄化即该占比达到 14%，超老龄化即该占比达到 20%。四川省自 2000 年步入老龄化社会以后，老龄化程度逐渐加深，人口数量红利临近红线。

1. 老龄化程度加深

2020 年，四川省 65 岁及以上的老年人口总量为 1416.8 万人，占总人口的 16.93%，相较于全国 65 岁及以上人口占总人口的 13.50%，高出了 3.43 个百分点（见图 6）。因此，四川省老龄化程度为深度老龄化且较全国老龄化程度更深。四川省自步入老龄化社会以来的 20 年间，65 岁及以上的老年人口增加了 796.3 万人，在总人口中的比重增长了 9.48 个百分点。就四川省各市（州）来看，2020 年已经达到超老龄化程度的市（州）有资阳市（22.62%）、自贡市（21.29%）、南充市（20.69%）、德阳市（20.25%）和内江市（20.03%）、眉山市（20.02%）；达到深度老龄化的市（州）有攀枝花市（15.88%）、泸州市（17.65%）、绵阳市（18.36%）、广元市（18.81%）、遂宁市（19.85%）、乐山市（19.19%）、宜宾市（15.76%）、广安市（19.57%）、达州市（17.96%）、雅安市（17.01%）以及巴中市（19.67%）；而剩下的 4 个市（州）均达到老龄化程度（见表 6）。2020 年，四川省有 28.57% 的市（州）处于超老龄化程度，52.38% 的

市（州）处于深度老龄化程度，19.05%的市（州）处于老龄化程度，由此可见，深度老龄化程度在四川省各市（州）中占大多数。

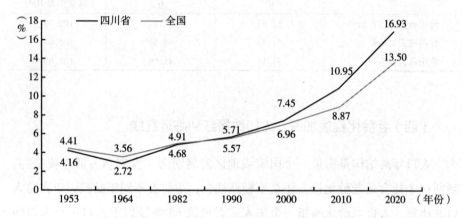

图6　四川省和全国历次人口普查中65岁及以上人口比重

表6　2020年四川省各市（州）人口年龄构成

单位：%

地区	占常住人口总量比重			
	0~14岁	15~59岁	60岁及以上	65岁及以上
成都市	13.28	68.74	17.98	13.62
自贡市	15.77	56.89	27.34	21.29
攀枝花市	14.00	66.24	19.76	15.88
泸州市	18.23	58.78	22.99	17.65
德阳市	13.06	61.13	25.81	20.25
绵阳市	14.13	62.16	23.71	18.36
广元市	15.37	60.13	24.50	18.81
遂宁市	15.52	59.29	25.19	19.85
内江市	15.55	59.22	25.23	20.03
乐山市	14.11	61.39	24.50	19.19
南充市	15.72	58.28	26.00	20.69
眉山市	14.01	61.26	24.73	20.02
宜宾市	18.73	60.70	20.57	15.76
广安市	17.55	57.65	24.80	19.57
达州市	17.29	60.35	22.36	17.96

续表

地区	占常住人口总量比重			
	0~14 岁	15~59 岁	60 岁及以上	65 岁及以上
雅安市	15.39	63.16	21.45	17.01
巴中市	17.35	58.19	24.46	19.67
资阳市	16.75	55.06	28.19	22.62
阿坝藏族羌族自治州	18.87	66.80	14.33	10.81
甘孜藏族自治州	22.99	65.65	11.36	8.36
凉山彝族自治州	27.64	59.92	12.44	9.49

数据来源：四川省第七次人口普查数据。

2. 总抚养比上升，趋势从"养小"转变为"养老"

2010 年四川省总抚养比为 38.73%，是七次普查数据中最低的，这个时期的人口红利比较理想。2020 年我国人口抚养比为 45.98%，意味着每 100个 15~64 岁劳动年龄人口要抚养约 26 个 0~14 岁少儿人口和约 20 个 65 岁及以上老年人口。2020 年四川省总抚养比上升到 49.32%，接近 50%的人口红利临界点，比 2010 年高出 10.59 个百分点，比全国人口抚养比高出 3.34个百分点。这是由于四川省劳动年龄人口比重由 2010 年的 72.08%降低到66.97%（见表 7），老年抚养比由 2010 年的 15.19%上升到 2020 年的25.28%，十年间高出 10.09 个百分点，少儿抚养比略有上升（见图 7）。2020 年四川省劳动人口数量为 5603.7 万人，劳动力规模依然庞大，但四川省人口数量红利呈下降趋势。

表 7 四川省历次人口普查分年龄段人口数量及比重

单位：万人，%

年份	0~14 岁		15~64 岁		65 岁及以上	
	人口数	比重	人口数	比重	人口数	比重
1953	1733.3	37.14	2739.5	58.70	194.1	4.16
1964	1908.8	38.86	2869.6	58.42	133.6	2.72
1982	2497.7	34.38	4427.3	60.94	340.0	4.68

续表

年份	0~14 岁		15~64 岁		65 岁及以上	
	人口数	比重	人口数	比重	人口数	比重
1990	1815.4	23.17	5572.3	71.12	447.4	5.71
2000	1886.5	22.65	5822.0	69.90	620.5	7.45
2010	1364.7	16.97	5796.7	72.08	880.6	10.95
2020	1347.1	16.10	5603.7	66.97	1416.8	16.93

数据来源：四川省历次人口普查数据。

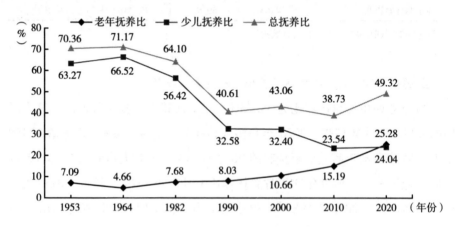

图7　四川省历次人口普查抚养比

（五）少数民族人口数量大体呈上升趋势

全省少数民族人口数量总体上呈现上升趋势，只在 1990 年"四人普"中有所下降，较"三人普"减少了 26 万人，在总人口中的占比下降了 0.7 个百分点。根据四川省第七次人口普查数据，2020 年少数民族人口占总人口的比重为 6.8%，比 2010 年"六人普"数据上升 0.7 个百分点（见图8）。2020 年四川省人口最多的少数民族是彝族，有 60.77 万人，占少数民族人口的 10.70%，其次是藏族，有 39.33 万人，占少数民族人口的 6.92%。民族人口稳步增长，充分体现了全省各民族全面发展进步的面貌，也是民族地区脱贫攻坚成效的有力体现。

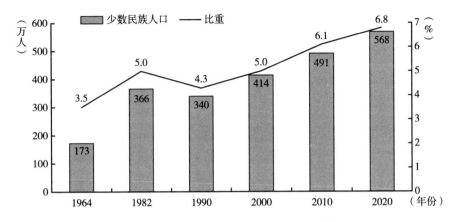

图8　四川省历次人口普查少数民族人口数及其占比

（六）城镇化率稳步上升，流动人口规模呈扩大趋势

1. 城镇化率稳步上升，城市人口超过农村人口

2020年四川城镇人口数量4746.6万人，农村人口数量3620.9万人，城镇人口比农村人口多1125.7万人，四川省城镇化率已经突破50%，相较于2010年"六人普"的40.18%，上升了16.55个百分点。四川省城镇化率发展趋势与全国的发展趋势一致，但历次人口普查的城镇化率均略低于全国水平。四川省城镇化率由1964年的9.72%上升到2020年的56.73%，从"二人普"到"七人普"，四川省城镇化率增加了47.01个百分点（见图9）。由此可见，四川省城镇人口规模持续扩大，增长速度也越来越快。

2. 流动人口规模持续增加，增长率呈"V"形

2020年四川省流动人口数量为2068.9人，其中，跨省流动人口259万人，省内流动人口1809.9万人。与2010年"六人普"数据相比，流动人口增加1030.2万人，增长率为99.18%。根据历年四川省统计数据，四川省流动人口规模一直呈现扩大趋势，流动人口数量持续增加，增长率在2005～2010年有所放缓，2015年开始回升，从2000年的720.2万人上涨到2020

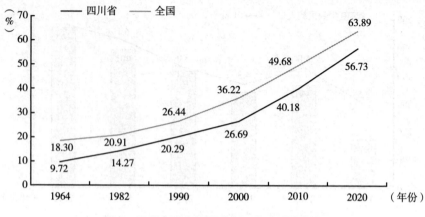

图9　四川省和全国历次人口普查城镇化率

年的2068.9万人，20年间流动人口数量增加了1348.7万人，流动人口增长趋势呈"V"形（见图10）。

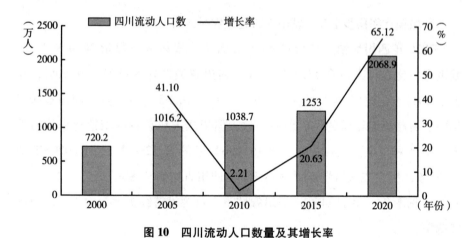

图10　四川流动人口数量及其增长率

（七）家庭户规模持续缩小

家庭户是指一个人口群体中以家庭为单位立户的，即以血缘关系、婚姻关系或者收养关系立户，区别于集体户。根据四川省"七人普"数据，2020年全省共有家庭户3075.6万户，家庭户人口7709.3万人，集体户

144.9万户，集体户人口658.2万人。1990年四川省"四人普"家庭户总户数已达到2848.1万户，但2000年"五人普"却减少到2404.4万户，十年间减少443.7万户，随后家庭户开始增加，到2020年"七人普"，全省家庭户总户数突破3000万户。家庭户人口数量在1990年"四人普"时达到巅峰10419.3万人，2020年家庭户人口比2010年家庭户人口增加了88.6万人，但家庭户均人口从2.95人减少到2.51人，2020年家庭户均人口比2010年减少了0.44人，比1982年减少了1.74人（见表8）。2020年，四川省的总和生育率是1.23，比全国的总和生育率低0.07，比2010年增加0.15，由此可见，家庭户规模的持续缩小，与生育率低下息息相关，也受人口流动愈加频繁、独居人口不断增加等因素影响。

表8　四川省第三至七次人口普查中家庭户人口数据

年份	家庭户（万户）	家庭户人口（万人）	家庭户均人口（人）
1982	2274.6	9662.3	4.25
1990	2848.1	10419.3	3.67
2000	2404.4	7975.6	3.32
2010	2580.2	7620.7	2.95
2020	3075.6	7709.3	2.51

数据来源：四川省第三次至第七次人口普查数据。

二　推动四川省人口更平衡更充分发展的三点思考

（一）强化四川人口发展研判，完善相关政策体系

"知己知彼，百战不殆"用在人口发展领域也是适用的，为了推动四川省人口更平衡更充分的发展，应该深入贯彻党的二十大精神，优化四川人口发展战略，不断强化四川人口发展现状研究和形势研判，在人口全域观的视角下，对四川的人口数量、人口结构、人口变迁有宏观掌控和微观把握，

清楚把脉四川人口发展最新趋势，顺应四川省人口发展趋势，审时度势完善符合四川人口发展特征的"短期、中期、长期"政策体系，实现四川人口高质量发展。

（二）积极应对人口老龄化，借"人口质量红利"之势发展

四川的人口数量红利已经接近红线，人口负增长趋势已成定局，四川省应该顺势而为，树立健康老龄化理念，积极主动地应对老龄化挑战，借"人口质量红利"之势发展，努力提高人口文化素质、身体素质和其他综合素质，将人口红利的方向从"数量"转化为"质量"。尤其要重视"流动人口"质量，发挥政府、社区、社会组织等多元主体治理功能，积极引导流动人口融入当地的生产生活中。并且，大力发展"银发产业"，探索老年人口规模扩大化下的广阔市场。努力推动低龄老年人再就业，推进建立老年人职业介绍机构、提供适合低龄老年人的职业培训和开发老年人力资源信息库等措施的落地和实施。抓住乡村振兴、共同富裕等有利政策，不断推进深化改革释放现有市场活力。

（三）完善托幼服务，建立生育友好型社会

四川省应建立生育支持政策体系，降低生育、养育、教育成本，积极响应国家的"全面三孩"政策，用可行的有力措施来鼓励生育，完善生育的配套设施，让年轻人愿意生、敢生，而不被经济条件和自身发展所束缚。通过微博、微信、网络、电视、报纸等媒体，加大"美好婚姻生活"的宣传力度，有效抑制适婚青年的"恐婚、恐育"等消极婚育观念，落实优生优育政策，鼓励夫妻婚前体检、孕前体检。强化"男女平等"性别观念，消除对孕产妇的就业歧视，让妇女从烦琐的家务劳动和养儿育女等琐事中解放出来，尽可能为职场女性"松绑"，建立更多、更优质的托育机构，大力整顿托幼服务机构，提高对托幼机构的财政补贴，对托幼机构实施系统性、规范化监管，保障其运营的安全性、系统性、正规性。高校可扩招"幼教"

专业学生，培育优秀、专业的托育老师，为幼儿托育机构培养丰富的对口人才。托育机构应提高教职工待遇，定期对其进行培训和体检，重视教职工利益诉求。解决完当务之急的幼儿养育难题，还要切实解决好子女教育问题、住房问题、医疗问题等有关老百姓切身利益的问题，政府、用人单位、家庭和个人要共同努力，通过宣传倡导、强化服务、完善政策、健全制度等措施，最终形成生育友好型社会。

参考文献

陆杰华、王金营、杜鹏、韩文婷、段成荣、黄凡：《优化人口发展战略，助力中国式现代化笔谈》，《人口与经济》2023年1月27日。

国家统计局：《中华人民共和国2022年国民经济和社会发展统计公报》，2023年2月28日。

四川省统计局：《四川省第七次全国人口普查主要数据结果新闻发布会答记者问》，2021年5月27日。

四川省统计局：《四川省第七次全国人口普查公报（第二号）》，2021年5月26日。

王俊：《老龄化的标准研究》，《人口与发展》2014年第3期。

杨雪、谢雷：《主观幸福感、婚姻满意度与当代青年的生育安排》，《人口学刊》2022年第2期。

于潇、常州：《中国式现代化的人口特征与新挑战》，《人口学刊》2023年第1期。

杜鹏、韩文婷：《发挥人力资源优势，推进中国式现代化》，《人口与经济》2023年第1期。

王金营：《中国式现代化新征程中的人口发展和人口发展战略》，《人口与经济》2023年第1期。

刘鸿雁、王晖：《生育支持政策与鼓励生育政策的涵义探析》，《山东女子学院学报》2023年第1期。

B.9
健康中国战略下四川省社区卫生资源的空间分布及特征分析[*]

刘金华　黎繁琳[**]

摘　要： 社区卫生服务是我国医疗卫生服务体系的重要组成部分，是保障人民健康权益的重要支撑力量。本文通过建构社区卫生资源密度指数（C-HRDI），采用空间分析方法对四川省 183 个县（市、区）社区卫生服务资源的空间分布情况进行了分析，发现四川省社区卫生服务资源在成都平原上分布较为集聚，具有显著的空间自相关特征。同时，四川省 C-HRDI 的局部自相关分布特征呈现 HH、LH 和 LL 三种聚类模式；从环线角度来看，四川省的 C-HRDI 空间分布呈现"内高外低，依次递减"的特征，毗邻成都市的周边城市其 C-HRDI 相对较高。

关键词： 社区卫生服务资源　社区卫生资源密度指数　空间自相关

一　引言

在党的二十大报告中，习近平总书记指出"人民健康是民族昌盛和国家强盛的重要标志"。健康不仅是促进个体全面发展的必然要求，也是经济

---

[*] 本文为四川省社会科学重点研究基地老龄事业与产业发展研究中心 2023 年度项目（编号 JLL2023023）阶段性成果。

[**] 刘金华，四川省社会科学院社会学研究所所长、研究员；黎繁琳，四川省社会科学院社会学研究所，研究方向为人口学。

社会发展的基础条件。我国政府始终坚持"以人为本"的发展理念，党的十八大以来，我国政府把人民健康放在优先发展的战略地位，大力推动我国卫生医疗健康事业的发展，使得我国医疗卫生服务体系不断完善。党的十九大，提出了"实施健康中国战略"，这一战略安排基于人民对美好生活的需求，其目的在于提高人民的健康水平、促进人的健康全面发展，这有利于保障全面共享健康成果、实现全面建成小康社会目标，更好地推动我国社会主义事业的健康发展。党的二十大，提出了"促进优质医疗资源扩容和区域均衡布局，提高基层防病治病和健康管理能力；发展壮大医疗卫生队伍，把工作重点放在农村和社区"，社区卫生服务机构作为我国医疗体系中分级诊疗制度的重要一环，不仅保障了我国医疗卫生服务体系的健康运转，还保障了人民共享健康发展成果的权益。

实施健康中国发展战略对推动我国医疗卫生服务体系高质量发展具有重要意义。社区卫生服务机构作为我国基层医疗卫生服务体系中常见病、多发病的首诊机构，在分级诊疗体系中发挥着"上下联动"的链接作用，这对全面推进健康中国建设、推动我国健康卫生服务事业的高质量发展有着重要作用。截至2020年底，全国有基层医疗卫生机构97万个，其中社区卫生服务中心9800个，社区卫生服务站2.55万个，乡镇卫生院3.58万个，村卫生室60.8万个，基本实现了城乡基层社区的全面覆盖。[1] 为了分析四川省183个县（市、区）的社区卫生资源空间分布情况，本文建构了社区卫生资源密度指数（C-HRDI），以此来探讨四川省社区层级基层卫生资源的空间分布特征。

二　文献回顾

通过对相关文献的梳理发现，学术界对社区卫生资源的研究主要集中在

---

[1] 《"十四五"期间推动城乡社区医疗卫生服务体系高质量发展》，中国政府网，2022年2月9日。

公共医学领域，人口学和社会学较少涉及这一领域的研究。在研究主题上，学术界在这一领域的研究主要集中于社区卫生资源配置的公平性，主要采用洛伦兹曲线和基尼系数进行公平性分析。例如，苗苗等人通过采用洛伦兹曲线和基尼系数来探究内蒙古社区卫生资源配置的公平性问题[①]；李志刚等人收集了2005~2014年我国社区卫生服务机构的卫生费用、机构数、床位数和卫生技术人员数，采用洛伦兹曲线和基尼系数分析了我国社区卫生资源配置的公平性问题[②]；曹范垫等人运用洛伦兹曲线、基尼系数和泰尔指数分析了山东省社区卫生资源配置与利用的公平性问题[③]。在实证研究方法上，近年来学者们对社区卫生服务的研究，采用的研究方法多样，更能透彻地对这一主题进行探究。例如，唐立健等人应用描述性统计方法和TOPSIS法，分析了社区卫生资源配置以及社区卫生资源的服务能力[④]；王丽娜等人基于POI数据，从空间分析的角度探究了银川市建成区的社区卫生服务机构的空间分布特征和效用能力[⑤]；苏彬彬等人基于数据包络模型，对2012~2018年我国30个省（自治区、直辖市）的社区卫生服务机构医疗资源配置效率进行了静态和动态分析[⑥]。

通过梳理已有的研究文献发现，学术界对"社区卫生资源"的研究主要集中在公平性配置方面，较少从区域卫生资源规划的角度，探究社区卫生服务资源配置的均衡性和公平性。本文从空间分析的角度，探究四川省183个县（市、区）社区卫生资源密度指数的空间分布特征，通过对四川省社

---

① 苗苗、范雪薇、芦鑫源、岳志浩、张仲：《2014年—2018年内蒙古社区卫生资源配置现状及公平性研究》，《现代预防医学》2021年第9期。

② 李志刚、杜福贻、李丽清：《我国社区卫生服务机构卫生资源配置的公平性研究》，《中国全科医学》2018年第10期。

③ 曹范垫、袭燕、郑文贵：《山东省社区卫生服务中心卫生资源配置公平性分析》，《医学与社会》2018年第1期。

④ 唐立健、王长青、钱东福：《老龄化背景下社区卫生机构资源配置和服务供给研究——以江苏省为例》，《中国卫生政策研究》2020年第2期。

⑤ 王丽娜、李鸣骥、韩云松：《银川市社区卫生服务机构空间分布特征及效用能力研究》，《医学与社会》2022年第6期。

⑥ 苏彬彬、卢彦君、王一然、范慧芸、郑晓瑛：《基于数据包络模型的我国社区卫生机构资源配置效率分析》，《中国卫生政策研究》2021年第6期。

区卫生资源进行空间自相关分析，直观地呈现四川省社区卫生资源密度指数空间分布情况，以此来探究四川省社区卫生服务资源在健康中国大战略背景下的空间分布情况。

三　数据来源和研究方法

（一）数据来源

本文的常住人口数据和区域面积数据来自《四川统计年鉴 2021》，社区卫生服务机构数据、床位数数据和卫生技术人员数据来自《四川卫生健康统计年鉴 2020》。本文选取了四川省 183 个县（市、区）社区卫生服务机构数、社区卫生服务机构的床位数和卫生技术人员三个指标，建构社区卫生资源供给指标体系，该指标体系参考了卫生密度指数（Health Resources Density Index，HRDI）的计算方法，建构了社区卫生资源密度指数（Community Health Resources Density Index，C-HRDI），以此来探究某区域社区卫生资源服务供给的均衡状况。卫生密度指数是基于卫生资源在人口和地理面积方面的均衡分布状态而提出的资源配置模型，该指标能够合理地解决卫生资源和人口地理分布的均衡性问题；[①] 本文参照卫生密度指数的建构方法，建构了四川省 183 个县（市、区）的社区卫生资源密度指数，以此来探究四川省 183 个县（市、区）社区卫生资源密度指数的空间分布特征。

$$HRDI = \sqrt{每千人卫生资源量 \times 每平方公里卫生资源量}$$

$$C\text{-}HRDI = \sqrt{\frac{社区卫生资源供给量}{常住人口数（千人）} \times \frac{社区卫生资源供给量}{区域面积数（平方千米）}}$$

[①] 郑小华、冯凌：《HRDI 在四川民族地区卫生资源评价中的应用》，《中国卫生事业管理》1996 年第 12 期。

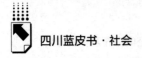

（二）模型方法

空间自相关是一种空间统计方法,[①] 该统计方法常用于度量某观测点与相邻观测点之间,因为在空间距离上的邻近位置而形成的相互关系,是认识和了解某一事物空间分布格局的有效方法。[②] 本文基于 ArcGIS 10.8 软件,运用空间自相关莫兰指数（Moran's I）探究四川省 21 个市（州）所辖的 183 个县（市、区）社区卫生资源密度指数（C-HRDI）的空间依赖程度。

全局空间自相关指数从整体上反映研究区域的空间关联和空间差异程度,即考察区域观测值的分布是分散、集聚抑或随机,[③] 其计算公式为:

$$I = \frac{\sum_{i=1}^{n} \sum_{j=1}^{n} W_{ij}(X_i - \bar{x})(X_j - \bar{x})}{S^2 \cdot \sum_{i=1}^{n} \sum_{j=1}^{n} W_{ij}}$$

$$S^2 = \frac{1}{n} \sum_{i=1}^{n} (X_i - \bar{x})^2$$

局部空间自相关分析用于计算每一个空间单元与邻近单元在某个属性方面的相关程度,通常用局部空间自相关指数来分析每一个空间单元与邻近单元的某个属性在空间分布中的关联程度,能够有效检测出该属性由于空间相关性而引起的空间差异;除此之外,运用局部空间自相关指数还能够判断空间对象属性取值的空间热点分布区域,这在一定程度上弥补了全局空间自相关分析的不足。

$$I = \frac{Z_i}{S^2} \sum_{i \neq j}^{n} W_{ij} Z_j$$

---

① 梁艳平、钟耳顺、朱建军:《城市人口分布的空间相关性分析》,《工程勘察》2003 年第 4 期。

② 胡骎:《我国公共图书馆服务均等化测度及空间格局分析》,《图书情报工作》2015 年第 7 期。

③ 王晓玲:《我国省区基本公共服务水平及其区域差异分析》,《中南财经政法大学学报》2013 年第 3 期。

其中，I 为莫兰指数，n 为区域数量，X_i 和 X_j 是区域 i 和区域 j 的某种要素的属性值，$\bar{x}$ 是各区域某种要素属性值的平均值，W_{ij} 是空间权重矩阵，即邻接矩阵中的元素；而 $Z_{score} = \dfrac{I-E(I)}{\sqrt{var(I)}}$ 中 $E(I)$ 为数学期望，$var(I)$ 为方差。

社区健康服务中心作为基层卫生服务机构，集"预防、保健、康复、健康教育、计划生育和医疗"等功能于一体（即六位一体），是国家公共卫生供给的重要组成部分，是实现居民初级卫生保健目标的基础环节。为了分析四川省各市（州）社区卫生资源的空间分布状况，对数据进行了归一化处理。

四　四川省社区卫生资源基本概况

根据《四川卫生健康统计年鉴 2020》数据，四川省 2020 年共有社区卫生服务机构 1058 家，社区卫生服务机构中的卫生技术人员 22914 人、床位 13513 张。由表 1 可知，四川省 21 个市（州）所辖县（市、区）的社区卫生服务机构、床位以及卫生技术人员的数量和占比情况，其中社区卫生服务机构数前 4 位有成都市（24.10%）、南充市（13.99%）、遂宁市（10.02%）、绵阳市（9.92%），机构数最少的市（州）为甘孜藏族自治州（0.19%）；床位数前 4 位有成都市（36.54%）、泸州市（8.06%）、南充市（5.82%）、乐山市（5.25%），床位数较少的有内江市（0.73%）、攀枝花市（0.41%）、资阳市（0.32%）、阿坝藏族羌族自治州（0.36%）、甘孜藏族自治州（0.03%）；卫生技术人员数前 6 位有成都市（45.18%）、南充市（5.75%）、泸州市（5.07%）、绵阳市（4.80%）、德阳市（4.09%）、遂宁市（3.82%），卫生技术人员数较少的有内江市（0.98%）、雅安市（0.96%）、阿坝藏族羌族自治州（0.45%）、甘孜藏族自治州（0.17%）。

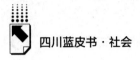

表1　四川省21个市（州）的社区卫生资源供给情况

市州	机构数		床位数		卫生技术人员数	
	数量(家)	占比(%)	数量(张)	占比(%)	数量(人)	占比(%)
成都市	255	24.10	4937	36.54	10353	45.18
自贡市	31	2.93	647	4.79	808	3.53
攀枝花市	45	4.25	56	0.41	706	3.08
泸州市	51	4.82	1089	8.06	1162	5.07
德阳市	45	4.25	546	4.04	938	4.09
绵阳市	105	9.92	567	4.20	1099	4.80
广元市	22	2.08	366	2.71	494	2.16
遂宁市	106	10.02	587	4.34	875	3.82
内江市	16	1.51	99	0.73	225	0.98
乐山市	34	3.21	709	5.25	708	3.09
南充市	148	13.99	787	5.82	1318	5.75
眉山市	12	1.13	418	3.09	533	2.33
宜宾市	42	3.97	498	3.69	738	3.22
广安市	27	2.55	407	3.01	554	2.42
达州市	39	3.69	642	4.75	738	3.22
雅安市	8	0.76	156	1.15	220	0.96
巴中市	32	3.02	471	3.49	520	2.27
资阳市	9	0.85	43	0.32	289	1.26
阿坝藏族羌族自治州	13	1.23	49	0.36	104	0.45
甘孜藏族自治州	2	0.19	4	0.03	40	0.17
凉山彝族自治州	16	1.51	435	3.22	492	2.15

五　四川省社区卫生资源服务供给的特征分析

（一）四川省183个县（市、区）C-HRDI 的全局自相关分析

本文基于 ArcGIS 10.8 软件，运用全局 Moran's I 探测四川省下辖 183 个县域社区卫生资源密度指数（C-HRDI）的空间依赖程度，Global Moran's I 值在 [-1, 1]，I 值>0 表示空间分布为正相关，即研究对象趋于空间聚合特征；I 值<0 表示空间分布为负相关，即研究对象趋于空间离散特征；I 值＝0 则表示没有通过 Moran's I 显著性检验，研究对象呈现随机分布状态。在空间相关性

分析中，一般用 Z 值进行显著性检验，当 Z 值>1.96 或 Z 值<−1.96（α=0.05）时，表明研究对象在空间上存在显著的空间自相关性。

通过运用地理系统分析软件探究四川省 21 个市（州）所辖县域，其社区卫生资源密度指数（C-HRDI）的空间分布情况，得到了四川省各县域 C-HRDI 的空间自相关分析报表。四川省各县域 C-HRDI 的空间分布全局莫兰指数 I>0，这说明四川省各县域 C-HRDI 呈现正向的空间自相关现象，符合有效空间集聚的特征；与此同时，此种空间聚类模式下 Z 值（13.69）>1.96、P 值为 0，这预示着四川省各县域 C-HRDI 在空间关系上存在着显著的空间自相关性。

四川省 183 个县（市、区）社区卫生资源空间分布的全局莫兰指数如图 1 所示，其空间分布仅有小于 1% 的可能性是随机分布的，且数据出现集聚分布的可能性大于随机分布的可能性，这说明四川省社区卫生资源在空间上的分布呈现一定的集聚特征，且属于空间正相关模式。

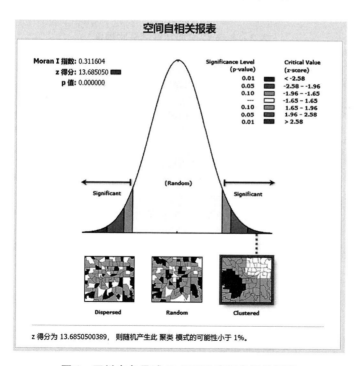

图 1　四川省各县域 C-HRDI 空间自相关报表

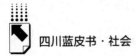

由表 2 可知，四川省社区卫生资源在空间上的分布呈现集聚但不均衡的状态，在远离省会城市的三州地区社区卫生资源密度指数总体较低，这主要是源于三州地区的人口分布较为分散，且未形成聚集状态的社区聚居模式，大多数少数民族人口主要居住在村寨，其首诊医疗卫生服务的提供单位主要是一些乡镇卫生院和村卫生室；四川省成都市的社区卫生资源密度指数较高，主要集中在成都平原地区，其中金牛区、青羊区、武侯区的 C-HRDI 高于其他市区，其主要原因在于武侯区、青羊区、金牛区作为成都市最早的中心城区，常住人口的占比位居成都市前列，卫生医疗服务设施较为完善；与此同时，成都市各县域社区卫生资源密度指数的总和最高，位居第一；从环线角度来看，成都市的社区卫生资源密度指数呈现"内高外低，依次递减"的分布特征。自贡市、攀枝花市分别位居第二、第三；这样的分布格局不仅涉及经济发展程度对其施加的影响，还有地理环境因素影响了四川省社区卫生资源的空间分布格局。

表 2　各级 C-HRDI 空间分布情况

C-HRDI 取值区间	县域
0~0.187	成都市邛崃市；自贡市沿滩区、荣县；攀枝花市盐边县、米易县；泸州市叙永县、古蔺县；德阳市什邡市、绵竹市；绵阳市北川县、江油市等；广元市昭化区、青川县等；遂宁市安州区、大英县、蓬溪县；内江市资中县、威远县等；乐山市夹江县、犍为县等；南充市营山县、西充县、南部县等；眉山市青神县、洪雅县、丹棱县；宜宾市长宁县、高县等；广安市武胜县、邻水县；达州市宣汉县、开江县等；雅安市石棉县、汉源县等；巴中市恩阳区、通江县、南江县；资阳市雁江区、乐至县等；阿坝州马尔康市、汶川县等；甘孜州康定市、泸定县等；凉山州西昌市、木里县等
0.196~0.652	成都市新津区、新都区、大邑县、简阳市、彭州市；德阳市广汉市、罗江区、中江县；绵阳市游仙区；广元市利州区；遂宁市射洪市；内江市市中区；南充市嘉陵区、高坪区、阆中市、仪陇县、广安市岳池县、广安区、华蓥市；巴中市巴州区、平昌县；达州市通川区、达川区、万源市；雅安市雨城区、名山区；乐山市峨眉山市、市中区、沙湾区、井研县；眉山市仁寿县、彭山区、东坡区；自贡市大安区、叙永区、贡井区、富顺县；泸州市纳溪区、合江县、泸县；攀枝花市仁和区
0.749~1.397	成都市双流区、龙泉驿区、青白江区、郫都区、温江区、金堂县；崇州市、都江堰市、浦江县；乐山市五通桥区；德阳市旌阳区；绵阳市涪城区；遂宁市船山区；南充市顺庆区；宜宾市翠屏区；泸州市江阳区、龙马潭区；攀枝花市东区、西区

C-HRDI 取值区间	县域
2.466~3.186	成都市成华区、锦江区;自贡市自流井区
4.044~6.688	成都市金牛区、青羊区、武侯区

（二）四川省183个县（市、区）C-HRDI 的局部空间自相关分析

ArcGIS 局部空间自相关分析通常运用聚类与异常值分析方法，局部空间自相关分析是探测一组数据在具有全局空间自相关特点的情况下，是否存在着局部空间异质性特征。其中，空间统计分析中的高低聚类分析也被称为异常值聚类分析，而聚类与异常值分析属于 ArcGIS 局部空间自相关分析，当一组数据存在全局空间自相关性时，可以进一步分析这组数据是否存在着空间异质性现象。

四川省各个县（市、区）C-HRDI 在全局空间自相关分析中，其全局莫兰指数为 0.311604，Z 值（13.69）>1.96、P 值为 0，说明四川省 183 个县（市、区）的社区卫生资源密度指数在空间上的分布存在自相关的特点。通过对四川省 183 个县（市、区）的社区卫生资源密度指数进行聚类和异常值分析，可以进一步探讨四川省 183 个县（市、区）的社区卫生资源密度指数是否存在空间异质性特征。如表 3 所示，四川省 183 个县（市、区）的社区卫生资源密度指数存在着空间异质性特征，有 22 个县（市、区）的 C-HRDI 属于高高聚类，28 个县（市、区）的 C-HRDI 属于低高异常值聚类，43 个县（市、区）的 C-HRDI 属于低低聚类。

表3　四川省183个县（市、区）C-HRDI 的聚类与异常值空间分布区域

县域	模式
游仙区、涪城区、罗江区、旌阳区、广汉市、金堂县、青白江区、新都区、龙泉驿区、金牛区、成华区、锦江区、武侯区、青羊区、双流区、温江区、郫都区、彭州市、都江堰市、崇州市、浦江县、射洪市	高高(HH)聚类

续表

县域	模式
茂县、理县、汶川县、宝兴县、芦山县、名山区、丹棱县、夹江县、青神县、井研县、威远县、资中县、雁江区、乐至县、安居区、大英县、三台县、中江县、安州区、绵竹市、什邡市、简阳市、新津区、大邑县、邛崃市、彭山区、东坡区、仁寿县	低高(LH)异常值聚类
若尔盖县、九寨沟县、松潘县、红原县、阿坝县、黑水县、马尔康市、壤塘县、色达县、甘孜县、德格县、炉霍县、道孚县、金川县、丹巴县、新龙县、白玉县、巴塘县、理塘县、雅江县、康定市、泸定县、荥经县、汉源县、石棉县、金口河区、峨边彝族自治县、马边彝族自治县、甘洛县、越西县、美姑县、雷波县、喜德县、昭觉县、金阳县、布拖县、西昌市、冕宁县、九龙县、木里藏族自治县、稻城县、乡城县、得荣县	低低(LL)聚类

通过对四川省 183 个县（市、区）的 C-HRDI 进行高低聚类分析，发现四川省下辖 183 个县（市、区）的 C-HRDI 高低聚类呈现三种聚类模式，分别是 HH 聚类、LH 异常值聚类和 LL 聚类。成华区、锦江区、武侯区、青羊区等 22 个县（市、区）属于 HH 聚类模式，即该模式下其 C-HRDI 较高，邻近区域的 C-HRDI 也相应较高；茂县、理县、汶川县、宝兴县等 28 个县（市、区）属于 LH 异常值聚类模式，即该模式下其 C-HRDI 较高，但邻近区域的 C-HRDI 较低，这类聚类模式容易受到邻近区域较低的社区卫生资源密度指数的影响，靠近 HH 聚类模式的县（市、区）容易受到成都市较高的社区卫生资源密度指数的影响；若尔盖县、九寨沟县、松潘县、红原县等 43 个县（市、区）属于 LL 聚类模式，即该模式下其 C-HRDI 较低，邻近区域的 C-HRDI 也较低。

六　结论与讨论

（一）结论

"以人为本"是我国医疗卫生服务事业的四大准则之一，实施健康中国战略体现了我国将便民惠民、实现社会效益最大化的人本思想放在了重要位置；积极实施健康中国战略，不仅可以推进我国的健康中国建设，又可以促进我国经济的高质量发展，还是实现我国经济社会可持续发展的重要保障。本文主要探讨了四川省 183 个县（市、区）在社区层级基本公共卫生服务单元的社区卫生资源密度指数的空间分布状况，得到以下结论。

第一，基于空间自相关分析，获得了具有显著统计学意义的四川省 183 个县（市、区）的 C-HRDI 莫兰指数大于零，可以看出四川省社区卫生资源在空间上的分布存在着差异性。

第二，整体看来，四川省社区卫生资源在成都平原上分布较为集聚，具有空间正相关的特征；对四川省社区卫生资源密度指数进行局部空间自相关分析，发现四川省 183 个县（市、区）的 C-HRDI 呈现 HH 聚类、LH 异常值聚类和 LL 聚类三种模式。

第三，社区卫生资源密度指数的空间分布从环线角度来看，呈现"内高外低，依次递减"的分布特征，成都市的周边区域 C-HRDI 相对较高。

（二）讨论

基层医疗卫生服务机构作为我国分级诊疗体系的首诊机构，对缓解我国三级医院医疗资源紧张发挥着重要作用。加强基层医疗服务体系建设，是推进我国县域医疗服务共同体建设的重要一环；提升基层医疗卫生机构的服务能力，是做好健康扶贫成果与乡村振兴有效衔接的重要支撑。将空间分析的视角引入社会卫生服务体系评估分析中，可以合理优化不同层次卫生服务提供单位的空间布局，可以更好地提高基层卫生服务系统的服务能力，也可以全方位地保障社会大众的健康。

本文通过测算四川省 183 个县（市、区）的社区卫生资源密度指数（C-HRDI），利用空间分析方法进行相关数据的处理和分析，得到四川省 183 个县（市、区）社区卫生资源密度指数的空间分布图，发现四川省社区卫生资源密度指数的空间分布不仅与经济发展水平、地理环境因素有关，也与城市与城市之间的区位因素有关；但从整体来看，四川省社区卫生资源密度指数的空间分布集聚且均衡，例如成都市作为四川省的省会城市，其公共卫生服务优于全省其他区域，社区卫生资源密度指数也高于全省平均水平。虽然成都市的优质医疗卫生资源主要集中在原有的中心城区，但社区卫生资源密度指数的空间分布从环线角度来看，呈现"内高外低，依次递减"的特征，这样的分布更多考虑到成都市社区居民就医的便利性，这对缓解成都市三级医疗卫生资源紧张具有很大的作用，可以在一定程度上提高社会大众的就医满意度和生活幸福感，更好地促进四川省多级医疗卫生服务体系建设。

B.10
阿坝州乡村人口性别结构
与乡村发展研究报告*

沈茂英　王晓行　张声昊　尹楚帆**

摘　要： 人口性别比是衡量人口结构的重要指标。随着城镇化水平的不断提高和传统乡村社会转型，乡村人口性别结构亦发生较大变化。为此，借助全国第七次人口普查数据和普查公报数据，在全面回顾国家和省级层面"城—镇—乡"人口性别结构变化基础上，通过对阿坝州人口普查数据和人口普查公报数据的梳理发现，阿坝州城—镇—乡人口性别结构表现为：乡镇级人口性别比存在失衡现象，性别比偏高以建制乡为主，性别比偏低以建制镇为主，乡村家户人口性别比偏低。乡村人口性别结构的呈现是城—镇—乡人口性别结构受县城与重点建制镇完善基础设施、大型基础设施建设和传统文化交织、"城漂"或"蓉漂"女性的家庭分工、服务经济和持续实施的全域旅游、女性扶贫系列工程等多因素驱动的结果。在乡村发展策略上，可从凸显乡村男性经济活动年龄段人口的发展角色、提高高寒牧区乡村女性人口的生存发展技能、完善高寒牧区边远山区乡镇的乡村养老设施、培育乡村常住人口的生态环境保育意识和保育能力等方面着力。

---

* 基金项目：本文为国家社科基金项目"川滇藏区农村女性生计能力减贫调查与政策支持研究"（20XMZ076）和四川省软科学项目"大熊猫国家公园（四川部分）生态产品价值实现在地路径研究"（立项编号：2023JDR0272）的阶段性成果之一。

** 沈茂英，四川省社会科学院经济研究所研究员，博士，研究方向为人口资源与环境经济；王晓行、张声昊，四川省社会科学院社会学研究所，研究方向为人口与可持续发展；尹楚帆，四川省社会科学院社会学研究所，研究方向为人口与社会性别。

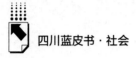
关键词： 阿坝藏族羌族自治州　乡村人口性别结构　乡村发展

查阅四川省阿坝藏族羌族自治州（以下简称"阿坝州"）13 个县（市）第七次人口普查公报数据时发现，乡镇人口性别比（以女性为 100）从最低的 74.39 到最高的 584.49 均有分布，最高值是最低值的 7.9 倍。最低值发生在汶川县的水磨镇，最高值发生在金川县的集沐乡。性别比是关注人口问题的既普通又重要的指标，通常指每 100 名女性对应的男性数量，在 103~107 范围内均属正常范围，超过这个范围就可能存在性别比失衡。人口普查公报公布的性别比是常住人口性别比，指某个特定区域常住人口中每 100 名女性对应的男性人口数量，性别比低意味着女性人口多，性别比高意味着男性人口多。常住人口性别比呈现城乡差异、区域差异以及年龄差异等，既有人口流动因素，也与生命历程相关。人口流动会带来城乡、区域人口的性别比变动。性别比最低的水磨镇，境内有一所超万名本科生的阿坝师范学院；性别比最高的金川县集沐乡，有在建金川水电站。无论是学院还是在建水电站，均属于人口净流入区，流入人口性别结构对区域人口的性别结构产生影响。在扣除极值之后，阿坝州乡镇人口性别比变动范围在 78.26~188.23，最高值是最低值的 2.4 倍。数据说明人口性别比在乡镇存在着失衡甚至严重失衡现象。乡镇是我国最基本的行政区，除县级市和县级人民政府驻地外的乡镇是典型的乡村地区。乡村常住人口女性化是学界共识，乡村常住人口在较长时间段呈现为"三八六一九九"（女性、儿童、老人）并逐渐向"三八九九"转变（女性和老人）。但"七普"公报在阿坝州乡镇层级的性别比却呈现为性别失衡且男性占比偏高现象，除县城所在地的建制镇和纯牧业乡性别比偏低或者在正常范围外，大部分乡镇人口都呈现为性别比偏高，与学界共识的农业农村女性化存在差异。阿坝州乡村人口性别结构到底呈现什么特征？这种特征是否与全国同步？其驱动机理又是什么呢？在此人口性别结构之下的乡村发展策略如何调整？本文以全国第七次人口普查数据为分析基础，沿着全国、省级、州级、乡镇以及家庭维度进行解读，讨论人口性别结构的驱动机理，提出基于既有性别结构的乡村发展思考。

一 乡村人口性别结构相关研究文献

因乡村青壮年劳动力向城镇持续转移带来乡村常住人口结构问题以及相关乡村社会发展一直是学界关注之重点，重点内容集中在以下几个方面：①乡村人口特征。"三留人口"是最基本特征，由留守妇女、留守儿童和留守老人组成，被形象地描述为"三八六一九九"，在这个人口特征中女性人口存在于老年人口、未成年人口之中，乡村人口女性化曾是学界共识。目前的乡村人口又呈现"留守老人"和"留守儿童"的"极老极幼化"现象。叶敬忠等是较早提出乡村人口"三留"概念并持续跟踪研究的主要学者，在农村留守人口特征上有许多独特的洞见。[1][2] ②乡村人口空心化。随着乡村劳动力向城镇转移的单飞到双飞再到举家迁移流动，乡村出现了人口空心化和老龄化，城乡人口老龄化"倒置"，乡村养老压力不断凸显。[3][4] ③乡村女性的留守人生。乡村留守妇女因家庭生命周期中接替出现的再生产刚性需要，其一生都难以逃离不断被留守的命运：从孤独成长的留守女童到孤独持家的留守妇女再到孤独养老的留守老人，她们遭遇的就是一个孤独的留守人生。[5][6] ④农业生产女性化。基于农村劳动力转移的性别差异使农村女性逐渐成为农业劳动力的主力军[7]，农业女性化和女性农业化在一些村落

---

① 陈晶环、叶敬忠：《发展性关怀抑或反思性关怀？——对中国农村留守人口社会关怀研究的梳理与反思》，《西北人口》2016 年第 5 期。

② 叶敬忠：《农村留守人口研究：基本立场、认识误区与理论转向》，《人口研究》2019 年第 2 期。

③ 周祝平：《中国农村人口空心化及其挑战》，《人口研究》2008 年第 2 期。

④ 叶兴庆：《迈向 2035 年的中国乡村：愿景、挑战与策略》，《管理世界》2021 年第 4 期。

⑤ 项丽萍：《农村留守女：一个值得关注的弱势群体》，《广西社会科学》2006 年第 1 期。

⑥ 王维、胡可馨：《社会性别视角下的农村留守女性生命史》，《中国农业大学学报》（社会科学版）2020 年第 2 期。

⑦ 于爱华、吴松、王琳等：《农业劳动力女性化对粮食生产的影响研究——基于土地流转及外包服务市场发育的视角》，《中国农业资源与区划》2021 年第 5 期。

特别明显①，农业女性化是劳动力流动背景下多重因素交织作用的结果，是家庭再生产任务优先序使然②，农业女性化涵盖了数理女性化、劳动女性化和管理女性化等三个层面。③ 但最近也有文献研究发现，农村妇女非农化进程加快，越来越多的妇女脱离农业而进入非农部门，农业女性化并不明显。④ ⑤农村性别失衡及安全风险。性别结构失衡会衍生出多重风险并在整个社会的不同人群、场域和层面均有所体现⑤，乡村男性大龄青年是性别失衡的直接承担者，面临着来自文化、社会/婚姻、经济和政治四个维度的社会排斥，表现出明显的被迫性、贫困性和脆弱性特征。性别失衡还加剧了农村家庭的家庭养老、家庭结构、家庭生产、家庭道德及家庭个体发展风险。⑥

综上所述，围绕乡村人口结构研究文献的研究视角和研究重点各有侧重，在乡村人口女性化和老龄化、农业生产女性化、农村女性的留守生命历程、农村老龄化等方面形成共识，政策层面同时跟进并推动乡村留守妇女关爱、乡村日间照料中心建设和乡村留守儿童专项支持等，构建起支持乡村人口发展的制度体系。乡村性别失衡的研究也从出生人口性别失衡发展到乡村大龄男青年的婚姻挤压以及相对大龄男青年婚配难带来的家庭风险问题，在政策面提出乡村婚嫁彩礼整治和社会面加强舆论引导。但学界对民族地区乡村人口性别结构的关注度偏低，少有文献研究民族地区性别失衡与乡村发展问题。民族地区正处于城镇化快速发展阶段，人口乡城流动和跨区域流动加

---

① 关爱萍、董凡：《农业女性化、女性农业化及对贫困的影响分析——基于甘肃省 14 个贫困村的农户调查数据》，《人口与发展》2018 年第 2 期。

② 梁栋、吴慧芳：《农业女性化的动力机制及其对农村性别关系的影响——基于江苏、四川及山西三省的村庄实地调研》，《妇女研究论丛》2017 年第 6 期。

③ 蔡弘、黄鹂：《何谓农业女性化：概念体系的建立与讨论》，《中华女子学院学报》2017 年第 1 期。

④ 蔡弘、杨文娟：《农业人口结构变动特征及其对乡村振兴的政策启示——基于安徽省农业普查数据的分析》，《云南农业大学学报》（社会科学版）2022 年第 1 期。

⑤ 李树苗、王晓璐：《社会可持续发展下性别失衡社会风险治理》，《中国特色社会主义研究》2022 年第 1 期。

⑥ 薛敏霞、舒曼：《性别失衡农村社会家庭风险及其应对策略》，《长江师范学院学报》2020 年第 3 期。

快，城乡人口性别结构发生变化。第七次人口普查数据的发布为研究民族地区乡村人口性别结构提供了数据支持。

二 城—镇—乡常住人口的性别结构

（一）国家层面的城—镇—乡人口性别结构

性别结构是指常住人口中男性与女性的构成，通常用性别比来测度，即每100名女性对应的男性人口。2020年"七普"数据表明全国常住人口性别比为104.80，其中城市人口性别比为102.97，镇人口性别比为103.28，乡村人口性别比为107.91，乡村人口性别比明显高于城市和镇的人口性别比。再对比2000年的"五普"和2010年的"六普"城—镇—乡人口性别比后发现，城市人口性别比呈下降的趋势，乡村人口性别比在经过"六普"的下降之后开始上升，城市与乡村之间的人口性别比差距扩大。城市人口性别比从"五普"的105.12下降到"六普"的104.65再到"七普"的102.97；乡村人口性别比从"五普"的106.91下降到"六普"的104.87后上升到"七普"的107.91。其间，镇人口性别比与城市一样呈现持续下降趋势，从"五普"的105.51到"六普"的105.32再到"七普"的103.28（见表1）。同时，人口老龄化在城—镇—乡之间持续扩大。乡村人口老龄化水平从"五普"的7.50%增加到"六普"的10.06%再上升到"七普"的17.72%，呈现持续增加趋势且"七普"较"五普"增加了10.22个百分点。城市人口老龄化水平从"五普"的6.67%到"六普"的7.68%再到"七普"的10.77%，"七普"较"五普"增长了4.10个百分点。镇人口老龄化水平从"五普"的5.99%增加到"六普"的7.98%再到"七普"的11.81%，"七普"较"五普"增加5.82个百分点。由于人口预期寿命的性别差异，乡村人口的快速老龄化造成乡村性别比偏低。又据2021年农民工监测调查报告，在全部农民工中男性占比为64.1%、女性占比为35.9%且在外出农民工中有配偶的占67.7%，表明农民工性别

比偏高，流出人口以男性为主。理论假设、数据推导和文献研究都倾向于
乡村人口空心化和乡村人口女性化，但"七普"数据在乡村层面并不支持
乡村人口女性化，乡村人口性别比高于城市和镇人口性别比，乡村人口男
性占比更高。

表1　城—镇—乡人口性别比和老龄化（从"五普"到"七普"）

单位：%

分类		性别比（以女性为100）			65岁及以上占比		
		"七普"	"六普"	"五普"	"五普"	"六普"	"七普"
全国	城市人口	102.97	104.65	105.12	6.67	7.68	10.77
	镇人口	103.28	105.32	105.51	5.99	7.98	11.81
	乡村人口	107.91	104.87	106.91	7.50	10.06	17.72
四川	城市人口	97.59	100.62	104.78	7.08	8.97	12.27
	镇人口	97.02	102.99	105.52	6.53	9.03	14.64
	乡村人口	108.84	104.02	107.67	7.84	12.26	21.92

资料来源：根据国家统计局网站"七普""六普""五普"人口数据相关内容整理而成。

（二）四川省城—镇—乡人口性别结构

四川是全国人口大省、西部人口大省和农民工输出大省，其地形地貌和
人口民族构成与全国非常类似，可以说是全国地形地貌和人口民族构成的微
缩版。四川城—镇—乡人口性别结构与全国同步但城市人口性别比明显偏低。
2020年"七普"数据显示，城市人口性别比为97.59（比全国低5.38），镇人
口性别比为97.02（比全国低6.26），乡村人口性别比为108.84（比全国高
0.93），城—镇—乡的人口性别比均超出正常范围（103~107）。人口性别比在
城—镇—乡之间逐渐增加，城市与镇人口中"女性人口多男性人口少"，乡村
人口中"女性人口少男性人口多"。再结合2000年的"五普"和2010年的
"六普"数据，四川城市与镇人口性别比呈现持续下降特点，乡村人口性别比
在三次普查期间呈"U"形并在"七普"中与城市人口性别比差距拉大。城
市人口性别比与乡村人口性别比的差距从2000年的2.89扩大到2010年的

3.40 再到 2020 年的 11.25；镇人口性别比与乡村人口性别比的差距从 2000 年的 2.15 缩小到 2010 年的 1.03 再扩大到 2020 年的 11.82。另外，四川乡村人口老龄化程度高，65 岁及以上人口占比达到 21.92%，属于超老龄化社会。按照人口预期寿命的性别差异，乡村人口老龄化程度高，乡村人口性别比理论上应低于城镇，但实际情况却是乡村人口性别比高于城镇。这在一定程度上说明，城与镇对女性的吸力越来越大，女性在城和镇的占比越来越高，女性改变了传统农民工城乡"钟摆"生活模式而定居到城镇，成为城镇常住人口。

从各年龄组来看，2020 年"七普"城—镇—乡人口性别比在几个年龄组的分布是：0~14 岁阶段非常接近，15~19 岁组的城—镇—乡人口性别比开始拉开差距，城市人口性别比略高于 100，乡村人口性别比达到 120.25，25~34 岁这个年龄段乡村与城镇人口性别比差距持续拉大，45~54 岁组城—镇—乡人口性别比差距开始收窄，到 55~59 岁组又开始拉大，80~84 岁年龄组城—镇—乡性别比基本上出现重合，95 岁及以后的乡村人口性别比远低于城市和镇，乡村高龄女性老人占比高。

表 2 四川省"七普"城—镇—乡人口性别比（以女性为 100）

年龄组	城市性别比	镇性别比	乡村性别比	乡村—城市	乡村—镇
0~4 岁	107.28	107.59	108.21	0.93	0.62
5~9 岁	107.79	107.57	107.66	-0.13	0.09
10~14 岁	107.25	106.82	109.57	2.32	2.75
15~19 岁	102.71	106.37	120.25	17.54	13.88
20~24 岁	95.63	100.34	122.71	27.08	22.37
25~29 岁	96.75	92.42	126.01	29.26	33.59
30~34 岁	98.17	93.08	126.14	27.97	33.06
35~39 岁	98.28	93.78	119.54	21.26	25.76
40~44 岁	97.28	91.88	110.05	12.77	18.17
45~49 岁	98.67	94.01	106.70	8.03	12.69
50~54 岁	95.70	93.78	105.06	9.36	11.28
55~59 岁	93.82	94.50	106.23	12.41	11.73
60~64 岁	96.23	97.90	113.36	17.13	15.46
65~69 岁	88.65	92.42	102.52	13.87	10.10
70~74 岁	91.28	97.60	103.75	12.47	6.15

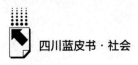
续表

年龄组	城市性别比	镇性别比	乡村性别比	乡村—城市	乡村—镇
75~79 岁	91.71	92.91	96.45	4.74	3.54
80~84 岁	87.12	87.48	87.75	0.63	0.27
85~89 岁	81.82	80.22	73.38	-8.44	-6.84
90~94 岁	84.94	78.71	63.35	-21.59	-15.36
95~99 岁	73.81	64.31	53.76	-20.05	-10.55
100 岁及以上	71.46	54.11	41.56	-29.90	-12.55

资料来源：依据 2020 年四川省人口普查资料相关表格整理而成。

（三）阿坝州城—镇—乡人口性别结构变化

阿坝州的人口性别比从 2000 年"五普"时期的 106.94 上升到 2010 年"六普"的 108.28 再下降到 2020 年"七普"的 107.59。其中，镇人口性别比从 2000 年"五普"的 114.78 下降到 2010 年"六普"的 111.29 再下降到 2020 年"七普"的 103.24，"七普"较"五普"下降了 11.54，镇人口性别比持续下降；乡村人口性别比从 2000 年"五普"的 105.30 上升到 2010 年"六普"的 107.01 再上升到 2020 年"七普"的 111.15，"七普"较"五普"上升了 5.85，乡村人口性别比持续上升。由于"五普"和"六普"期间，阿坝州均无县级市设置，继而两次人口普查均无城市人口。马尔康市是 2015 年设立的县级市，城市人口性别比在 2020 年的"七普"中得以呈现。2020 年，阿坝州城—镇—乡人口性别比分别为 98.17、103.24 和 111.15，乡村人口性别比高于城市和镇，也高于四川省的平均水平。数据表明，乡村人口性别比高、城市人口性别比低，意味着乡村人口中男性数量多而女性数量少，乡村人口男性化特征更明显。

单分析 2020 年"七普"城—镇—乡各年龄组的性别比发现，乡村人口性别比较高的年龄组集中在 15~59 岁这个年龄段（见图 1），是典型的经济活动年龄段人口（或者说劳动年龄段人口），意味着乡村经济活动人口的男性化特征明显。其中，性别比最高的年龄段分布在 25~44 岁年龄组，在

30~34 岁年龄组达到峰值（129.29）。30~34 岁年龄组对应的城市和镇的性别比分别为 93.63 和 99.89（远低于乡村人口性别比），城镇中女性人口多男性人口少，城镇人口有女性化倾向。阿坝州乡村人口在 15~59 岁年龄段呈现男性多女性少的人口男性化特点，农牧林生产劳动也应该是以男性人口为主。但结合阿坝州藏族人口的宗教信仰、传统文化以及性别分工，农牧业活动女性化又始终发挥主导作用。乡村女性人口承担家务劳动以及农牧业生产活动，乡村青壮年男性人口出家在寺院从事宗教活动，传统文化习俗在这个年龄段发挥重要作用。

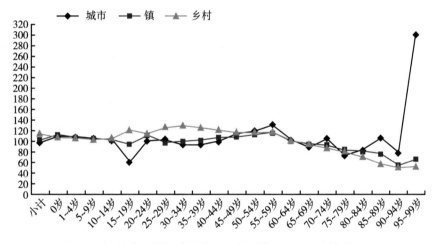

图 1　阿坝州"七普"城—镇—乡人口性别比（以女性为 100）

从"城—乡"人口性别比的差距来看，在 15~19 岁年龄组差距最大，城市为 61.67，乡村 119.75，乡村比城市高 58.08；在 30~34 岁年龄组，乡村比城市高 35.66；在 35~39 岁年龄组，乡村比城市高 31.97；在 25~29 岁年龄组，乡村比城市高 21.02。这组数据表明，每 100 名女性对应的男性人口，乡村均比城市多，乡村人口确实存在着男性化特征。在 50~60 岁这个年龄组，城市人口性别比高于乡村人口性别比，其中 54~59 岁年龄组城市人口性别比为 130.14，而农村为 114。在 90~94 年龄组，城市人口性别比达到 300，同样比乡村人口性别比高。但阿坝州城市人口只有马尔康市，其城市人口在高龄

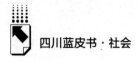

组的性别比突然跃升并不具备代表性。全部 13 个县（市）性别比进入 65~69
岁年龄组及以后就开始低于 100，到 90 岁后下降到 52.23。说明年龄越高，性
别比越低，女性人口占比就越高，男女预期寿命的性别差异发挥作用。

三　阿坝州乡村人口性别结构特征

鉴于阿坝州境内仅有马尔康市一个县级市，"七普"人口城镇化率为
41.49%，人口密度为 9 人/公里^2，全州总体上不仅是典型的人口稀疏区之
一，也是典型的乡村社会，乡村人口性别结构呈现以下特征。

乡村人口性别比的乡镇级有极化或失衡现象。经过对各县"七普"公
报数据的分析发现，13 个县（市）174 个乡镇人口性别比存在一定的失衡
现象（见表3）。其中，有建制镇 83 个（其中县城和市驻地镇 13 个），有建
制乡 91 个，建制乡的数量大于建制镇，乡村社会属性特征更浓。在 174 个
乡镇中，性别比在 104 以下的有 45 个乡镇，其中低于 100 的乡镇 29 个（建
制乡 14 个），占全部 174 个乡镇的 16.67%。性别比低于 100 的乡镇分布在
红原县、阿坝县、金川县、马尔康市、茂县、壤塘县、小金县、汶川县、黑
水县和若尔盖县，尤以金川县、红原县、壤塘县、阿坝县、若尔盖县居多。
县城（含县级市）所在建制镇性别比低于 100 的有 5 个，占全部 13 个县
（市）的 38.5%。理县、松潘县、九寨沟县的县城所在地建制镇性别比虽高
于 100 但也明显低于这些县的常住人口性别比，县城女性人口在数量上较非
县城有明显优势。

乡镇人口性别比普遍偏高且以建制乡为主。174 个乡镇中有 88 个性别
比高于 110，占全部 174 个乡镇的 50.6%（超过一半，这些乡镇均非县城）。
其中有 35 个乡镇人口性别比超过 120，占 174 个乡镇总数的 20.1%；个别
乡镇性别比超过 140 甚至达到 584.14，属于严重性别比失衡。性别比超过
120 的乡镇均为非县城所在地，35 个性别比超过 120 的乡镇有 25 个为乡级
行政区域（建制乡占比为 27.5%）。性别比偏高的乡镇还具有位于县际边
界、边远地区以及在建大型工程（如水电站）所在乡镇等特点。

表3 阿坝州13个县（市）乡镇人口性别结构

县域	乡镇（个）	性别比	最低性别比	最高性别比	<104	104~110	>110	其中，>120
马尔康市	13(10)	107.70	99.53(市区)	188.23(白湾乡)	1	3	9	2
汶川县	9(0)	97.30	74.39(水磨镇)	118.36(漩口镇)	2	5	2	0
理县	11(5)	109.93	100.44(县城)	160.82(古尔沟镇)	3	4	4	2
茂县	11(0)	105.73	95.75(县城)	124.89(叠溪镇)	1	1	9	1
松潘县	17(10)	113.86	103.3(县城)	141.95(下八寨乡)	1	3	13	5
九寨沟县	12(7)	114.78	102.54(县城)	149.23(勿角镇)	1	1	10	6
金川县	19(15)	114.42	95.45(河东乡)	584.49(集沐乡)	5	6	8	3
小金县	18(11)	111.61	97.04(县城)	181.96(潘安乡)	1	0	17	10
黑水县	15(7)	106.85	97.89(晴朗乡)	123.91(瓦钵梁子)	3	7	5	1
壤塘县	11(8)	105.01	98.67(上壤塘镇)	115.99(中让塘镇)	5	5	1	0
阿坝县	15(9)	111.13	78.26(四洼乡)	160.79(查理乡)	8	2	5	2
若尔盖县	13(5)	101.12	92.78(巴西镇)	117.02(红星镇)	8	4	1	0
红原县	10(4)	104.67	94.15(麦洼乡)	156.97(刷经寺镇)	6	0	4	3
合计	174(91)	107.59			45	41	88	35

资料来源：根据阿坝州各县发布的第七次人口普查公报数据整理，其中若尔盖县资料由该县统计局提供。

人口性别比偏低的乡镇在建制镇、建制乡均有分布。性别比低于104的乡镇为45个，占全部174个乡镇的25.86%，县城和纯牧区乡镇性别比普遍偏低。乡镇性别比最低的是汶川县水磨镇，是阿坝州境内的文化中心、大学城所在地。这个现象在汶川县分年龄段人口性别比中也得到体现，全县15~19岁年龄组的性别比为69.07，20~24岁年龄组的性别比为65.61，这两个年龄段正处于高中和大学教育阶段。除汶川县外，马尔康市15~19岁年龄组（76.82）也呈现性别比偏低现象。在65岁及以上年龄组，性别比偏低是普遍现象，也就是人口老龄化程度高的乡镇性别比会相对偏低。乡村人口老龄化水平普遍高于城市和建制镇，理论上性别比偏低的乡镇存在人口老龄化现象，但在偏远牧区性别比偏低与老龄化缺乏关联。

乡村家户人口性别比普遍偏低。家庭户是乡村人口最为基本的形态，在我国的户籍管理制度中，家庭是以有血缘婚姻关系或收养关系为主的立户。依据第七次人口普查数据计算，四川省家庭户人口占全部常住人口的

92.1%，乡村地区这一比例为97.1%，城市为87.5%，镇为89.8%。从阿坝州的"七普"数据来看，乡村家户人口占比为92.8%，城市家户人口占比为69.5%（马尔康市），镇家户人口占比为85.8%。乡村家户人口占比高说明，乡村家户人口性别比是能够代表乡村人口性别比的指标。阿坝州13个县（市）乡村家户人口性别比在96.12~108.54范围内变动（见图2），红原县、若尔盖县和黑水县三县的乡村家户人口性别比低于100，意味着乡村家庭中女性人口占比偏高，家庭层面的女性人口多男性人口少。红原县和若尔盖县为若尔盖湿地的黄河源区，以草地牧业为主。黑水县为岷江上游县，是原国家扶贫工作重点县，有着长期且持续的劳务输出特征。这三个县乡村家户人口中女性人口多，既与高寒牧区浓郁的宗教文化有关，也与黑水县持续的劳动力输出有联系。马尔康市、汶川县、理县、茂县、金川县、壤塘县等乡村家户人口性别比低于104，也属于正常范围。

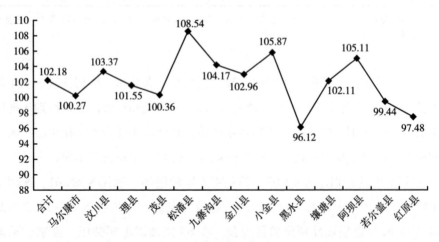

图2　阿坝州"七普"乡村家户人口性别比（以女性为100）

尽管乡村人口性别结构在各乡镇呈现比较大的变动，数据似乎显示乡镇人口女性化和男性化并存，但乡村家户人口性别比却显示乡村人口的女性化特征或者说乡村家户人口并没有出现乡镇人口性别比偏高的男性化特征。乡村家户人口性别比依然符合学界共识，即乡村人口女性化和农业农村女性化。但考虑到阿坝州各县的人口城镇化水平和乡村人口老龄化进程，可以发现乡村人口的女性堆积在乡村老年人口和乡村中青年人口的男性堆积现象都是存在的，或者说25~60岁这个年龄段性别比是偏高的，乡村劳动年龄人口存在以男性为主的现象。

四 阿坝州乡村人口性别结构的驱动机理

人口流动、出生率、死亡率等是影响常住人口性别结构的重要因素。作为全域国家重点生态功能区的阿坝州，乡村人口呈现的性别结构是多种因素综合作用的结果，包括政策制度、县城和重点镇建设、女性受教育水平的不断提升、产业结构调整、男女城镇化水平的差异等。多元因素交叉促成阿坝州的乡村人口性别结构。

县城与重点建制镇完善基础设施的人口聚集影响。完善的基础设施和公共服务使其成为所在区域农村人口向城镇转移的重点区域，也使其成为县域内经济文化和教育中心。从13个县城所在地的建制镇2010~2020年常住人口占全县人口比重来看，除松潘县城（进安镇）、汶川县城（威州镇）和红原县城（邛溪镇）在全县人口中的占比有所下降外，其余9个县城所在地的建制镇常住人口占比均呈现上升趋势，县城所在地的人口聚集能力不断提升。需要说明的是，松潘县城人口占比下降与川主寺镇不断扩大和人口增长密切相关；汶川县城威州镇人口占比下降则与水磨镇人口占比增加有关，阿坝师范学院从县城搬迁到水磨镇；红原县境内的瓦切镇、安曲镇等得到不断发展，人口占比持续增加，县城所在地人口增长则相对缓慢，人口在各镇的分布相对均衡。图3由13个县（市）的"七普"数据整理绘制而成，从各县（市）重点镇常住人口占各县（市）常住人口比重超过15%（含）的建制镇名录来看，共计18个建制镇，其中13个是县城（或市政府所在地），马尔康镇是马尔康市和阿坝州州府所在地，马尔康镇人口占马尔康市常住人口的60.1%，其次是茂县的凤仪镇（46.7%），再次是九寨沟县的南坪镇（44.1%），最少的是若尔盖县的达扎寺镇（20.1%）。其余5个常住人口超过 15%（含）的镇中，水磨镇为阿坝州的大学城，川主寺镇为松潘县的会展小镇和旅游小镇（紧邻黄龙机场），漳扎镇属于九寨沟世界遗产地沟口所在地，瓦切镇和色地镇均在红原县境内，是红原县境内最主要的聚居型建制镇。县城和重点建制镇不仅形成了人口的聚集，也客观上促进了服务经济的发展，县城和建制镇人口性别结构相对偏低。

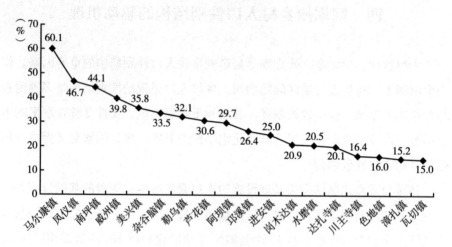

图 3　重点镇常住人口占各县人口的比重

大型基础设施建设和传统文化交织驱动影响性别结构。阿坝州乡村地区人口不仅在各县中的占比低而且人口性别结构也呈现明显差异，乡村各地性别失衡现象较为普遍，男性人口较女性人口更多，也有部分乡镇呈现女性人口偏多现象。这种人口性别失衡是多种因素交织的结果，一是基础设施建设在局部区域持续实施导致该地区常年存在施工队伍而造成性别比失衡，男性人口占比较高，如金川县的集沐乡因水电站建设而形成了普查时出现人口性别比高达 580 以上的独特现象。二是宗教文化因素的影响。在纯牧区和高寒牧区农牧民普遍信教，牧户有儿子出家当僧人的文化传统。仅阿坝县就有42 座开放型藏传佛教寺院，红原县有 10 座，若尔盖县有 19 座，松潘县有19 座佛教寺院、11 座清真寺和 1 座道观。在红原县瓦切镇入户调研时发现，有不少家庭都有儿子在寺院做喇叭。安区镇一户人家三个儿子有两个在佛教寺院做僧人。三是年轻女性受教育水平不断提高。从 15 岁及以上人口文盲率来看，15~20 岁年龄段女性人口文盲率较男性更低，女性接受了更好的教育，25 岁以后男女文盲率的差距不断扩大，到 36 岁女性文盲率最高，38 岁有明显下降，以后开始上升，男女两性文盲率在 39~44 岁这个年龄段保持相对稳定（见图 4）。而从人口的流动性来看，15~44 岁是流动性相对较好的，女性婚前流动到城镇的比例高且有可能在城镇定居生活，婚后也因孩子教育等而选择在城镇居住。实际上，分年龄组统计的城—镇—乡人口性别比同样发现，男性人口滞留在乡村而女性人口流出进入城镇的现象。

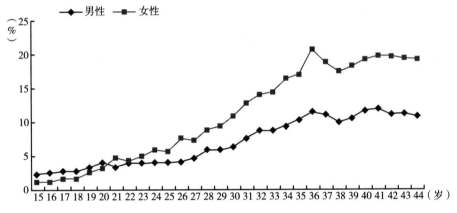

图 4　阿坝州 2020 年 15 岁及以上人口文盲率

"城漂"或"蓉漂"女性的家庭分工驱动影响。乡村和镇人口性别结构反映男女两性在适应社会变迁中的选择差异以及这种差异可能存在着性别人口社会适应的解释。社会变迁理论对性别适应以及性别韧性差异有着比较好的解释力。女性特有的社会适应能力以及传统的照料角色，在她们的子辈流入城镇时能较好地帮助子女分担家庭照料任务继而使子女更好地投入社会劳动之中。藏族女性城镇化率的不断提升或者说城镇女性总体较男性更多，"城漂"中老年女性（第三龄）是重要主体，44~55 岁这个年龄段的女性走出乡村进入城镇承担保姆或家政女工的机会比男性多。这既是社会长期形成的家庭分工模式的延续，也是女性家庭照料角色在城镇劳动力市场的表现。结合少数民族群体，阿坝州的羌族、藏族和回族等少数民族女性人口城镇化比例较高，其中就有随子女"城漂"和"蓉漂"带孙辈的中老年女性。笔者曾调查过的小金县新桥镇的张婆婆，年过五旬了，平时在县城照顾小孙子，寒暑假回农村的家照看农地。新桥镇水平村的吴姓老奶奶在镇上照顾两个上小学的孙子（小孙子母亲因间歇性抑郁而不能照顾孩子）。在城市安家的子女更愿意让农村的父母特别是母亲到城市帮着照顾自己的子女（隔代照料），中老年父母往往为照料子女的子女（孙辈）而分居两地，一头在城市一头在农村，农村的守着土地守着家，城市的带着孙子孙女"漂"在城里。

服务经济和全域旅游的持续驱动效应影响。所谓服务经济，就是以服务产业为主的经济形态，包括公共服务、教育卫生、金融、餐饮住宿、批发零售以及旅游民宿等，这些服务经济有着比较强的女性化特征或者说女性占比相对较高。藏族和羌族都是能歌善舞的民族，藏族是"会走路就会跳舞、会说话就会唱歌"的民族，围绕旅游而产生的演艺、锅庄、民俗村寨等表演以及旅游所带动的"游、购、娱、吃、住、行"及其衍生产业有利于女性人口聚集并在特定区域比如建制镇、景区所在地形成堆积。阿坝州不仅是全域旅游之州，还有着品位最高的旅游之地"世界遗产九寨沟—黄龙""最美大草原—红原""最美湿地""大熊猫国家公园"等，2021年仅统计公报中显示的旅游从业人员就有6.4万余人。"七普"数据显示，藏族女性就业人口的8.3%在餐饮住宿行业、5.2%在教育行业、56.5%在农业行业。另据第四次经济普查公报数据计算，阿坝州城镇女性的就业主要集中在公共管理、教育、文化体育等行业，女性在这些行业的就业占比均高于四川省平均水平。① 2021年，阿坝州第三产业占比达到56.4%，而第三产业是以服务经济为主的产业类型，也是对女性就业较为友好的产业。此外，随着城镇化水平的提升和对子女教育的高度重视，女性不仅进入城镇寻找就业机会，还因为陪读而进入城镇。

① 沈茂英：《四川省甘孜州、阿坝州城镇女性从业者的就业结构与驱动因素探究——基于全国第四次经济普查四川省数据的分析》，《西藏研究》2021年第1期。

女性扶贫系列工程的驱动效应显现。乡村女性发展一直是民族地区最为重要的基础工程，不仅有"9+3"教育扶贫工程，还有专门针对女童的"春蕾计划""母亲邮包工程""指尖扶贫""电商扶贫"等，女性的生存技能与生计水平得到比较大的提升，其选择能力得到不同程度的强化，其教育理念也发生变化，更加重视女孩的教育。特别是"春蕾计划"，在促进女童教育特使彭丽媛女士的有力推动下，有13.34万人次"春蕾女童"接受了一对一陪伴服务和个性化心理疏导。女孩读书普遍较男孩用功，年轻女性受教育水平也明显提升。记得在松潘县进安镇调查期间，有位母亲说，"我家女子读书很用功，儿子就贪玩，学不进去，早早就不读书了……你说，一样的教育，一样的家庭，为啥儿子就不肯读书呢?"[①] 在小金县新桥乡调研时，一对中年夫妻的大女儿在成都上专科、二女儿在广元上职业学院、小女儿在美兴镇上中学，三个女孩子同时接受教育，用她母亲的话说就是"不读书没有出路"。女孩普遍比男孩更为用功读书，更相信读书改变命运。小金县木坡乡扎姐家五个孩子中有三个孩子是公务员，其中有两个是女儿。阿坝州电商扶贫最火的阿娟姐姐是一位地地道道的小金女性，金川县的直播网红阿姆是女性，党的二十大代表陈望慧是小金走出的农村女性。系列扶贫工程和针对女性的精准扶持工程，让女性能够逐步走出农村进入城镇，城市和镇人口中性别比最低的年龄组在15~19岁、30~39岁，30~39岁年龄组正是"9+3"项目启动的受益者。

五　乡村人口性别结构背后的乡村发展思考

乡村是底色，乡村发展不仅仅是巩固拓展脱贫攻坚成果和乡村振兴，还包括乡村人口的全面发展和乡村社会、文化、产业、生态、组织、治理等多方面的发展。乡村人口既是乡村发展的主体，也是乡村发展的受益群体，更是乡村发展的贡献者。乡村人口既包括常年居住在乡村的人口，也包括以各

---

① 2021年6月10日在松潘县进安镇虫草市场访谈所得信息。

种形式回流到乡村的返乡人员，还包括支援乡村发展的各类人员。结合阿坝州乡村人口性别结构变化，本文提出以下几点乡村发展思考。

凸显乡村男性经济活动年龄段人口的发展角色。藏族传统文化中的"男逸女劳"形成了农牧林劳动中女性的高比例参与，在农林牧渔行业中女性占比为57.71%（比藏族女性劳动力占社会劳动力的47.10%高10.61个百分点，高于汉族8.04个百分点，高于羌族2.96个百分点）①，也就是说藏族女性劳动力在第一产业中的高比例参与，与阿坝州乡村人口中男性人口多女性人口相对偏少的人口性别结构不符合，意味着有一部分乡村男性劳动力并未参与到乡村生产活动中，而且这部分劳动人口正处于年富力强的15~44岁年龄段。基于此，阿坝州乡村振兴和乡村发展的重要选项之一是提高15~44岁年龄段男性的劳动参与率，让这部分男性能够在乡村发展之中发挥更大的主体作用。特别是性别比超过120的35个乡镇（其中140以上的有13个），这些乡镇无一例外都是非县城所在地以及一部分为边远的乡镇，是典型的乡村地区。男性劳动年龄人口占比高且文盲率远低于女性，正是乡村振兴的重要主体。要逐步改变"男逸女劳"的传统习俗，鼓励更多男性从事农牧业生产活动，改变乡村地区女性唱主角的传统生产形态。

提高高寒牧区乡村女性人口的生存发展技能。高寒牧区乡村人口性别比在个别乡镇较为突出，女性人口文盲率高，女性"走出去"的难度较大。性别比低的非县城外乡镇15岁及以上人口受教育年限最低的只有2.71年（色地镇），最高的河东乡（金川县）为7.5年，大部分受教育年限在3~6年，考虑到15岁及以上乡村人口男女文盲率差距随着年龄的增加而扩大，35岁及以上女性人口每五位就有一位是文盲。在受教育年限仅为三四年的背景下，可以推测女性文盲率较高的现状，笔者实地访谈也发现25岁及以上人口十之八九是不识字的，她们甚至不会国家标准语言文字（如汉语）。放牧以及与放牧相关的活动是她们最主要的生计形态，离开草原牦牛和帐篷，她们的生存技能就比较差。针对性别比偏低的乡镇，采取有针对性的措

① 资料来源：依据2020年四川人口普查资料（电子版）相关内容整理而成。

施来提高女性人口的生存技能并丰富其健康知识，提高她们离开草地牦牛之后的生存能力。目前广泛推广的草管员、湿管员、训导员等公益岗位以及依托这些公益岗位开展的管护责任培训，对于提升这些女性的个人能力有着重要的作用。此外，乡村产业发展也要充分考虑到非县城类性别比偏低乡镇的人口结构，规划发展女性友好型的产业和项目，支持女性生计能力不断提升。乡村人口性别比低于100的乡镇中，乡的数量达到14个，是实实在在的乡村地区。性别比低意味着女性人口多男性人口少，应重点关注女性人口的农业生产效用，在这些乡构建针对性更强的女性农林牧渔产业支持政策，让女性的发展能力得到提升。

完善高寒牧区边远山区乡镇的乡村养老设施。四川是乡村人口老龄化程度比较高的地区。这种乡村人口老龄化已经从平原丘陵地区扩展到山区，从农耕区扩展到牧区。从乡镇的人口老龄化水平来看，65岁及以上人口占比在10%及以下的58个，占全部150个乡镇的38.7%，有92个乡镇人口老龄化程度超过10%，其中10%~15%的有48个，15%~20%的33个，20%以上的11个，已经进入深度老龄化社会。金川县的河东乡65岁及以上人口占常住人口的25.22%（已经远高于全国17.7%的平均水平，也超过四川省的21.92%）。但从乡村人口老龄化水平来看，阿坝州乡村65岁及以上人口占乡村人口的比重为11.27%，超过14%的县（市）有4个（金川县16.56%、小金县14.67%、理县15.17%、马尔康市14.35%），在10%~14%的有5个县（汶川县、茂县、松潘县、黑水县、九寨沟县），在7%~10%的有3个县（阿坝县、壤塘县、若尔盖县），只有红原县低于7%（6.65%）。基于此，应针对各个乡镇及其人口分布状况，结合常住人口性别结构，建设适合各乡镇乃至村级定居点的养老服务设施，让老年人口老有所养；也可结合老年人口数量开展居家养老照料的照料支付实践，让照料者在照料老人时得到照料补贴，让照料者有照料成就感和收入安全感。

培育乡村常住人口的生态环境保育意识和保育能力。阿坝州境内的若尔盖湿地提供了黄河上游30%的水源，又是天府之国母亲河——岷江的发源地，涪江的源头也在这里，是名副其实的中华水塔。阿坝州乡村人口秉持的生态保育意识，让阿坝这片土地拥有了"九寨—黄龙世界遗产地""大熊猫自然遗产地""大熊猫国家公园"等。全州生态保护红线达3.96万平方公里，占全州土地面积的47.6%。生态环境保护是乡村发展的重要内容，主体功能区战略是国家战略，阿坝州全域均为国家主体功能区之若尔盖高原湿地生态功能区和川滇森林生物多样性生态功能区，是四川省仅有的同时拥有两个国家级主体功能区的州。生态环境保护是阿坝州经济社会发展的本底，主体功能区战略是阿坝州的基本战略定位。乡村是生态环境保护的重点区域，乡村人口是生态环境保护最主要的参与者、受益者和贡献者。结合乡村人口性别结构和区域分布，制定有助于乡村人口充分参与的生态环境保护策略，实施差别化的乡村人口生态环境保护参与策略和措施，提高生态环境保育能力。

总之，从国家层面到省级层面再到州级层面的城—镇—乡人口结构已经突破学界文献所定义的"三八六一九九"格局，其人口结构呈现独特的性别特征且在不同的年龄段有着差异化的分布。具体到阿坝州13个县（市）174个乡镇，其人口性别比呈现多元化多样态的变化，既有性别比低于100的，也有性别比高于120甚至140的，人口年龄结构也呈现老龄化特点甚至出现老年人口占比超过全省乡村平均水平的现象，也有人口老龄化程度仅为4.25%的乡镇。共性是城镇特别是县城所在地的性别比偏低而非县城所在地的乡镇特别是建制乡的性别比偏高，乡村女性人口文盲率在25岁之后增加且与男性文盲率差距扩大。因此，乡村人口性别结构以及年龄结构等结构性变化，为乡村发展提供了新的背景，或者说，乡村发展（包括乡村振兴战略）是需要结合乡村人口结构变化的发展，既要考虑到乡村男性经济活动年龄段人口在乡村堆积的角色转换和调整，也需要考虑乡村女性人口在个别乡镇堆积的政策响应支持；既要考虑到个别乡镇性别比失衡下的乡村发展，又要考虑到乡村人口老龄化程度不断加深所带来的养老压力；既要考虑到乡村社会经济的发展，更要考虑到乡村在主体功能区战略中的独特作用，结合乡村人口结构变化和乡村生态环境保护参与需求，用主体功能区战略（特别是黄河上游生态屏障建设）引导乡村人口就业转型和乡村经济社会发展。

B.11
超大城市中心城区人口发展状况报告

—— 基于对成都市金牛区人口普查数据的分析*

明 亮 罗江月 张筱竹**

摘 要： 人口是决定一个国家竞争力的基础性因素。随着我国迈入城市型社会，越来越多的人口向城镇聚集，规模越大的城市人口聚集能力越强。分析超大城市人口发展现状有助于实施积极应对人口老龄化国家战略和优化生育政策、促进人口均衡发展等国家人口战略的落地实施。本文以成都市金牛区为例，通过对金牛区"七普"和"六普"数据的比较分析，总结十年间该区人口规模、人口密度、人口结构和人口变动等方面发展特征，希望有助于理解当前我国超大城市传统中心城区的人口发展规律趋势。

关键词： 成都市 超大城市 中心城区 人口普查 数据分析

人口是决定一个国家综合实力的基础性因素，人力资源是最宝贵的资源。由"七普"数据可知，当前我国人口发展具有生育水平低、老龄化程度高、劳动年龄人口规模呈下降趋势等显著特征。受低生育率影响，我国预期未来出生人口会进一步下降，总人口峰值将提前到来，人口老龄化将进一步加剧，很快步入中度老龄化社会。虽然我们面临劳动力规模下降和人口老龄化挑战，但我国人口质量和素质明显提升。与"六普"数据相比，0~14

---

* 本文系金牛区统计局委托课题"金牛区人口发展报告"阶段性成果。
** 明亮，成都市社会科学院研究员，博士；罗江月，成都市社会科学院助理研究员，博士；张筱竹，成都市社会科学院助理研究员，博士。

岁少儿人口比重有所上升，劳动年龄人口平均受教育年限提高至 10.75 年，性别结构也有明显改善。当前我国人口总体发展形势表明，应完善人口和产业政策，积极应对人口老龄化和劳动年龄人口减少带来的经济社会挑战，同时利用好人素质提升带来的红利，促进产业经济发展。受快速城镇化背景下人口自由流动的影响，城市特别是超特大城市聚集了大量人口，对于一段时间内城市人口发展变化的分析研究将有利于优化经济社会政策，提升公共服务质量。正是基于此，我们对迈入超大城市的成都市一个中心城区"六普"和"七普"两次人口普查数据及相关抽样调查数据进行系统分析。金牛区是成都市传统中心五城区之一，下辖 13 个街道，是成都市经济强区和人口大区，本文希望以金牛区的人口数据来窥探超大城市传统中心城区转型发展进程中的人口发展规律趋势。

一　人口规模

常住人口低速增长。2020 年"七普"数据显示，金牛区常住人口为 126.54 万人，其中男性 62.84 万人，女性 63.70 万人。与 2010 年"六普"相比，金牛区常住人口增加 6.46 万人，年均增长率仅为 0.53%，与 2000~2010 年常住人口年均增速（2.67%）相比，下降了 2.14 个百分点。

户籍人口增速比常住人口快。《金牛区统计年鉴》显示，2010~2020年，全区户籍人口数从 71.78 万人增加至 76.82 万人，共增加 5.04 万人，年均增长率为 0.68%，略高于常住人口增速。2010~2014 年，金牛区户籍人口数量较快增长，特别是 2014 年，户籍人口数量较上年增长 1.75%，达到这十年间的峰值。随后六年里，户籍人口数量已进入相对稳定的时期，增速放缓，年增幅在 0.09% 和 0.62% 之间波动，2020 年较上年仅增长 0.09%（见图 1）。

本地户籍人口增量对常住人口增长的贡献大。根据"七普"数据计算，2020 年全区拥有成都户籍的常住人口为 66.50 万人，较"六普"增加 4.87 万人。占全区常住总人口的比重为 52.55%，较"六普"增加了 1.23 个百分点。

图 1　2010～2020 年金牛区户籍人口数及增速

资料来源：课题组根据历年《金牛区统计年鉴》数据制作。

二　人口密度

成都市中心五城区集中了 30.38% 的常住人口，每平方公里人口数量为 12286 人。将中心五城区进行比较，金牛区常住人口密度居第四位，仅高于武侯区，增长缓慢。2020 年金牛区常住人口密度为 11713 人/公里^2，2010～2020 年这十年间，金牛区每平方公里人口数量仅增加了 602 人，是中心五城区中人口密度增长幅度最小的区。

从人口分布的空间结构来看，金牛区人口分布具有由南向北密度递减的总体趋势[①]。2020 年"七普"数据显示，金牛区人口密度前三的街道分别为驷马桥、抚琴、西安路街道，在空间上集中在金牛区南部区域；人口密度最小的三个街道分别为天回镇、凤凰山和西华街道，均位于金牛区北部。但和人口分布"南密北疏"总体特点不同的是，荷花池街道虽然位于金牛区南部，人口密度却相对较小。

---

① 2019 年金牛区部分街道进行调整，因此该部分未根据"六普""七普"数据对街道的人口密度变化做比较。

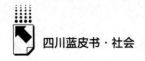

三 人口结构

（一）年龄结构

人口年龄结构呈加快老龄化趋势。2020 年，在全区常住人口中，0~14 岁未成年人规模为 15.09 万人，占比为 11.92%，与 2010 年"六普"相比上升了 1.96 个百分点；15~59 岁人口规模为 89.10 万人，占全区人口的 70.41%，较 2010 年下降了 6.53 个百分点；而 60 岁及以上的老人有 22.35 万人，占比为 17.67%，与 2010 年相比上升了 4.57 个百分点（见图 2）。将人口年龄组进一步细分，可以发现，2020 年不同年龄组的人口占比曲线较 2010 年整体向右偏移，尤其是 20~24 岁、35~44 岁的人口占比明显下降，这表示金牛区人口年龄结构正趋于老龄化。

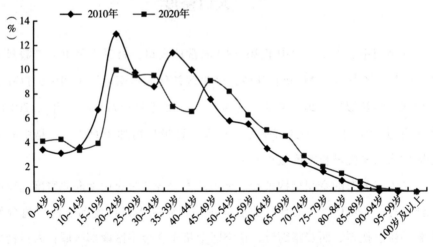

图 2 2010 年和 2020 年金牛区不同年龄组人口占比

资料来源：课题组根据金牛区第六次人口普查数据和第七次人口普查数据制作。

从人口抚养比来看，人口抚养负担加重。2020 年金牛区平均每 100 名 15~64 岁劳动年龄人口需要抚养的少儿及老人数量为 43.15 人，总抚养比较 2010 年增加了 10.60 个百分点。其中，少儿抚养比为 17.86%，老年抚养比为

25.29%，分别比 2010 年增加了 3.66 个和 6.94 个百分点。这表明劳动力抚养负担正在加重，伴随老龄化趋势，这一问题将更加凸显。从各街道情况来看，茶店子、荷花池、西安路街道的总抚养比较高，每 100 名劳动年龄人口需要抚养的人口分别为 49.38 人、49.09 人和 48.70 人；西华、凤凰山、五块石街道的总抚养比较低，分别为 32.11%、36.08% 和 38.28%（见表 1）。

表 1　2020 年金牛区每 100 名劳动年龄人口抚养比

单位：%

地区	总抚养比	少儿抚养比	老年抚养比
西安路街道	48.70	14.86	33.84
西华街道	32.11	17.77	14.34
荷花池街道	49.09	14.89	34.20
驷马桥街道	46.29	14.66	31.63
茶店子街道	49.38	19.58	29.80
抚琴街道	47.10	14.77	32.32
九里堤街道	41.85	16.01	25.84
五块石街道	38.28	18.41	19.87
营门口街道	46.37	19.96	26.41
金泉街道	40.64	20.27	20.37
沙河源街道	39.30	21.31	17.99
天回镇街道	44.84	18.60	26.24
凤凰山街道	36.08	19.81	16.27
金牛区	43.15	17.86	25.29

注：劳动年龄以 15~64 岁计。
数据来源：金牛区第七次人口普查数据。

低龄老年人占比较大。人口老龄化是关系城市发展的重要问题，根据成都市"七普"公报，60 岁及以上常住人口总量达 376.41 万人，老龄化率为 17.98%。金牛区的老龄化率略低于全市平均水平，"七普"数据显示，2020 年，金牛区 60 岁及以上老年人口有 22.35 万人，占全区人口的比重为 17.67%；65 岁及以上的老年人口有 16.24 万人，占全区人口的 12.83%。60~69 岁的低龄老年人占全体老年人的比例为 54.40%，超过了一半。分不同街道来看，全区各街道 15~59 岁人口比重均在 60%以上，所有街道 60 岁及以上老年人占比都已超过 10%。其中，老龄化程度最高的街道依次是荷花池、西安路、抚琴和驷马桥街道，其 60 岁及以上老年人口比重超过了20%，分别为 22.94%、22.76%、21.97%和 21.62%，已达到中度老龄化的水平。老龄化程度较轻的主要是西华、凤凰山和沙河源街道，60 岁及以上的老年人口占比分别为 10.86%、11.96%和 12.92%（见表 2）。

表 2 2020 年金牛区各街道不同年龄组的常住人口占比

单位：人，%

地区	常住人口数量	不同年龄组人口占比		
		0~14 岁	15~59 岁	60 岁及以上
金牛区	1265398	11.92	70.41	17.67
西安路街道	112715	9.36	67.88	22.76
西华街道	139188	12.89	76.26	10.86
荷花池街道	89203	9.45	67.62	22.94
驷马桥街道	109604	9.63	68.75	21.62
茶店子街道	140803	12.51	67.54	19.95
九里堤街道	57119	10.79	71.00	18.21
五块石街道	58713	12.84	72.79	14.37
营门口街道	79445	13.06	68.89	18.04
金泉街道	140497	13.92	71.60	14.49
沙河源街道	132442	14.71	72.38	12.92
天回镇街道	82676	12.02	69.86	18.12
凤凰山街道	21034	14.08	73.96	11.96

数据来源：课题组根据金牛区第七次人口普查数据制作。

老年人群老有所依。金牛区"七普"10%人口抽查数据为深度呈现老年人生活状况提供了基础。从老人生活来源来看，绝大多数老年人有可靠的养老保障。其中，82.67%的老年人以离退休金或养老金为主要生活来源，8.96%的老年人主要靠家庭其他成员供养，还有 5.40%的老人通过劳动收入自给；依靠最低生活保障金生活的老人虽然只占 0.66%，但这部分群体值得重点关注，需要定期追踪了解其生活质量（见表3）。

表3　2020 年金牛区 60 岁及以上老年人口生活来源占比

单位：人，%

样本人口数		合计	男	女
		21317	10107	11210
生活来源	劳动收入	5.40	8.42	2.68
	离退休金/养老金	82.67	82.06	83.22
	最低生活保障金	0.66	0.71	0.61
	财产性收入	0.46	0.50	0.42
	家庭其他成员供养	8.96	6.48	11.20
	其他	1.85	1.82	1.88

数据来源：金牛区第七次人口普查数据，此数据为抽样调查数据。

老年人群身体健康状况较好。在抽查老人样本中，绝大多数老人是健康和基本健康的，另外还有 4.5%处于"不健康，但生活能自理"状态，有 2.2%处于健康程度更糟糕的"不健康，生活不能自理"状态。以劳动收入为主要生活来源的老人健康状况最好，只有 1.7%处于不健康状态；其次是以财产性收入为主要生活来源的老人，不健康的比例只有 4.1%，而且全都生活能自理；再次是依靠离退休金/养老金作为主要生活来源的老人，其中约 6.3%身体不健康；依靠家庭其他成员供养的老人健康状况较差，有 11.3%处于不健康状态；最值得关注的是以低保为主要生活来源的老人，不健康老人的比例高达 25.0%（见图3）。

在社会养老发展还不充分的情况下，居家养老将成为大多数老人的首选。金牛区"七普"数据显示，2020 年全区有 481052 户家庭户，其中 29.25%的家庭有 60 岁及以上的老人，其中西安路街道、荷花池街道有老人的家庭占比最高，均接近 35%；抚琴街道、驷马桥街道和茶店子街道有老人的家庭占比也较高，均接近 33%。

在这些有老人的家庭中，纯老年户的居家养老问题更值得关注。在全区

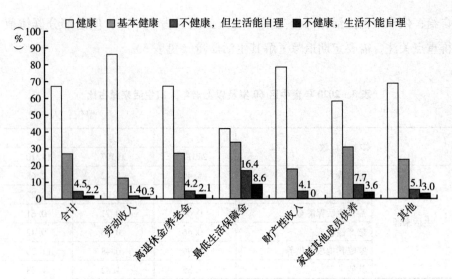

图3 2020年金牛区不同主要生活来源的60岁及以上老年人口健康状况

注：该图以主要生活来源对老人进行分类，图中显示的数据为"不健康，但生活能自理"以及"不健康，生活不能自理"的老人占相应收入类别老人的比重。

数据来源：同表3。

有老人的家庭中，独居老人户①占比约20%。从各街道情况来看，荷花池街道、西安路街道、驷马桥街道和抚琴街道的独居老人户占比较高，分别达到26.47%、24.89%、24.68%和22.10%；金泉街道、营门口街道的独居老人户占比较低，仅有13.93%和15.79%。

（二）性别结构

性别结构总体平衡。根据金牛区"七普"数据，2020年男性人口数量为62.84万人，比女性人口63.70万人少0.86万人，人口性别比（以女性为100）为98.66。和十年前的"六普"数据相比，金牛区性别结构发生明显转变，由"男多女少"变为"男少女多"。男性常住人口年平均增速为0.17%，而女性常住人口年平均增速为0.89%（见表4）。

———————

① 只有一位60岁以上老人独自居住的家庭称为"独居老人户"。

表4　2010年和2020年金牛区不同性别的常住人口数量及年平均增速

单位：人，%

分类	合计	男	女
2010年人口数量	1200776	617967	582809
2020年人口数量	1265398	628417	636981
年平均人口增速	0.53	0.17	0.89

数据来源：金牛区第七次全国人口普查公报。

　　将2020年第七次人口普查的常住人口划分为22个年龄组，可以发现，随着年龄增加，金牛区常住人口性别比呈整体下降趋势，49岁及以下的男性较多，而50岁及以上的女性较多。在49岁及以下的人群中，只有20~24岁、25~29岁两个年龄组的女性多于男性，其余年龄组的性别比都高于100，即男性多于女性。尤其是10~14岁年龄组，男性与女性人口数量之比高达111.7。而在50岁及以上人群中，所有年龄组的性别比均在100以下（见图4）。

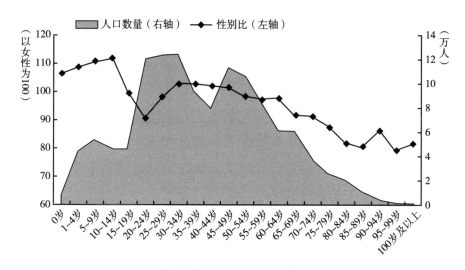

图4　2020年金牛区不同年龄组人口数量及性别比

注：性别比＝男性人口数量/女性人口数量，以女性为100。

资料来源：课题组根据金牛区第七次全国人口普查数据制作。

从各街道情况来看，常住人口中男性多于女性的有 7 个街道。其中，天回镇街道的性别比最高，为 108.83；其次是沙河源、九里堤、西华街道等。其余 6 个街道的女性数量多于男性，其中，西安路街道的性别比最低，为 87.17；其次是抚琴、茶店子、驷马桥、荷花池和营门口街道（见表 5）。

表 5　2020 年金牛区各街道常住人口性别比（以女性为 100）

地区	性别比
金牛区	98.66
西安路街道	87.17
西华街道	103.59
荷花池街道	96.14
驷马桥街道	96.09
茶店子街道	93.75
抚琴街道	92.71
九里堤街道	104.07
五块石街道	102.64
营门口街道	96.22
金泉街道	101.63
沙河源街道	106.07
天回镇街道	108.83
凤凰山街道	101.34

数据来源：金牛区第七次全国人口普查数据。

（三）婚姻状况

"七普"长表数据显示，2020 年金牛区 15 岁及以上的抽查样本中，已婚人口占 67.00%，比 2010 年减少了 1.52 个百分点。和"六普"长表数据相比，2020 年未婚人口占比减少了 0.46 个百分点，但离婚、丧偶人口占比分别增加了 1.50 个和 0.47 个百分点（见表 6）。

表 6 2010 年和 2020 年金牛区抽查样本婚姻状况

单位：人，%

年份	样本人口总数	未婚人口占比	有配偶人口占比	离婚人口占比	丧偶人口占比
2010	105250	25.61	68.52	2.37	3.50
2020	109707	25.15	67.00	3.87	3.97

数据来源：金牛区第六次全国人口普查和第七次全国人口普查长表数据。

人口初婚年龄经历先下降再升高的变化。1980~2020 年，金牛区"七普"抽查样本的初婚年龄呈现"先抑后扬、总体增加"的趋势（见图 5）。1980~1986 年，样本人口平均初婚年龄从 24.61 岁不断降到 22.65 岁，经历了 1987~1991 年的平台波动期以后，1992 年初婚年龄整体持续上涨，到 2020 年增加至 27.81 岁，略低于当年全国数据[①]。分性别来看，男性样本的初婚年龄始终要大于女性样本。2020 年，金牛区男性样本平均初婚年龄为 28.72 岁，比女性样本平均初婚年龄大 1.82 岁。

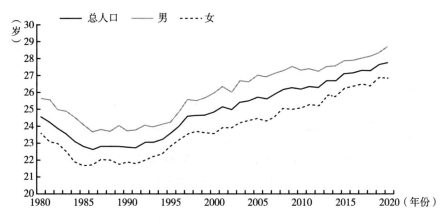

图 5 1980~2020 年金牛区抽查样本的平均初婚年龄

注：由于缺乏 15 岁以下及 50 岁以上人口的具体初婚年龄与相应的人口数量，报告将 15 岁以下初婚人口均按 14 岁计算，50 岁以上初婚人口均以 50 岁计算。这两部分人口占比较小，误差对平均值影响不大。

资料来源：课题组根据金牛区第七次全国人口普查数据制作。

---

① 《中国人口普查年鉴 2020》显示，中国人口平均初婚年龄为 28.67 岁。

当前初婚年龄延后成为趋势。1980~2020年，金牛区初婚年龄上升最主要的原因在于初婚人口"主力军"由年龄段为20~24岁群体转变为25~29岁群体（见图6）。1980~2007年，20~24岁群体在初婚人口中占绝大多数，尤其是在1986~1995年，其占初婚人口的比重都在60%以上。1994年以来，该群体初婚人口的比重逐步下滑，伴随这一过程的是25~29岁以及30~34岁群体所占比例的显著提升。2008年作为一道分水岭，当年25~29岁初婚人口所占比重首次超过20~24岁群体。2008~2020年，25~29岁初婚人口比重从38.5%上升至48.8%，增加了10.3个百分点；同期30~34岁初婚人口比重从13.4%上升到16.3%，增加了2.9个百分点；而20~24岁初婚人口比重从36.0%降至25.5%，减少了10.5个百分点。

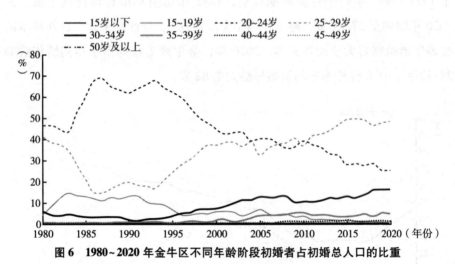

图6　1980~2020年金牛区不同年龄阶段初婚者占初婚总人口的比重

资料来源：课题组根据金牛区第七次全国人口普查数据制作。

将年龄为20~49岁的人口作为适婚人口，两次人口普查抽查样本数据显示，2010~2020年，所有年龄组的未婚人口占比都有所增加。需要注意的是，在25~29岁、30~34岁这两个生育高峰年龄段，未婚人口占比的增长幅度明显大于其他年龄组。2020年，这两个年龄组分别有58.76%和22.00%的人口处于未婚状态；与2010年相比，未婚人口占比分别增加了16.86个和10.27个百分点（见图7）。这可能会对金牛区的家庭结构、出生率、人口年龄结构等方面形成较为深远的影响。数据还显示，随未婚群体的年龄增加，性别比也呈总体增长趋势，这意味着，大龄、老龄未婚者中，男性结婚的概率要低于女性。

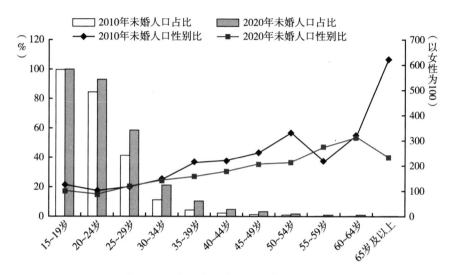

图7 2010年、2020年金牛区抽查样本未婚人口占比与性别比

资料来源：课题组根据金牛区第六次全国人口普查和第七次全国人口普查长表数据制作。

（四）家庭结构

家庭规模呈缩小趋势。2020年，全区共有家庭户48.11万户，家庭人口为111.97万人，家庭户的户均人口规模为2.33人，比2010年第六次全国人口普查的2.57人减少了0.24人。金牛区家庭户规模的缩小与成都市、全国趋势基本一致。国务院第七次全国人口普查领导小组副组长、国家统计局局长宁吉喆认为，家庭户规模继续缩小，主要受中国人口流动日趋频繁、住房条件改善、年轻人婚后独立居住等因素的影响。[①]

以人口规模来划分家庭户类型，可以发现，二人户是金牛区家庭的主要

---

① 《新闻观察：家庭户规模为何越来越小》，央视网，https：//news.cctv.com/2021/05/20/ARTI9XFNJJC4DrCPu7nqq5kp210520. shtml，2021年5月20日。

形态。2020年，金牛区共有48.11万户家庭，其中，二人户占比最高，为32.06%；其次是一人户，占全部家庭户数的比重为30.23%，三人户占21.44%，四人户、五人及以上户较少，仅分别占所有家庭户数的9.85%和6.42%。与2010年相比，金牛区一人户、二人户的比重明显上升，分别增加了8.66个和2.29个百分点；而三人户占比从与二人户占比非常接近的29.48%下降到21.44%，降低了8.04个百分点；四人户、五人及以上户的比重也相应减少了1.70个和1.21个百分点（见图8）。

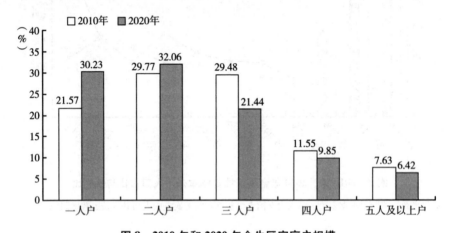

图8　2010年和2020年金牛区家庭户规模

资料来源：课题组根据金牛区第六次全国人口普查和第七次全国人口普查数据制作。

分街道情况来看，2020年，一人户占比较高的主要是靠近市区中心的区域，这可能与青年独居人口倾向于在靠近市区中心的区域置业和工作有关。其中，荷花池、西安路、驷马桥、九里堤街道和抚琴街道的一人户占比分别为35.77%、35.56%、34.94%、31.88%和31.29%（见图9）。

从一人户的人口年龄来看，有两个年龄区间的人口占比较高。其中，20~34岁的一人户占39.7%，40~54岁的一人户占23.1%（见图10）。年轻一人户的比重较高，一方面可能源于大部分年轻人属于跨地区流动就业，客观上无法和父母一同居住；另一方面，即使和父母在同一个城市，由于生活观念、生活习惯和行为方式的不同，加上对独立自由空间的渴望，在条件允许的情

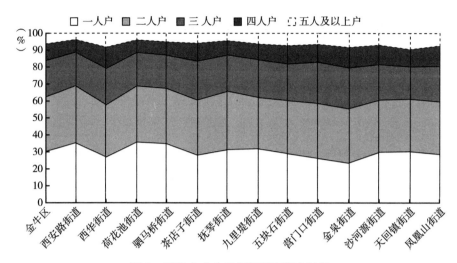

图9　2020年金牛区各街道家庭户规模

资料来源：课题组根据金牛区第七次全国人口普查数据制作。

况下，离开父母单独居住的比例也进一步提升。① 中老年一人户的形成原因则更为复杂，可能受到离异、配偶去世或代际价值观的变化等因素影响。

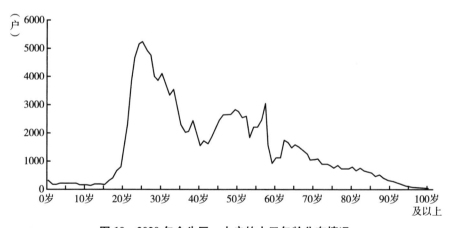

图10　2020年金牛区一人户的人口年龄分布情况

资料来源：课题组根据金牛区第七次全国人口普查数据制作。

---

① 《中国新观察｜中国一人户数量超1.25亿！独居者为何越来越多?》，中国新闻网，http：//www.chinanews.com.cn/cj/2022/01-14/9652147.shtml，2022年1月14日。

伴随家庭户规模减小、一代户户主年轻化趋势，还有多代人共居现象的式微，金牛区"三代共居"家庭占比越来越低，"四世同堂"家庭更加难寻。两次人口普查数据显示，2010~2020年，一代户占家庭户的比重增加了12.1个百分点，从47.6%增加到59.7%，已成为家庭户中的主流；而多代户的占比均出现了不同程度的下降，特别是二代户占比从40.6%下降到29.9%，减少了10.7个百分点。当前一代户和二代户合计占所有家庭户的89.6%；三代户占比为10.2%，四代户及以上仅占0.2%（见图11）。

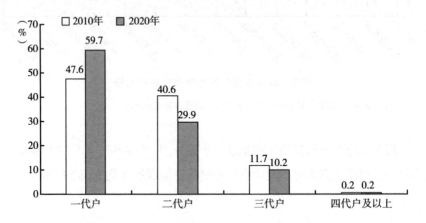

图11 2010年和2020年金牛区家庭户类别及其占比

资料来源：课题组根据金牛区第六次全国人口普查和第七次全国人口普查数据制作。

尽管一代户、二代户在各个街道的家庭户中占比都较高，但不同街道的家庭类型仍呈现一些鲜明特点，即多代户占比较高的街道往往出现在北部区域，而位于金牛区南部的街道，一代户占比更高。2020年驷马桥、西安路、荷花池、抚琴街道的一代户占比较高，分别为67.63%、67.32%、67.06%和65.13%，高于金牛区的平均水平（59.7%）；西华、金泉、营门口、沙河源、天回镇五个街道的一代户占比较低，分别只有52.76%、52.92%、54.37%、56.48%和56.97%（见图12）。

（五）受教育水平

根据"七普"数据，2020年金牛区15岁及以上的人口共有111.5万

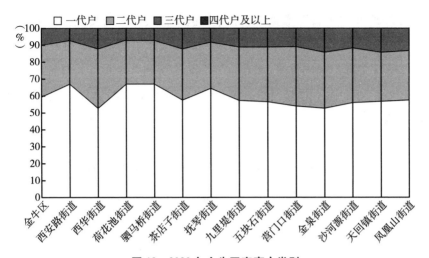

图 12　2020 年金牛区家庭户类别

资料来源：课题组根据金牛区第七次全国人口普查数据制作。

人，其中文盲人口有 1.3 万人，占 15 岁及以上人口比重为 1.2%，较 2010 年下降了 0.2 个百分点。文盲人口中男女比例约为 1∶3，其中男性 3320 人，女性 9709 人。随经济社会发展，文盲人口绝对数量越来越少，其在同年龄人口中的占比也越来越低（见图 13）。

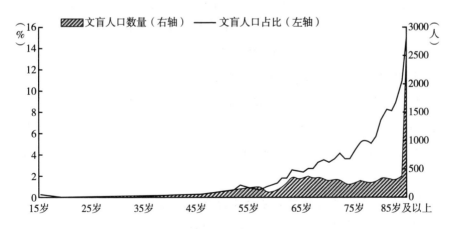

图 13　金牛区 15 岁及以上人口中的文盲人口年龄分布

注：文盲人口占比＝文盲人口数量/同一年龄的常住人口数量。

资料来源：课题组根据金牛区第七次全国人口普查数据制作。

从 2020 年"七普"数据来看，金牛区常住人口中的文盲人口主要集中在 65 岁及以上群体，以老年女性居多。65 岁及以上的女性文盲人口有 6851 人，占所有文盲人口比重为 52.6%；65 岁及以上男性文盲人口有 1964 人，在所有文盲人口中占比 15.1%；而 40 岁以下的文盲群体仅占文盲人口的 4.4%（见表 7）。

表 7 金牛区 15 岁及以上人口中的文盲人口性别和年龄分布

单位：%

年龄组	男	女
15~39 岁	2.2	2.2
40~64 岁	8.3	19.8
65 岁及以上	15.1	52.6

注：表中的占比是指常住人口中，相应组别的文盲人口占所有文盲人口的比重，与图 13 中的"文盲人口占比"有不同含义。

数据来源：同图 13。

从 15 岁及以上常住人口的受教育程度来看，金牛区受过高等教育的人口比重明显提高。2020 年，受教育程度为大学专科、大学本科的人口数量分别比 2010 年增加了 5.95 万人和 5.63 万人，占当年 15 岁及以上常住人口的比重，分别提高了 4.9 个百分点和 4.6 个百分点；受教育程度为研究生的人口数量增加了 1.10 万人，占 15 岁及以上常住人口比重由 1.9% 提高到 2.8%，增加了 0.9 个百分点。与之相比，受教育程度为高中及以下的人口数量都有了不同程度的减少，特别是初中文化程度的人口，2010~2020 年的十年间人口数量减少了 7.32 万人，占 15 岁及以上常住人口比重从 33.6% 减少到 26.0%，降幅达到 7.6 个百分点（见图 14）。

劳动年龄人口受教育水平是公共服务水平的一个重要指标。将 15~64 岁人口视为劳动年龄人口，可以发现，2020 年金牛区常住人口中，只有 9.55% 的劳动年龄人口受教育程度为小学及以下；分别有 25.20% 和 23.13% 的劳动年龄人口为初中、高中文化程度；受过高等教育的劳动年龄人口占比

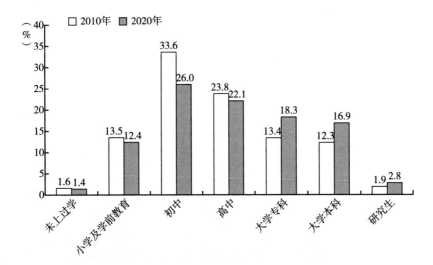

图 14　2010 年和 2020 年金牛区 15 岁及以上常住人口中各种受教育程度人口占比

数据来源：课题组根据金牛区第六次全国人口普查和第七次全国全国人口普查数据制作。

已达到 42.12%，其中大学本科及以上学历占劳动年龄人口比重为 22.11%（见图 15）。

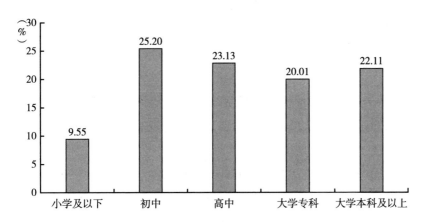

图 15　2020 年金牛区劳动年龄人口受教育程度占比

注：以 15~64 岁人口为劳动年龄人口，占比=不同受教育程度的劳动年龄人口数量/劳动年龄人口总数。

数据来源：课题组根据金牛区第七次全国人口普查数据制作。

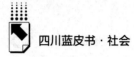

分不同年龄组来看,在劳动年龄人口中,年龄较低群体的受教育程度明显较高。尤其是20~24岁群体,受教育程度在大学本科及以上的比例达到39.5%,受教育程度为大学专科的比例也在33.3%(见图16)。

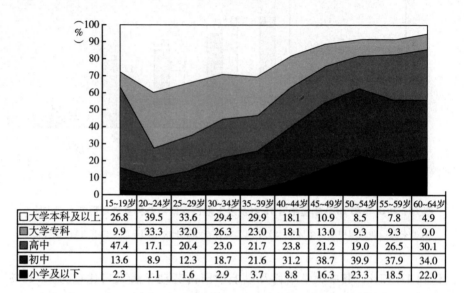

	15~19岁	20~24岁	25~29岁	30~34岁	35~39岁	40~44岁	45~49岁	50~54岁	55~59岁	60~64岁
□大学本科及以上	26.8	39.5	33.6	29.4	29.9	18.1	10.9	8.5	7.8	4.9
▨大学专科	9.9	33.3	32.0	26.3	23.0	18.1	13.0	9.3	9.3	9.0
■高中	47.4	17.1	20.4	23.0	21.7	23.8	21.2	19.0	26.5	30.1
■初中	13.6	8.9	12.3	18.7	21.6	31.2	38.7	39.9	37.9	34.0
■小学及以下	2.3	1.1	1.6	2.9	3.7	8.8	16.3	23.3	18.5	22.0

图16 2020年金牛区不同年龄组的劳动年龄人口受教育程度占比

数据来源:课题组根据金牛区第七次全国人口普查数据制作。

(六)就业结构

"七普"10%长表抽样数据显示,2020年金牛区16岁及以上的就业人口比重为56.50%,与2010年"六普"抽样调查数据相比下降了3.77个百分点。

分不同产业来看,金牛区作为典型的中心城区,其第三产业对就业的贡献最为突出。如表8所示,金牛区第一产业就业人员占比极低,仅有0.20%;其次是第二产业,吸纳了18.08%的就业人员;第三产业就业人员占比则高达81.72%。从不同街道来看,第一产业就业人口比重最高的为天回镇街道(0.39%)、金泉街道(0.35%)和西华街道(0.34%);第二产业就业人口比重最高的是天回镇街道(30.56%)、西华街道(30.20%)和金泉街道（24.11%）；第三产业就业人口比重最高的是西安路街道（90.56%）、荷花池街道（89.25%）和驷马桥街道（88.74%）。

表8　2020年金牛区各街道就业人员产业分布

单位：%

街道	第一产业	第二产业	第三产业
金牛区	0.20	18.08	81.72
西安路街道	0.08	9.36	90.56
西华街道	0.34	30.20	69.46
荷花池街道	0.07	10.68	89.25
驷马桥街道	0.20	11.06	88.74
茶店子街道	0.14	17.90	81.96
抚琴街道	0.10	13.17	86.73
九里堤街道	0.12	12.56	87.31
五块石街道	0.31	11.46	88.23
营门口街道	0.07	15.55	84.38
金泉街道	0.35	24.11	75.54
沙河源街道	0.20	20.44	79.37
天回镇街道	0.39	30.56	69.05
凤凰山街道	0.17	19.98	79.85

注：比重＝某行业的就业人员数量/相应地区就业人员总数。
数据来源：课题组根据金牛区第七次全国人口普查数据制作。

从就业人员文化程度和从事的产业情况来看，金牛区第一产业的就业人员占比虽然不高，但在第一产业就业人员中，高学历劳动力的比重却高于第二、第三产业。其中，第一产业大学专科、大学本科和研究生学历就业人员占比为47.9%，比第二产业、第三产业分别高出15.1个和8.0个百分点。第二产业对受教育程度较低的劳动力更具有吸引力，小学及以下文化程度的就业人员占比最高，为29.5%，其次是初中（24.0%）。在第三产业中，初中就业人员占比最高，为29.2%；研究生就业人员占比较低，为3.5%，其他受教育程度的群体占比则较为均衡（见图17）。

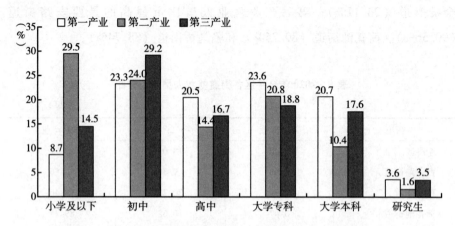

图17　2020年金牛区抽样调查就业人员分产业的受教育程度比重

注：比重＝某行业某受教育程度人口数量/该产业就业人员总数。
数据来源：课题组根据金牛区第七次全国人口普查数据制作。

从就业人口的职业结构来看，社会生产服务和生活服务人员最多，共3.34万人，约占就业总人口的54.32%；其次是专业技术人员，约有1.17万人，占就业总人口的18.95%；再次是办事人员和有关人员以及生产制造及有关人员，其就业人数均在7000～8000人（见图18），占就业总人口的比重分别为12.93%和11.39%。分性别来看，除了专业技术人员中女性比男性多出26.15%，其他职业类别中男性就业人数均多于女性。

四　人口变动

（一）生育水平

2010～2020年，金牛区人口出生率有所增加，出生人口性别比更为均衡，但超低生育水平格局未改变。根据"七普"数据，2020年金牛区新出生人口7632人，出生率为6.04‰。与2010年"六普"数据相比，新出生

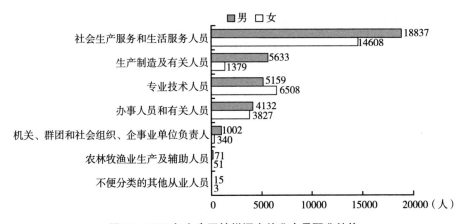

图18　2020年金牛区抽样调查就业人员职业结构

数据来源：课题组根据金牛区第七次全国人口普查数据制作。

人口增加了1310人，出生率提高了0.77个千分点。从性别来看，出生人口依然是男多女少，但性别比从2010年的107.69下降到2020年的106.10，出生人口性别比更为均衡。

以15~49岁育龄女性生育情况为基础计算得到的"总和生育率"更能反映一个地区的生育水平。国际上通常将总和生育率低于1.5作为"低生育率陷阱"的标志，认为在这样的情形下，人口更替、再生产和人口未来发展将面临很大挑战。"低生育率陷阱"存在的两个条件，一是总和生育率降至1.5以下，二是需要持续一段时间。根据第七次全国人口普查结果，2020年我国育龄妇女总和生育率为1.3，已处于较低水平，实施"全面两孩"政策后，生育水平出现短期回升，之后逐渐下行，在低水平徘徊。① 2020年金牛区"七普"抽查数据显示，全区总和生育率为0.86，虽然比2010年的0.69略有提高，但仍然处于极低水平。

两次人口普查的抽查数据还呈现了不同年龄组的育龄妇女生育率特点。2010年和2020年，生育率最高的都是25~29岁女性，其次是30~34岁女

---

① 《国务院第七次全国人口普查领导小组办公室负责人接受中新社专访》，国家统计局网站，http://www.stats.gov.cn/tjsj/zxfb/202105/t20210513_1817432.html，2021年5月13日。

性。但两次人口普查相比，2020年育龄妇女更倾向于晚育，这突出表现在生育高峰向大龄妇女偏移，2020年20~24岁女性的生育率比2010年下降了13.40个千分点，而25~29岁妇女的生育率增加了17.82个千分点，30~34岁的生育率更是提高了23.84个千分点，35~39岁、40~44岁两个年龄组的生育率也有不同程度的增加（见图19）。

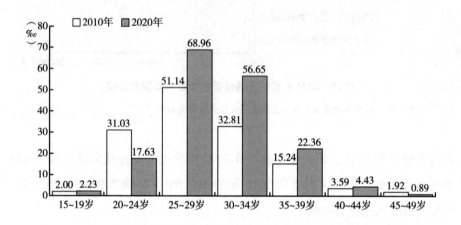

图19 2010年和2020年金牛区不同年龄组育龄女性的生育率

资料来源：课题组根据金牛区第六次全国人口普查第七次全国人口普查数据制作。

各街道人口出生率存在较大差异。在金牛区13个街道中，2020年凤凰山街道人口数量最少，仅有2.10万人，但出生率却有10.10‰，居全区最高；金泉街道、沙河源街道的人口数量都在13万人以上，在金牛区各街道中位居前列，其人口出生率也较高，均在8‰以上（见图20）。

从出生孩次来看，"七普"长表数据显示，金牛区抽查样本2020年出生的1000名人口中，一孩占64.00%，二孩占33.80%，三孩占比很少，仅为2.10%。各街道出生人口孩次结构差距较大，一孩占比最高的是荷花池街道，高达80.77%；二孩占比相对较高的有五块石、西华和金泉街道，占比分别为40.30%、39.74%和39.19%；而在三孩总体较少的情况下，西华、天回镇街道新生人口的三孩占比略高于其他街道，均为5.13%（见表9）。

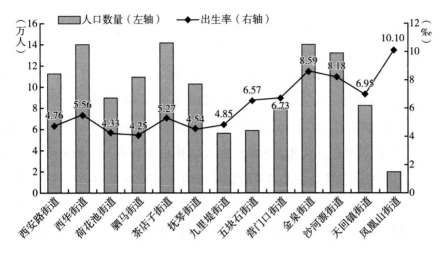

图 20　2020 年金牛区各街道人口数量与出生率对比

资料来源：课题组根据金牛区第七次全国人口普查数据制作。

表 9　2020 年金牛区抽查样本出生人口的孩次占比

单位：%

街道	一孩	二孩	三孩	四孩及以上
金牛区	64.00	33.80	2.10	0.10
西安路街道	68.00	30.67	1.33	0
西华街道	55.13	39.74	5.13	0
荷花池街道	80.77	17.31	1.92	0
驷马桥街道	69.86	27.40	2.74	0
茶店子街道	61.46	37.50	1.04	0
抚琴街道	69.35	30.65	0.00	0
九里堤街道	63.41	34.15	2.44	0
五块石街道	58.21	40.30	1.49	0
营门口街道	67.19	29.69	1.56	1.56
金泉街道	59.46	39.19	1.35	0
沙河源街道	60.14	38.41	1.45	0
天回镇街道	67.95	26.92	5.13	0
凤凰山街道	67.86	28.57	3.57	0

数据来源：课题组根据金牛区第七次全国人口普查长表数据制作。

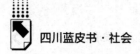

（二）死亡人口变动情况

从死亡人口数量来看，2020年金牛区死亡人数为4291人，与2010年相比增加了878人；总体死亡率从2010年的2.84‰增加到2020年的3.39‰。但实际上，2020年，除了15~19岁、40~44岁年龄组的死亡率略高于2010年水平，其他各年龄组的人口死亡率均低于十年前水平。总体死亡率的增加主要是由人口老龄化带来的——2020年60岁及以上老人死亡人口数量为3832人，与2010年相比增加了1002人，但因老人基数增加，因此死亡率还减少了2.74个千分点，从20.05‰降低到17.31‰。

从死亡人口性别来看，一般情况下男性死亡率高于女性，且主要体现在老年群体中。金牛区两次人口普查数据也印证了这一特点，2020年金牛区死亡人口中，男性2468人，女性1823人；男性死亡率为3.93‰，高于女性死亡率（2.87‰）。而且，随着老龄化程度加深，2010~2020年，金牛区男女死亡率差距还在拉大，从0.89个千分点增加到1.06个千分点（见图21）。

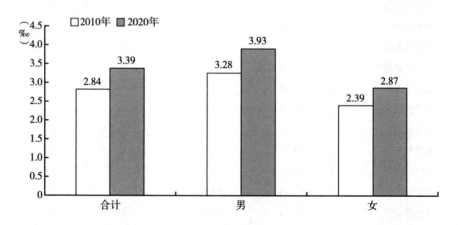

图21　2010年和2020年金牛区分性别人口死亡率

资料来源：课题组根据金牛区第六次全国人口普查和第七次全国人口普查数据制作。

将两次人口普查数据对比来查看不同年龄组的人口死亡情况，可以发现，死亡人口出现高龄化趋势，死亡人口中，80岁以上的高龄老人占比明显增加（见图22）。

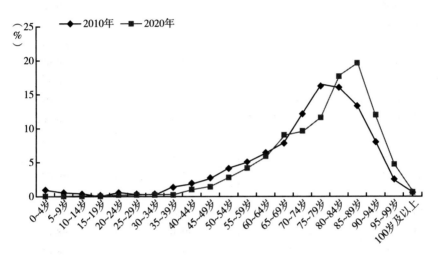

图22　2010年和2020年金牛区不同年龄组死亡人口占当年总死亡人口的比重

注：死亡人口比重＝某年龄组死亡人口数量/当年所有死亡人口数量。

资料来源：课题组根据金牛区第六次全国人口普查和第七次全国人口普查数据制作。

与相应年龄组的平均人口数量相比，2020年金牛区0~4岁婴幼儿和5~9岁儿童死亡率下降最为明显，较2010年分别下降了0.55个和0.32个千分点；100岁及以上老人死亡率出现了很大降幅，由600.00‰降到195.12‰，下降了404.88个千分点（见表10）。这表明，金牛区"一老一小"的生存质量和健康状况有所改善，这可能是由城市医疗卫生服务供给水平提高带来的。

表10　2010年和2020年金牛区不同年龄组人口死亡率及变化幅度

单位：‰，千分点

年龄	2010年死亡率	2020年死亡率	变化幅度
总体	2.84	3.39	0.55
0~4岁	0.61	0.06	−0.55
5~9岁	0.34	0.02	−0.32

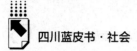

续表

年龄	2010 年死亡率	2020 年死亡率	变化幅度
10~14 岁	0.14	0.11	-0.03
15~19 岁	0.02	0.06	0.04
20~24 岁	0.09	0.04	-0.05
25~29 岁	0.13	0.09	-0.04
30~34 岁	0.13	0.10	-0.03
35~39 岁	0.35	0.24	-0.11
40~44 岁	0.48	0.51	0.03
45~49 岁	1.01	0.55	-0.46
50~54 岁	1.96	1.16	-0.80
55~59 岁	2.47	2.15	-0.32
60~64 岁	4.92	3.99	-0.93
65~69 岁	8.48	6.50	-1.98
70~74 岁	15.56	11.06	-4.50
75~79 岁	28.00	19.16	-8.84
80~84 岁	47.95	39.34	-8.61
85~89 岁	88.42	75.30	-13.12
90~94 岁	153.40	121.00	-32.40
95~99 岁	173.73	161.76	-11.97
100 岁及以上	600.00	195.12	-404.88

注：死亡率=某年龄组死亡人口数量/当年该年龄组平均人口数量。

数据来源：金牛区第六次全国人口普查和第七次全国人口普查数据。

从不同月份的死亡人口来看，2019 年 11 月到 2020 年 10 月，所有月份的男性死亡人口数量均高于女性。而且死亡人口数量的月份分布并不均衡，在这 12 个月中，单月死亡人口较多的月份有 1 月、3 月和 5 月，死亡人口数量分别为 439 人、378 人和 376 人（见图 23）。

（三）人口迁移情况

近年来，伴随人口流动性增强，"人户分离"① 已成为普遍现象。成都

————————

① 人户分离人口是指居住地与户口登记地所在的乡镇街道不一致且离开户口登记地半年以上的人口。

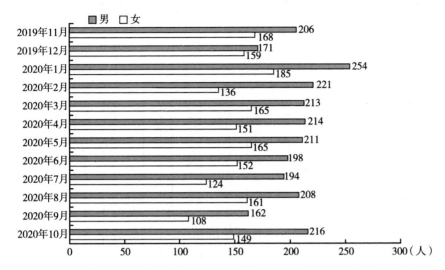

图 23 2019 年 11 月至 2020 年 10 月金牛区分性别死亡人口月份分布

资料来源：课题组根据金牛区第七次全国人口普查数据制作。

市第七次人口普查公报显示，2020 年成都市人户分离人口占常住人口的比重为 51.2%，与 2010 年"六普"相比，人户分离人口数量增长了 284.1%。

和成都市平均水平相比，金牛区人户分离现象更为普遍，但增幅较小。"七普"数据显示，金牛区常住人口中，人户分离人口为 80.4 万人，占常住人口总数的 63.5%，比成都市平均水平高出 12.3 个百分点。结合第六次和第七次人口普查数据来看，2010~2020 年，金牛区人户分离人口数量的增长幅度为 17.0%，明显低于全市增幅（284.1%）。

分性别来看，2020 年男性和女性人户分离人口数量都比 2010 年有所增加，但女性增幅更大。女性人户分离人口数量从 2010 年的 32.4 万人增加到 2020 年的 39.9 万人，共增加 7.5 万人，增幅为 23.1%；而同期男性人户分离人口数量从 36.3 万人增加到 40.5 万人，共增加 4.2 万人，增幅为 11.6%。

从各街道情况来看，西华街道的人户分离人口占比最高，达到

77.80%；其次是五块石街道、沙河源街道，其占比分别为 72.43% 和 71.84%；茶店子街道的人户分离人口占比最少，为 52.46%（见图 24）。

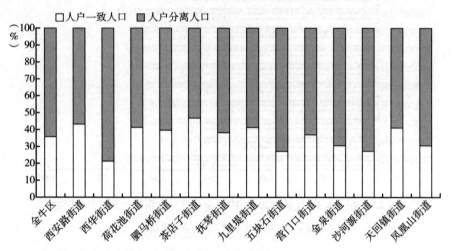

图 24　2020 年金牛区各街道"人户一致"和"人户分离"人口占比

资料来源：课题组根据第七次全国人口普查数据制作。

五　结论和讨论

成都市是一个常住人口超过 2100 万的超大城市，与"六普"数据相比，"七普"新增人口 581.91 万人，人口聚集效应非常突出。作为成都市传统中心城区，因城区发展早、开发强度大、人口密度高，金牛区十年间常住人口规模只增长了 6.46 万人。其原因在于高新区等新建城区基础设施完善，能够满足多元化现代品质服务需求，成为安居成都的首选地；中心城区周边的卫星城因居住和生活成本较低，再加上地铁贯通导致交通便利，聚集了大量人口；反倒是传统中心城区面临基础设施老化和功能疏解的压力，人口吸引力不具有比较优势。全区人口抚养负担呈加重趋势，老龄化程度进一步加深，2020 年 65 岁及以上人口占常住人口的 12.83%，比"六普"时期增加 4.56 个百分点，但低龄老年人比例高且养老保障体系较完善。人口婚姻状况变化显著，20 世纪 80 年代以来，人口初婚年龄呈现先下探再上升的变化轨迹，未婚人群比例增加，特别是育龄阶段人群的未婚比例快速提升，人口婚姻数据变化背后反映的是社会婚姻观念变化，其对经济社会的深远影响应得到充分重视。家庭规模小型化发展，两人家庭和单身家庭占主体，核心家庭和直系家庭等占比下降，这或许因为金牛区居住成本低对单身青年和无子女年轻夫妇更有吸引力。人口素质进一步提升，劳动年龄段人口受教育年限特别是接受高等教育人口占比明显提高。从就业结构来看，第三产业就业人口达八成以上，从职业类别来看主要集中在社会生产服务和生活服务领域；就性别而言，女性专业技术人员要比男性多。可能受生育政策变化的影响，2010~2020 年生育率有所增长，但仍属于低生育水平；调查发现，2020 年新出生人口中二孩率超过三成，三孩率仅占 2.1%。晚婚晚育效应明显，育龄妇女生育年龄呈现往后推迟效应，25 岁及以上妇女生育率均有不同程度增加。人口迁移流动频繁，区域常住人口人户分离率超过六成。

人口老龄化和低生育率会导致劳动力短缺、增加养老服务成本，不利于激发经济社会活力和创新提效等。须深化对人口发展规律的研究认识，积极应对人口老龄化。一是完善三孩生育政策及配套支持措施，健全积极生育支持政策措施体系，确立建设生育友好型城区目标，实现适度生育水平，促进人口均衡发展，为经济社会高质量发展提供人力支撑。二是充分发挥产业聚集人才的作用，通过调整产业结构、发展高端产业，优化人口结构。三是构建现代公共服务体系，满足市民多元化服务需求。

B.12
县域养老产业发展路径报告

——以自贡市沿滩区为例

四川省自贡市沿滩区人大常委会*

摘　要： 养老产业是重要的朝阳产业，也是未来基层社会治理的题中应有
之义。本报告聚焦自贡市沿滩区的养老产业发展现状，以县域为
视角，试图呈现一个西部地区县域层面的养老服务现状、养老产
业发展的困境与机遇，现阶段养老产业发展面临社会资本参与养
老产业动力不足、养老产业消费市场有效需求不足、专业人才缺
乏降低养老服务产品质量等问题，可以从社区居家养老产业、机
构养老产业、养老房地产业三个方面切入，抓牢医养结合、智慧
养老两大重点，培育发展契合沿滩实际的"银发经济"。

关键词： 县域养老　养老产业　养老产业发展

一　养老产业基本情况

（一）养老产业政策情况

从顶层设计看，2000年我国步入老龄化社会以来，党中央高度重视，
国家陆续出台一系列规划意见：2000年，中共中央、国务院发布《关于加

---

* 执笔人：杨元源，自贡市沿滩区人大常委会办公室主任；蔡承成，自贡市沿滩区人大常委会
办公室副主任。

强老龄工作的决定》，开始搭建养老产业政策法规框架体系；2013 年，国务院发布《关于加快发展养老服务业的若干意见》，将养老产业引向市场化、商业化发展方向；2019 年，《国家积极应对人口老龄化中长期规划》明确提出健全"以居家为基础、社区为依托、机构充分发展、医养有机结合"的养老服务体系；2021 年，中共中央、国务院印发《关于加强新时代老龄工作的意见》，将培育银发经济放在突出位置。这些规划意见逐步将养老由公益社会事业引向事业和产业并重，促进养老社会化服务体系的构建和完善，为发展养老产业作出全面部署、打下坚实基础。

从扶持重点看，国家和省市层面，以发改、民政、卫健等部门为主，从金融支持、财政补贴、土地支持、税费减免等多方面制定相关政策措施，重点聚焦医养结合、居家养老、智慧养老、社区养老等方面，推动养老产业往广覆盖、多元化、专业化方向纵深推进。特别是在医养结合方面，近年来国家已密集出台 20 余项政策，推动打破了医疗与养老、医疗与护理的条块分割，公立医院的医疗资源不断向社区延展，社区医院的适老化、便民化水平不断提升，同时，大量民营企业强化医养结合布局，带动了资源的规模化进入。现行政策中，以《"十四五"积极应对人口老龄化工程和抚育建设实施方案》红利最多，省级层面则以《四川省"十四五"养老服务发展规划（征求意见稿）》《四川省人民政府办公厅关于推进四川养老服务发展的实施意见》红利较为全面，市级层面制定了《自贡市加快推进养老服务发展实施方案》等文件（见表1）。

表 1　近年涉养老产业部分政策汇总

发布主体	发布时间	政策名称	重点内容解读
工业和信息化部、民政部、国家卫生健康委等部门	2019 年	《关于促进老年用品产业发展的指导意见》	到 2025 年，老年用品产业总体规模超过 5 万亿元；发展功能性老年服装服饰、智能化日用辅助产品、安全便利养老照护产品、康复训练及健康促进辅具、适老化环境改善产品；开展家庭、社区服务中心、养老机构、医院等多种应用场景的试点，建设一批智慧健康养老示范企业、街道（乡镇）和基地

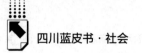

续表

发布主体	发布时间	政策名称	重点内容解读
自然资源部	2019 年	《关于加强规划和用地保障支持养老服务发展的指导意见》	对养老机构实行多种有偿使用方式供应用地和地价优惠政策
国务院办公厅	2020 年	《关于建立健全养老服务综合监管制度促进养老服务高质量发展的意见》	加强资金监管;加强运营秩序监管;压实机构主体责任;发挥标准规范引领作用
民政部、国家开发银行	2021 年	《关于"十四五"期间利用开发性金融支持养老服务体系建设的通知》	支持各地有效利用国家开发银行养老服务体系建设专项贷款,落实有关养老服务体系建设重点任务,包括居家社区机构养老服务网络建设、智慧养老服务发展、养老服务人才队伍建设
国家发改委、民政部、国家卫健委	2021 年	《"十四五"积极应对人口老龄化工程和抚育建设实施方案》	公办社区养老服务机构建设护理型床位投资:12 万元/张;公办养老服务机构建设养老床位投资:15 万元/张;支持医疗机构开展医养结合服务;普惠养老城企联动专项行动定额补助:养老床位 2 万元/张、旅居型机构 1 万元/张;普惠托育服务专项行动定额补助:新增托位 1 万元/个;地级市公办养老服务机构建设过程中,可申请一个 100 万元应急救援设备包
国家卫生健康委等 11 个部门	2022 年	《关于进一步推进医养结合发展的指导意见》	支持老年医学科和安宁疗护科发展;允许和鼓励农村集体建设用地用于医养结合项目建设;针对医养结合机构提出完善价格政策、加大保险支持、盘活土地资源、落实财税优惠 4 项措施
四川省民政厅等	2015 年	《关于四川省 2015—2017 年养老服务体系建设重点任务安排意见的通知》(适用于现在)	民办养老机构新增床位:1.1 万元/张;对构建居家养老服务支持机制,按照服务对象平均每人每年补助:300 元
四川省人民政府办公厅	2018 年	《四川省医疗卫生与养老服务相结合发展规划（2018—2025 年)》	到 2025 年,全省 100 张以上床位的养老机构,除与医疗机构整个设置的,均内设医疗机构;护理型床位数比例达 40%

发布主体	发布时间	政策名称	重点内容解读
四川省人民政府办公厅	2020年	《关于推进四川省养老服务发展的实施意见》	到2022年,养老机构护理型床位占比不低于50%
四川省第十三届人民代表大会	2021年	《四川省国民经济和社会发展第十四个五年规划和二〇三五年远景目标纲要》	到2025年,力争实现所有街道和有条件的乡镇至少建有1个社会养老服务综合体,每个县(市、区)至少建有1个智慧养老院或智慧养老社区
四川省卫健委	2022年	《关于印发2022年四川省社区医养服务能力提升项目实施方案的通知》	医疗机构开展独立养护区改造及配套建设定额补助:100万元/个
自贡市医保局	2021年	《关于开展安宁疗护服务按床日付费的通知》	对符合进入条件的安宁疗护服务,实施医保总额控制下的按床日标准付费
自贡市人民政府办公室	2020年	《自贡市加快推进养老服务发展实施方案》	探索开发有偿养老服务项目;支持老年用品制造业创新发展

从政策效果看,民政部门相关政策中,对民办养老机构新增床位的补贴力度较大,对社会资本的吸引力较强,但在兑现奖补时需要地方政府统筹匹配部分资金,一些地区财政吃紧制约了政策执行效果。卫健部门相关政策中,大多适用于基层"医办养",服务对象多为失能老年人,加大力度满足养老刚需和兜底性服务需求,但在"养加医"上支持不够具体,对养老服务产业或养老机构嵌入医疗服务的激励作用不足。再如其他,自然资源部出台了优惠政策降低养老机构用地成本,民政部和国家开发银行联合制定相关措施加大开发性金融对养老服务的支持力度,均是聚焦开办养老机构的痛点难点制定的针对性扶持措施,但是原则性比较强,无论是国家层面还是地方政府,尚缺乏操作性强的配套措施,政策效果尚不明显。自贡市沿滩区制定了《沿滩区养老服务业发展资金的使用管理办法》等政策文件,但在政策红利释放上还存在短板制约,比如,对民办养老机构1.1万元/张、70元/(张·月)的床位建设补贴和运营补贴,无上级资金补助,需区级财政全额负担,存在一定困难。

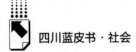

总的来看，养老产业扶持政策的广度和力度均不断提升，政策正向效果不断显现，但到市区等执行层级，完善的配套政策体系尚未形成，政策落地存在一定制约和障碍，政策的拉动和激励作用没有得到充分发挥。

（二）养老产业发展现状

我国养老产业先后经过萌芽期（2000～2010年，养老产业开始初步发展）、发展期（2011～2020年，逐步形成"9073"养老格局），现已进入爆发期（预计2021～2030年），向规模化、规范化、全面化发展，发展壮大保利、罗格朗、有幸之家、爱照护、泰康等一大批养老产业企业，辐射地产、保险、教育、医疗、文娱等多个行业，"银发经济"逐渐成为拉动经济增长的重要力量。从市场规模看，全国养老市场规模从2018年的6.6万亿元增长到2021年的8.8万亿元，增长率达到33.3%，其将随着人口老龄化加剧而快速提升，养老产业也将进一步壮大。有机构预测，到2035年，养老产业将超过房地产成为第一大产业。从产业业态看，当前养老产业衍生出养老金融、养老地产等多个产业板块，催生老年教育、智慧养老、旅居养老等一系列融合发展新业态。企查查数据显示，截至2022年5月，全国养老企业共有367083家，其中养老服务相关企业占到近7成，养老房地产企业不足2成，老年用品和养老保险相关企业各不足1成，医养相关企业不足半成。整个养老产业以养老服务业为主，养老产品、养老金融以及养老地产等产业板块相对较弱，医养结合产业还处于起步阶段，"大养老"产业体系还没有完全成形。从产业分布看，当前华东地区养老市场发展全国领先，市场份额达到25%以上，西南、华南和华北地区次之，市场份额在17%左右，而西北地区排在末位，市场份额仅占10%。在养老企业的拥有量上，四川居全国第5，排在前面的分别是江苏、山东、广东和河南。可以看出，经济较发达地区的养老产业发展也相对领先，四川省养老产业发展在全国处在靠前位置，主要由人口大省和老龄化两大因素拉动，而随着成渝地区双城经济圈建设，在更多政策红利等积极因素的推动下，四川省养老产业还将进一步发展壮大。从产业发展趋势看，未来10年，养老产业将从低层次向高层次养老服务发展，从依附式的服务向独立行业转变，从东部发达地区向西部欠发达地区、从大城市向中小城市逐步延伸覆盖，其中护理和医疗相结合是行业发展主要方向，智慧养老是养老服务提档升级的主要手段，这些是我们需要抓住的核心和关键。

自贡市沿滩区养老产业发展水平还处在低位，以政府为主导提供兜底性养老服务为主，主要涉及机构养老服务和养老社会化服务供给。从养老机构看，全区有养老机构15家，养老床位总计1685张，综合入住率为58%，其中民办机构4家，分别是福寿老年公寓、福乐园、圆诚养老公寓和区社会福利院（公建民营）。全市有养老机构178家，总床位2.3万张，综合入住率为50%，民办机构85家。调研发现，服务质量总体处于低水平状态，机构少、入住率低、生存困难。从养老社会化服务看，全区有47家社区日间照料中心、3家城区街道养老服务综合体，为老年人提供一些基本生活照料和娱乐服务活动。同时，引入市老年大学在龙湖远达社区和恒大绿洲社区设立分校，在龙湖远达、板仓、开元路等开办老年助餐点，为老年人提供老年教育和助餐服务。从运行效能来看，养老机构、养老服务综合体等普遍运行不佳，特别是日间照料中心，由于缺乏运维资金，管理运行机制也不健全，大多是建而少用或建而未用，助餐、助娱等服务也主要集中在城区，乡镇场镇和农村地区较为薄弱。总的来看，沿滩区的养老产业发展水平低，养老服务质量不高、供给不足、覆盖不均衡，不能很好满足老年人需求，导致老年人接受度不高，反过来又制约了养老产业的发展。应重点从社区居家养老等低成本养老服务模式着力，盯住养老服务、养老机构、养老地产等产业方向，谋划推动沿滩养老产业同养老事业协同发展。

二　现阶段养老产业发展面临的挑战与机遇分析

（一）人口老龄化现状趋势和问题分析

1. 人口老龄化现状和发展趋势

截至2020年第七次全国人口普查（以下简称"七普"），国、省、市、区 65 岁及以上人口分别达到 1.9 亿、0.14 亿、53 万和 5.8 万,占地区总人口比重分别达到 13.50%、16.93%、21.29% 和 19.61%(见表 2),国家层面临近深度老龄化,四川省处于深度老龄化阶段,而自贡市、沿滩区的老龄化程度则明显高于全国、全省水平,已经处于或濒临超级老龄化,养老压力日益突出,老龄化程度不断加剧可能是未来 20~30 年我国人口发展的大趋势。

表 2　全国、四川省、自贡市、沿滩区老年人口相关数据

单位:万人,%

地区	2000 年			2010 年			2020 年		
	数量	占比	老年抚养比	数量	占比	老年抚养比	数量	占比	老年抚养比
中国	8811	6.96	9.92	11894	8.87	11.90	19063	13.50	19.70
四川	620	7.45	10.65	880	10.95	15.19	1416	16.93	25.30
自贡	25	8.34	11.70	34	12.67	17.91	53	21.29	33.97
沿滩	2.8	7.83	11.13	3.7	13.61	20.43	5.8	19.61	30.85

2. 人口老龄化带来的问题和困难

人口老龄化的加剧,将伴生三个方面问题:一是高龄化现象日益凸显。近年来,我国 80 岁及以上高龄老人正以每年 4.7% 的速度增长,预计到 2050 年将达到 1 亿左右。"七普"数据显示,沿滩区高龄老人占比分别比全国、全省高 1.5 个和 0.8 个百分点,高龄老人比重还将不断加大。二是老年抚养比不断攀升。数据显示,2000~2020 年,自贡市、沿滩区老年抚养比分别从 11.70%、11.13% 增长到 33.97%、30.85%。三是空巢老人规模扩大。受人口流出影响,特别是农村空心化现象严重,空巢老人规模不断扩大,家庭照护能力弱化。

老龄化及其伴生问题,将带来三个方面的困难:一是延缓经济增速,降低经济活力。我国经济发展水平与老龄化程度不相适应,属于典型的"未富先老"国家,老龄化加剧会降低有效劳动力供给,降低社会创新能力和生产效率,抑制消费倾向,削弱经济活动,从而降低经济增长的潜力与活

力。二是增大财政压力，加重社会负担。随着老年人口数量增长，养老保险、医疗保险、养老公益事业等方面财政支出不断增长，医疗资源、家庭养老等方面压力也随之加大。沿滩区经济发展水平相对较低，在财政负担、社会负担上面临的压力也更加沉重。三是阻碍家庭和睦，影响社会和谐。现代社会家庭规模日益缩小，"421"家庭结构承受的养老压力越来越大，可能导致养老质量降低，甚至引发赡养危机，给和谐的代际关系与家庭关系带来巨大挑战，成为影响社会文明进步不可忽视的现实问题。

综上所述，养老问题已经成为当前较为突出的社会问题，未来还会快速加重。养老既是大民生，也是大产业，从现实需要和未来趋势来看，加快发展养老产业意义重大。一是有利于增强养老保障能力。发展养老产业将加快构建完善的社会化养老服务体系，保障人人享有基本养老服务，满足老年人多样化、多层次养老需求，提高养老服务质量，进一步提升养老服务保障供给能力，增强我们应对人口老龄化的底气。二是有利于促进社会和谐稳定。发展养老产业将进一步提升社会治理水平和能力，缓解空巢和失能老人养老需求同供给能力之间的矛盾，减轻子女赡养压力，破解"久病床前无孝子"的家庭难题，使每一位老年人都老有所养、老有所依、老有所乐、老有所安，切实增强人民群众的获得感、幸福感、安全感，夯实社会和谐稳定根基。三是有利于促进经济高质量发展。发展养老产业是我国调结构、促发展、转变经济发展方式的重要力量，是拉动内需的重要选择，是扩大内需的长远之计，有助于深化供给侧结构性改革，培育新兴消费增长点、打造经济增长新动能，不断增强我国综合竞争力。因此，加快发展养老产业是有效应对人口老龄化的必然选择，是提升社会治理能力的主要手段，是推动经济高质量发展的强大动力。

（二）养老产业发展面临的困境挑战

第一，社会资本参与养老产业动力不足。从养老机构开办情况看，民办养老机构仅占4成，中西部地区占比更低，大企业参与少、重资本投入少、养老企业规模小，真正以养老服务为核心业务的企业总量很低。可以看出，社会资本对全面进入养老产业还持有观望态度，参与的动力不足。一方面，养老产业特别是养老服务业尚未形成稳定的收益模式，与社会资本的逐利性不契合，据统计，目前只有不足10%的养老机构盈利，绝大部分仍处于微利和盈亏边缘，无利可图或有利难图降低了社会资本参与积极性。另一方面，现在主流的社区养老、机构养老等项目前期投入较大，政府虽有一些鼓励政策，但在融资、资金补助等方面缺乏具体、稳定、可落实的细则，机构容易在经营中陷入"经费不足—优化服务难—服务质量上不去—信任度降低—老年人入住少—经费不足"的循环，最终导致社会资本退出养老市场。总的来看，投资大、回报低、周期长，加上政策激励作用发挥不足等因素影响，给社会资本参与养老产业带来诸多掣肘。

第二，养老产业消费市场的有效需求不足。虽然随着人口老龄化程度的加深，养老产业消费对象持续增加，但消费市场没有完全激活。一是受传统养老观念制约。长期以来，"养儿防老"的传统观念根深蒂固，多数老年人不愿意进入机构养老。子女也会认为送父母进养老机构意味着"不孝"，更倾向于让老人居家养老。二是受传统消费观念制约。勤俭节约是我国传统美德，老年人消费观念大多是比较节俭，习惯储蓄，不愿意为养老服务产品买单。同时，在家庭中也不同程度存在重幼轻老的功利主义问题，养老支出明显偏少。三是受消费能力制约。不管是居家养老购买服务，还是选择机构养老，照护费用都较高，而老年人收入整体偏低，特别是中西部地区和农村地区，还有相当部分的老年人没有养老金，消费能力严重不足。

第三，专业人才缺乏降低养老服务产品质量。究其原因，一方面是我国养老产业发展时间尚短，社会认可度不高，加上其属于劳动密集型产业，薪资待遇不具竞争力，很难吸引高素质的专业人才加入。另一方面，由于养老产业不景气，职业前景不及预期，职业院校养老方向专业少、学生少，职业院校与养老机构需求脱节，养老服务专业人才培养严重不足。

（三）养老产业发展迎来广阔机遇

第一，养老产业市场潜力巨大。当前老年群体对于养老的需求，从衣食住行逐渐向医疗护理、精神慰藉等方面多元化转变，护理服务、老年用品、旅游文娱、保健产品等的市场需求不断扩张，仅从养老服务和养老产品看，我国供给量不足千亿，实际需求量达到近万亿，市场存在巨大的缺口需要填补。另外，随着经济水平的提升，老年群体对中高端养老的需求也不断增加，加上日益凸显的空巢化、高龄化、失能化等带来的刚需，进一步积累了养老市场潜力。

第二，养老产业政策利好导向。前文已经指出，为深化改革和加快发展养老产业，国家层面密集出台多项政策和规划。特别是近几年，先后提出要区分类别和层次推进养老服务产业发展，加快创新型养老产业发展；将现代医疗技术与养老产业充分结合；探索养老服务产业转型发展新路径；推动发展智慧养老新模式，等等。这些规划和政策既为养老产业发展提供指导建议，又为产业创新转变发展方向提供新思路。另外，党的十九届五中全会将积极应对人口老龄上升到了国家战略，党的二十大报告再次提出实施积极应对人口老龄化国家战略，充分表明国家把发展养老产业摆在更加重要位置，必将出台更大力度的支持政策，进一步强化养老产业发展支撑。

第三，养老产业迎来风口期。任何产业的发展都需要政策支持、产业资金、创新模式、发展平台、集群效应等因素共同推进。随着人口老龄化国家战略逐渐发力，其将为养老产业带来政策、资金、平台和技术等有利条件，同时赋予养老产业创新驱动引擎，推动养老产业创新发展、高质量发展。另外，随着"互联网+"热潮的掀起，移动定位、物联网、智能终端等技术大量应用在养老产业，将老年人的需求和科技的运用紧密结合，既能解决养老产业人力资源不足带来的问题，又能提高养老服务水平，成为撬动养老产业的"金手指"，极大推动养老智慧化发展。养老产业将成为极具活力的支柱产业。

三　养老产业发展路径

应坚持以人民为中心的发展思想，结合本区域资源禀赋、实际情况，加大引导扶持培育力度，积极调动社会力量参与，充分发挥社会资本拉动作用，走养老产业与养老事业协同发展之路，推动养老产业成为实现社会效益和经济效益双赢的新增长极。结合沿滩养老产业现状，可以从社区居家养老产业、机构养老产业、养老房地产业三个方面切入，抓牢医养结合、智慧养老两大重点，培育发展契合沿滩实际的"银发经济"。

（一）全面发展社区居家养老产业

重点瞄准自理、半失能老年人群体，采取公建民营方式，由政府建设养老服务综合体，引入养老服务企业进行运营，形成以企业为服务项目供给主体、综合体为枢纽阵地，集成日间照料、半托全托、医疗康养、助餐助娱等功能，延伸养老家政、适老化改造等居家服务的养老服务模式，逐步打造"10~15分钟养老服务圈"，实现社区居家养老服务的专业化、产业化发展。这是当前最有效、应重点着力的方向。一是大力推进养老服务综合体建设。根据辖区内老年人聚居分布情况和需求情况，按照便捷性、安全性、舒适性原则，5年内新规划建设或利用公建配套设施、社区服务用房、闲置资产等改造建设一批养老服务综合体，实现对全区老年人服务功能辐射全覆盖。城市社区按照辐射半径500米、服务2000~3000户居民的标准布局养老服务综合体。农村区域打破行政区划限制，选择村民聚居的中心区域，按照服务500~1000户村民的标准，适量建设以公益兜底为主的养老服务综合体。二是培育养老服务企业。以国有资本参与引导，引入社会资本为主，整合养老服务、家政服务、医疗服务等资源，孵化培育或者引入发展一批养老服务企业，采取承包、委托、联合经营等方式，参与养老服务综合体建设运营。由国有平台公司成立养老服务公司，直接对养老服务综合体进行运营，重点对乡镇场镇、农村等区域"无利"或"微利"的综合体进行兜底；引入养老服务领域头部企业入驻养老服务综合体，带来成熟先进的发展理念、管理经验和优质人才，建设运营具有示范效应的养老服务综合体，培育沿滩本土化品牌化的市场主体。建立养老服务综合体运营补贴机制，采取购买服务、公建民营、民办公助等形式加大支持力度，进一步推动社区居家养老产业发展。

（二）大力发展机构养老产业

随着年龄的增长，老年人对"医"的需求也不断增加。医养结合养老将是高龄、失能和慢性病老人的刚性需求。一是重点推进"医办养"模式。由医疗机构开办养老服务，探索医保对"医办养"的政策支持通道，满足部分老年人在养老的同时同步便捷享受医学诊疗和看护的需求。借助自贡市三甲医院医疗、人才、资金等资源，大力推动沿滩区医疗卫生机构开办医养结合机构。鼓励支持区内医疗卫生机构转型，区人民医院和有条件的乡镇卫生院可以开设老年病科，利用现有床位，激活闲置医疗资源，开展医养结合的养老服务。二是同步推进"养+医"模式。推动养老机构与医疗机构合作，完善养老机构医疗服务功能，同步提供健康管理、专家坐诊、疾病预防干预等服务。通过对养老服务头部企业的大力招引，学习"养老+医疗"方面的先进理念和模式，突出养老为主、医疗为辅、养医结合，打造引领沿滩养老产业发展的机构和企业。明确公建民营养老机构建设标准，在规划中将医疗服务功能作为标配一并纳入。三是补位推进"轻养老"模式。推动养老机构与旅游企业合作，开发乡村养老旅游项目，提供短期或长期旅游疗养服务。整合沿滩区乡村旅游土地、房产、设施等资源，进行适老化改造，建设适合老年人居住的农家乐、民宿酒店等，逐步发展承接沿滩区内、自贡市内、川南等区域有需求的老年群体。

（三）谋划推动发展养老地产

突出保健和养老主题，以房地产为载体、适老化设计为标准、服务为核心价值，选择自然环境良好、人文历史丰富、区位优势明显的区域，谋划推动一批集养老养生、休闲度假、康复疗养等于一体的复合型、智能化养老养生小区。重点在卧龙湖片区和东部新城沿滩片区适度规划、开发建设高端康养地产，探索打造沿滩地区新型康养小区，构建养老地产商圈业态。依托集中医健康管理、慢病康复、中医养生、盐疗、旅居养老等于一体的"市中医医院医养中心"建设，规划一个全龄型高档养老住宅社区或老年公寓，

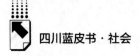

引进房地产商直接开发，养老服务企业负责整体运行，通过医养结合、养生度假等理念，吸引老年人高端消费群体，与医养中心协同发展新型养老产业聚集地。

四　养老产业发展保障措施

（一）积极谋划发展养老产业

完整、准确、全面贯彻新发展理念，充分认识养老产业健康发展对于经济社会发展和改革稳定大局的重大意义，致力于发展养老服务"朝阳产业"，培育"银发经济"，构建"低端有保障、中端有市场、高端有选择"的养老服务格局。将养老产业深度融入医养产业布局，制定养老产业发展总体规划。推进养老产业集群发展，可以整合家政服务产业园等资源，筹划打造养老服务产业园，将养老产业嵌入食品工业园、化工产业园等，推进特色工业园区在养老产业上延链补链。

（二）加强养老产业支持保障

一是完善基础配套。严格落实住宅小区养老服务设施用房标准规定，配套完善老年休闲、锻炼、文化活动服务设施，新建小区按照每100户不低于30平方米的标准配建养老服务设施，推进城郊地区和乡镇地区养老服务基础设施建设，为社会资本入场投资降低成本，营造养老产业友好发展环境。二是强化政策配套。争取、集成、使用和挖掘好现行政策红利，出台土地、资金、基础设施、人才等方面优惠政策，设立专项基金，保障土地资源供给，激发产业发展活力，吸引社会资本投资发展养老服务业。三是加大招商力度。聚焦医疗、房地产、养老等方面优质企业，建立养老产业招商机制，精准开展招商引资活动。四是加大金融扶持。引导金融机构抢抓产业发展机遇，放宽贷款准入门槛，制定专项信贷产品，在资金规模、贷款定价、贷款期限上给予优惠条件，降低养老企业融资成本。

（三）加强养老产业行业监管

探索建立养老产业监管体系，建立健全行业准入、投诉受理、奖惩及退出等机制，促使养老服务机构规范运行。不断完善养老服务消费环境，畅通老年人消费群体投诉举报渠道，严厉防范打击非法集资等涉老利益案件，切实保障老年人权益，为老年人提供优质养老服务，逐步树立树优沿滩养老服务品牌，大力吸引市场主体进入沿滩，吸引老年人向养老资源富集地区、机构聚集，形成规模效应。

（四）强化养老产业人才支撑

加大养老服务专业化人才培养力度，通过就业培训中心，加强养老机构管护人员技能培训，对取得相应资格的职工实施奖励补助，提高养老产业从业人员专业能力。落实专技人才补贴支持政策，提高养老从业人员职业待遇，提升养老服务的职业吸引力。拓展全行业养老职业通道，吸引家政、物业、社区服务等相关人才加入养老行业，推动养老护理职业化、专业化。

（五）培育养老产业消费观念

充分利用各种宣传渠道，开展多种形式的社会宣传活动，引导老年人及其子女树立健康的养老观念和积极的消费观念。引导养老机构、养老服务企业积极参与公益性养老服务活动，通过先期的无偿、低偿服务，加强老年群体对养老服务项目的信任和支持，打破传统养老观念束缚。完善老年人消费维权机制，让老年人能够放心消费，免除后顾之忧，进而构建一种不断变化的正向反馈机制，持续提高老年人消费动力，构建良好的养老消费环境。

专题与案例篇
Special Reports and Cases

B.13
四川省"双一流"高校的
学生资助政策研究

沈 华　牛文龙*

摘　要： 本文通过对不同地区高校学生资助状况的分析，发现四川省优质高等教育资源分配不均衡，给全省学生资助工作带来较大挑战。四川省在经济困难生认定、国家助学贷款和国家助学金分配上存在一定问题，如家庭社会阶层较低的学生更容易获得资助、国家助学金分配不合理等，应从改进贫困生认定工作、疏解贫困生群体债务焦虑和改进助学金分配等方面完善助学政策。

关键词： 优质高等教育获得机会　经济困难生认定　国家助学贷款　国家助学金

---

* 沈华，电子科技大学公共管理学院教授，研究方向为教育经济与管理；牛文龙，电子科技大学公共管理学院，研究方向为教育经济与管理。

党的二十大报告指出要"完善覆盖全学段学生资助体系",这对新时期的学生资助工作提出了更高要求。"不让一名学生因家庭经济困难而失学"是党和政府对广大经济困难家庭学生的庄严承诺。做好高校学生资助工作,是促进教育公平和社会公平的必然要求,是建设人力资源强国的迫切需要,是加快推进教育现代化的重要基础。经过几十年的努力,我国已经形成了以政府投入为主、学校和社会资助为辅,以无偿资助为主、有偿资助为辅,以助困为主、奖优为辅的中国特色学生资助体系,保障了人民接受公平而有质量的教育。

四川省位于中国西部地区,经济社会发展水平相对落后于东部和中部地区,家庭经济困难学生较多,这对学生资助政策实施提出了更高的要求。我国高等教育进入普及化阶段,人民群众对优质高等教育的需求日益提高。家庭经济困难的学生对优质高等教育的需求更加迫切。

本次问卷调查采用分层随机抽样的原则,包含高校的基本信息、学生家庭情况、学生资助获得情况等。共有 5 个省份 5 所"双一流"高校 4528 个样本,其中四川省高校有 875 个样本,占比 19.3%,命名为"高校 A",其他省份分别是黑龙江(高校 B)、福建(高校 C)、江苏(高校 D)、陕西(高校 E)。本文对不同地区高校的学生资助状况进行分析,发现四川省"双一流"高校在入学和学生资助方面存在部分问题,并提出相应的政策建议。

一　学生家庭基本情况

(一)家庭所在地

在省内外学生家庭所在地构成中,农村都是最主要的来源,两者不同的是其他省农村比例更高,达到了 48%,四川省农村比例较低,仅 35%;四川省学生家庭所在地为省辖市/省会城市的占比为 13%,高于其他省的 8%;地级市占比 19%,高于其他省的 13%(见图 1、图 2)。总体上看,相比于其他省,四川省学生来自较高行政级别地区的占比更高。

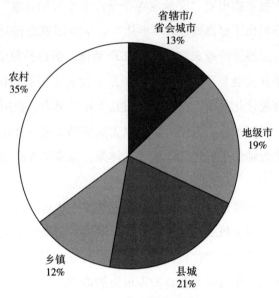

图 1　四川省学生家庭所在地

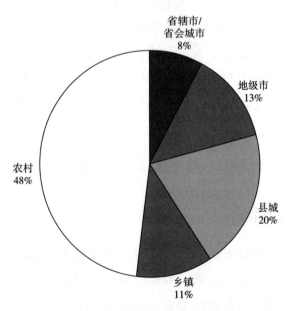

图 2　其他省学生家庭所在地

（二）家庭收入情况

本文采用收入法界定贫困群体，这种方法关注学生家庭收入水平与学校平均学生家庭收入水平的差距，是一种区别于绝对收入法的相对收入贫困的判别方法。具体来说，将家庭全年总收入在 0～15000 元的界定为低收入群体（贫困群体），将家庭全年总收入在 15001～25000 元的界定为中低收入群体，将家庭全年总收入在 25001～50000 元的界定为中高收入群体，将家庭全年总收入在 50001 元及以上的界定为高收入群体。以下研究均依此标准展开。

与其他省相比，四川省低收入家庭占比偏低，仅占 25.1%，其他省占比 31.4%；高收入家庭占比偏高，达到 36.6%，其他省仅为 20.8%（见图3）。学生家庭收入呈现"两边高，中间低"和"头重脚轻"的特点。"两边高，中间低"是指高收入和低收入人群所占比例较高而中低、中高收入人群所占比例较低；"头重脚轻"是指高收入人群占比 36.6%，高于低收入人群的 25.1%。

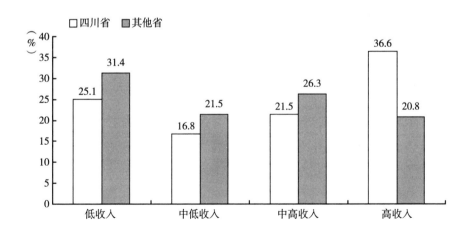

图3　省内外学生家庭收入情况

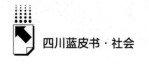

（三）学生在校支出情况

学生具有不同层次的支出需求，本研究将学生的支出分为四大类，分别为必须教育支出（包括学费、辅修专业和第二学位学费、住宿费），基本生活支出［包括伙食费、服装及日用品费、回家往返路费（交通费）、医疗费］，日常交往支出（含通信费、娱乐休闲费），以及精神文化支出（教材等书籍费、课外培训费）。

1. 省内外学生在校支出水平

由表1可知，四川省学生在必须教育支出、精神文化支出、日常交往支出方面均低于其他省学生；在基本生活支出上高于其他省学生，高出77元；在总支出上低于其他省学生，低966元。

表1　省内外学生在校支出水平

单位：元

类目	必须教育支出	基本生活支出	精神文化支出	日常交往支出	总支出
四川省	13563	1954	2054	1330	18901
其他省	14343	1877	2136	1511	19867

2. 省内外学生在校支出结构

由图4、图5可知，在支出结构上，四川省学生的主要支出是必须教育支出方面，占比71.8%，与省外相差不大；在其他几类支出上，精神文化支出所占比例较大，占比10.9%；日常交往支出所占比例最低，占比7.0%。与其他省学生不同的是，四川省学生基本生活支出所占比例为10.3%，略高于其他省学生的9.4%，这与上文基本生活支出较高相对应。

3. 不同收入学生在校支出情况

由表2可知，与低收入群体相比，高收入群体在校总支出为22160元，高于低收入群体6000余元；其他各项支出如必须教育支出、基本生活支出、精神文化支出、日常交往支出均高于低收入群体。

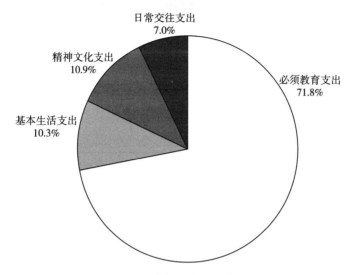

图 4　四川省学生在校支出结构

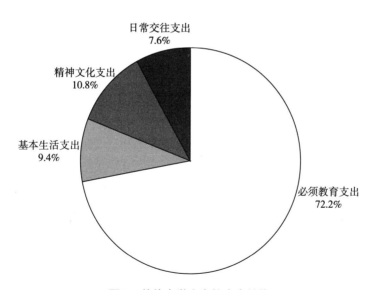

图 5　其他省学生在校支出结构

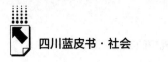

表 2 不同收入群体在校支出情况

单位：元

收入	必须教育支出	基本生活支出	精神文化支出	日常交往支出	总支出
低收入	11722	1454	1800	1109	16085
中低收入	11779	1466	1681	1042	15968
中高收入	13799	1725	1921	1508	18953
高收入	15512	2658	2479	1511	22160

（四）家庭受教育程度

1. 父亲受教育程度

四川省学生父亲受过高等教育的占比为 26.3%，高于其他省的 14.5%；小学占比 21.6%，低于其他省的 26.1%；初中占比 31.4%，低于其他省的 38.0%；高中占比 20.7%，与其他省的 21.4% 相差不大（见图 6）。四川省学生父亲受过高等教育的比例高于其他省，在其他受教育程度上占比要低于其他省，说明其整体受教育水平偏高。

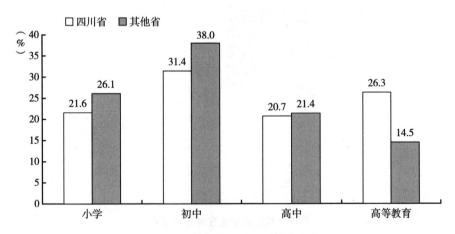

图 6 省内外学生父亲受教育程度

2. 母亲受教育程度

四川省学生母亲受过高等教育的占比为20.0%，高于其他省的10.7%；小学占比28.3%，低于其他省的37.8%；初中占比30.7%，略低于其他省的34.2%；高中占比20.9%，高于其他省的17.2%（见图7）。四川省学生母亲受过高等教育、高中教育的比例高于其他省，在其他受教育程度上占比要低于其他省，说明其整体受教育水平偏高。

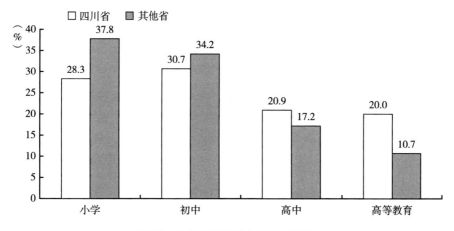

图7 省内外学生母亲受教育程度

（五）家庭职业背景

本研究依据中国社会科学院《当代中国社会阶层研究报告》中对社会阶层的划分，将问卷中的职业类型进行分类。将行政管理人员（包括党政机关、事业单位、群众团体行政管理）、企业管理人员（如经理、部门经理等）、私营企业主划分为管理人员；将专业技术人员（如工程师、会计师、教师、医生、律师、编辑、记者等）、技术辅助人员（如技术员、教辅人员、护士、秘书、会计、出纳、文秘等）划分为技术人员；将服务人员（如保安、餐饮服务、销售服务、市场营销等）、进城务工人员划分为服务和进城务工人员；将一线生产工人、一线农（林、渔、牧）民划分为一线工人农民；将失业、退休归为失业和退休。

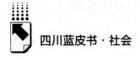

1. 父亲职业背景

在学生的父亲职业背景上，四川省在社会阶层较高的职业上占比高于其他省，管理人员占比19.0%，高于其他省的10.1%；技术人员占比13.0%，高于其他省的7.3%。四川省在社会阶层较低的职业上占比低于其他省，一线工人农民占比18.0%，低于其他省的24.4%；失业和退休占比10.0%，低于其他省的16.0%；服务和进城务工人员占比相当（见图8）。四川省高校学生的父亲职业背景偏高。

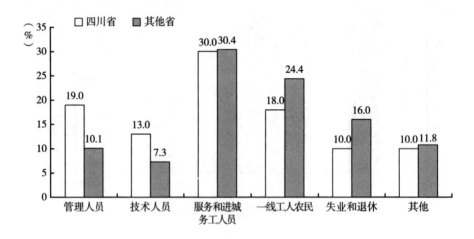

图8 省内外学生父亲职业背景

2. 母亲职业背景

在学生的母亲职业背景上，四川省在社会阶层较高的职业上占比高于其他省，管理人员占比10.2%，高于其他省的5.5%；技术人员占比16.7%，高于其他省的8.0%。四川省在社会阶层较低的职业上占比低于其他省，一线工人农民占比13.7%，低于其他省的20.4%；失业和退休占比28.6%，低于其他省的35.0%；服务和进城务工人员占比相当（见图9）。四川省高校学生的母亲职业背景偏高。值得关注的是，母亲职业背景为失业和退休的占比28.6%，远高于父亲的10.0%。

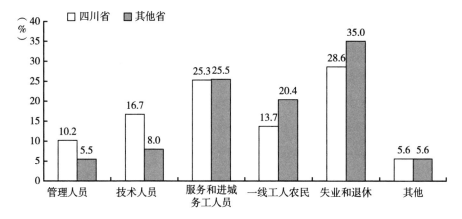

图9 省内外学生母亲职业背景

二 高校学生资助现状

（一）家庭经济困难学生认定现状

家庭经济困难学生认定是开展学生资助工作的前提和基础，是"全面推进精准资助，确保资助政策有效落实的迫切需要"①。经济困难群体只有被认定为贫困生，才拥有接受资助的可能。

1. 总体情况

在是否提交过"家庭经济困难学生"申请的问题上，提交过的占比较大，达到59.9%，未提交过申请的占比较小，达到41.1%。提交过的学生中，绝大多数都被认定为"家庭经济困难学生"，通过认定的占总体人数的58.1%，未通过认定的仅占总人数的1.8%（见图10）。

2. 家庭经济困难生的认定与家庭所在地行政级别呈负相关关系

被认定为家庭经济困难生的比例随家庭所在地行政级别的下降而上升。省辖市/省会城市的比例最低，为24.5%；农村的比例超过八成，达到82.9%。

---

① 《教育部等六部门关于做好家庭经济困难学生认定工作的指导意见》（教财〔2018〕16号）。

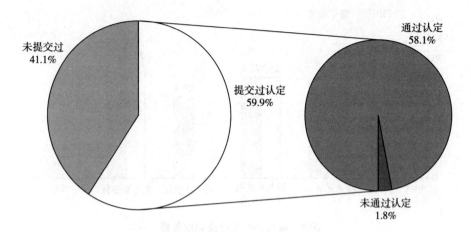

图10　家庭经济困难学生申请与认定现状

表3　提交贫困生认定申请和家庭所在地行政级别的关系

单位：%

行政级别	未提交申请	提交申请	
		未被认定	被认定
省辖市/省会城市	73.6	1.8	24.5
地级市	63.2	1.8	35.0
县城	45.4	1.6	53.0
乡镇	33.9	0.9	65.1
农村	15.2	1.9	82.9
全体	41.1	1.8	58.1

3. 家庭经济困难生的认定与家庭教育背景呈负相关关系

被认定为家庭经济困难生的比例随家庭教育背景的上升而下降。父亲受教育程度为小学的学生中，超过80%的学生被认定为家庭经济困难生，占比是最高的；父亲受教育程度为高等教育的学生被认定为家庭经济困难生的比例最低，为24.8%（见表4）。母亲受教育程度也有着相同的特点。

表 4　提交贫困生认定申请和父亲教育背景的关系（父亲）

单位：%

受教育程度	未申请	提交申请	
		未通过	通过
小学	17.5	1.1	81.5
初中	22.9	2.9	74.2
高中	47.0	1.1	51.9
高等教育	73.9	1.3	24.8
全体	41.1	1.8	58.1

（二）国家助学贷款资助现状

1. 总体情况

在申请意愿上，四川省有意愿申请国家助学贷款的学生比例为 47.0%，其中不到一半的学生最终能够获得，占总人数的 19.0%；没有申请意愿的占比 53.0%（见图 11）。

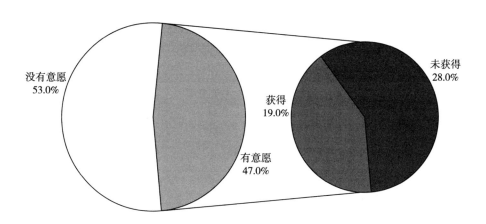

图 11　四川省国家助学贷款申请意愿与获得情况

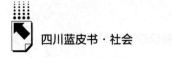

四川蓝皮书·社会

2.国家助学贷款的申请意愿与家庭职业层级呈现负相关关系

国家助学贷款申请意愿在父亲为管理人员和技术人员两个较高层级的分组上与其他职业层级较低的分组有着显著的区别。仅有20.7%的管理人员和27.5%的技术人员有申请助学贷款的意愿；而服务和进城务工人员、一线工人农民、失业和退休人员均达到约六成（见表5）。国家助学贷款的申请意愿随家庭（父亲）职业层级的上升而下降。

表5 申请意愿与父亲职业层级的关系

单位：%

申请意愿	管理人员	技术人员	服务和进城务工人员	一线工人农民	失业和退休	其他	全体
是	20.7	27.5	57.9	60.2	60.0	51.1	47.0
否	79.3	72.5	42.1	39.8	40.0	48.9	53.0

3.高收入群体获得助学贷款的比例明显较低

在获得国家助学贷款的情况方面，高收入群体获得比例明显低于其他收入分组，仅有11.3%；低收入、中低收入和中高收入群体获得比例差别不大（见表6）。

表6 资助获得情况与收入的关系

单位：%

助学贷款	低收入	中低收入	中高收入	高收入	全体
获得过	38.2	36.7	38.3	11.3	28.0
未获得	61.8	63.3	61.7	88.8	72.0

（三）国家助学金现状

1.总体情况

就国家助学金覆盖情况，四川省覆盖面较大，达到约五成，有48.0%的学生获得过国家助学金，有52.0%的学生未获得过国家助学金。其他省覆盖面较小，仅两成，有21.0%的学生获得过国家助学金，有79.0%的学生未获得过国家助学金。

2. 家庭职业阶层较低的学生获得助学金比例较大

在诸多家庭职业阶层中，管理人员获得助学金的比例最小，仅12.8%；技术人员其次，占比22.0%；服务和进城务工人员、一线工人农民、失业和退休人员占比明显高于职业阶层较高的分组，均达到六成以上（见表7）。

表7　家庭职业阶层与助学金获得关系（父亲）

单位：%

助学金	管理人员	技术人员	服务和进城务工人员	一线工人农民	失业和退休	其他	全体
获得过	12.8	22.0	63.2	62.7	63.3	60.0	48.0
未获得	87.2	78.0	36.8	37.3	36.7	40.0	52.0

3. 家庭收入较低的学生获得助学金比例较大

与其他收入分组相比，高收入群体获得助学金的比例明显较低，仅达到25.0%；中低收入和中高收入分组较高，均在约六成；低收入群体最高，达到65.9%（见表8）。

表8　家庭收入与助学金获得关系

单位：%

助学金	低收入	中低收入	中高收入	高收入	全体
获得过	65.9	59.2	58.5	25.0	52.0
未获得	34.1	40.8	41.5	75.0	48.0

三　高校学生入学机会和学生资助的问题分析

（一）优质高等教育入学机会分配不均衡

党的十八大以来，我国高等教育规模不断扩大，建成世界最大规模的高

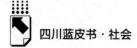

等教育体系，在学总人数达 4430 万人，高等教育毛入学率从 2012 年的 30% 提高至 2021 年的 57.8%，高等教育进入普及化发展阶段。[①] 党的二十大报告指出，"要促进教育公平"。在新发展阶段，接受高等教育已不是一件难事，人民群众对优质教育资源的需求不断提升，优质高等教育的公平问题日益为大家所关注。本研究通过对比四川省内外"双一流"高校学生的家庭情况来具体分析这一问题。

1. 来自农村的学生优质高等教育获得机会较少

相比于其他省高校，四川省高校中来自农村的学生比例明显偏低，地级市及以上的学生比例偏高；而在 2020 年第七次全国人口普查中，四川省农村人口占比 44%。农村人口在总人口中占 44%，在四川省高校中占 34%，这说明四川省优质高等教育分配给乡村地区较少，这在一定程度上体现了优质高等教育入学机会分配的不公平。与东部地区相比，四川省经济发展水平较低，地区间发展差距较大，这可能是导致上述现象的重要原因。为验证这一推测，本研究将同为西部地区的高校 E 与来自东部地区的高校 C 做了对比，结果印证了上文中的推断：优质高等教育在经济欠发达地区的不同级别城市之间分配不均。

2. 来自低收入家庭的学生优质高等教育获得机会较少

相比于其他省高校，四川省高校学生家庭高收入分组所占比例较高；低收入分组所占比例较低，这说明高校家庭整体收入水平较高。但四川省人均收入水平低于东部地区。四川省来自低收入家庭的学生优质高等教育获得机会较少。由上文的数据可以看到，位于西部地区的高校 E 也有类似的情况。这说明：经济欠发达地区不同收入家庭的优质高等教育获得机会不公平。教育是阻隔贫困代际传递的治本之策，更多低收入群体接受高等教育有利于缩小收入差距，促进社会公平。而现在，西部地区优质高等教育获得机会不公平，这可能会加剧地区收入的不公平。

3. 来自低教育程度家庭的学生优质高等教育获得机会较少

四川省高校学生的父亲、母亲受教育程度与其他省高校相比更高，这说

---

① 《我国高等教育进入普及化发展阶段》，《中国信息报》2022 年 5 月 25 日。

明在四川，更多学生拥有良好的家庭教育背景，其教育代际传递效应更为明显，这一现象在同为西部地区的高校 E 有相似的体现。欠发达地区具有更明显的教育代际传递现象，而这会影响教育公平。较高的受教育程度会带来较高的收入，教育的代际传递现象可能会导致家庭收入的代际传递，这种情况发生在欠发达地区则不利于缩小收入差距，从而造成社会不公平。

4. 来自低职业背景家庭的学生优质高等教育获得机会较少

四川省高校学生父亲、母亲职业背景所处的社会阶层较高，说明来自低职业背景家庭的学生优质高等教育获得机会较少；来自高职业背景家庭的学生优质高等教育获得机会较多，这一现象在高校 E 有同样的体现。这说明经济欠发达地区，职业背景与接受优质高等教育的相关性更强。

（二）贫困生认定存在的问题

1. 有需求的学生未提交申请的比例较其他省更高

在未申请的学生中，有 35.0% 的学生有申请需求但未能提交申请，这一比例高于其他省的 20.0%。就具体原因来看，不了解政策是最主要原因，占比达到未申请人数的 20.0%；其次是手续繁杂，占未申请人数的 9.0%（见图 12、图 13）。

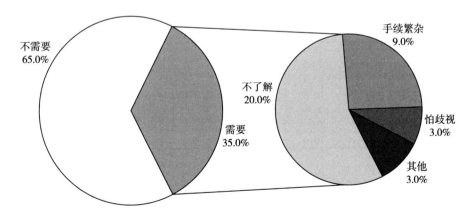

图 12 四川省未申请贫困生认定的原因

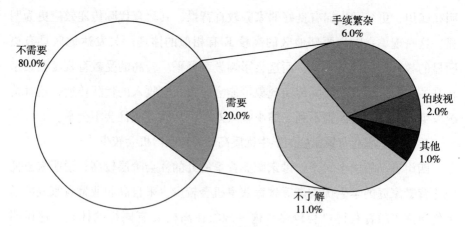

图13　其他省未申请贫困生认定的原因

2. 不了解政策是社会分层较低的职业没有申请贫困生认定的主要原因

在未申请的学生中，有 50.0% 的学生父亲为失业和退休人员因不了解政策而未申请，比例最高，一线工人农民、服务和进城务工人员也有较大的比例；这些人群选择手续繁杂的比例也较高（见表9）。在母亲职业中也有相同的特点。其原因是较低职业分层家庭对贫困生的认知还不够。

表9　父亲职业与未申请贫困生认定的原因

单位：%

职业	不需要	不了解政策	手续繁杂	怕歧视	其他
管理人员	76.7	13.5	8.3	0.8	0.8
技术人员	79.5	9.0	7.7	3.8	0.0
服务和进城务工人员	47.3	23.6	12.7	9.1	7.3
一线工人农民	41.5	36.6	12.2	2.4	7.3
失业和退休	30.0	50.0	15.0	0.0	5.0
其他	62.5	25.0	0.0	0.0	12.5
共计	65.0	19.7	9.1	2.8	3.4

（三）国家助学贷款存在的问题

1. 国家助学贷款覆盖面不够广

与其他省份相比，四川省国家助学贷款的资助面有 28.0%，低于其他省的39.1%。有41.0%的人有资助的主观意愿但未能获得资助,而且其中近半数属于低收入人群和中低收入人群(见图14)。

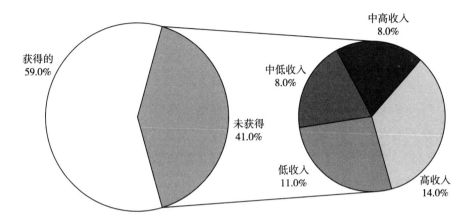

图14 有资助意愿但未获得人群的家庭收入情况

2. 父母不愿意和不了解政策是低受教育程度家庭未申请助学贷款的主要原因

可以看到,因不需要未申请助学贷款的比例随父亲学历的升高而升高,小学、初中约占五成,高等教育比例则为85.2%。在其他原因中,父亲受教育程度为小学的学生,父母不愿意和不了解比例较大,分别为22.7%和18.2%;父亲受教育程度为初中的学生,父母不愿意和不了解比例较大,分别为13.8%和16.3%;父亲受教育程度为高中的学生不了解占比较大,达到23.8%(见表10)。父母不愿意和不了解政策是低受教育程度家庭未申请助学贷款的主要原因。

表10 家庭受教育程度与未申请原因的关系(父亲)

单位:%

受教育程度	不需要	父母不愿意	不了解	手续繁杂	怕同学歧视	其他
小学	47.0	22.7	18.2	9.1	0.0	3.0
初中	53.7	13.8	16.3	9.8	2.4	4.1
高中	58.1	8.6	23.8	6.7	1.9	1.0
高等教育	85.2	3.0	5.3	4.1	2.4	0.0
全体	65.2	9.9	14.3	6.9	1.9	1.7

（四）国家助学金存在的问题

1.国家助学金溢出现象较为严重

国家助学金的资助面是指接受国家助学金资助的人数占总人数的比例，资助面越大，资助比例越高。同理，贫困面则是低收入群体人数占总人数的比例。溢出现象是指资助面大于贫困面的情况。

四川省高校 A 的资助面为 48.0%，在诸多高校中最高，同属西部地区的高校 E 也有较高的资助面；与之相反，东部地区高校 D 资助面则较低（见图 15）。这与之前笔者在《高校家庭经济困难学生认定和本专科生国家助学金调查分析报告》中的研究结果相同。但值得关注的是，在贫困面上，东部地区的高校 D 贫困面高于西部地区的高校。这导致高校 A、E 的资助面远高于贫困面，而东部地区的高校 D 却相反，这与一般认知不符。即在一般高校中，东部地区资助面高于贫困面，西部地区资助面低于贫困面，但是"双一流"高校的情况却与之相反。

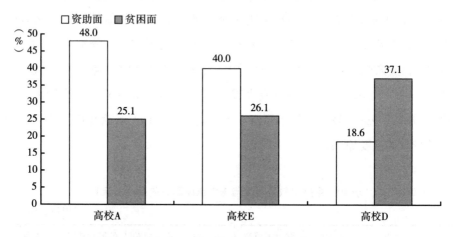

图 15 三所高校资助面与贫困面对比

2.国家助学金的泄漏率较高、遗漏率较低

"在贫困研究中，资助的瞄准效果一般用'泄漏率'和'遗漏率'来衡

量。泄漏指非贫困生获得贫困资助,泄漏率即"助不应助"学生占学生总数的比例;遗漏指贫困生未能获得贫困资助,遗漏率即"应助未助"学生占学生总数的比例。"[①] 后文基于以上指标对比同为西部地区的高校 A 和高校 E。为防止各地区资助面和贫困面差异较大而影响遗漏率和泄漏率两个指标的对比,选择这两个来自西部地区情况相似的高校。

如表 11 所示,高校 A、E 在错误资助的比例上基本一致,分别为41.0%和40.0%,四川高校表现略差。具体而言,高校 A 在资助面更高、贫困面更低的情况下拥有较高的遗漏率和较低的泄漏率。

表 11　高校资助瞄准效果对比

单位：%

学校	错误资助		正确资助	
	助不应助(泄漏)	应助未助(遗漏)	应助且助	不应助未助
四川省	32.0	9.0	16.0	43.0
其他省	34.0	6.0	20.0	40.0

四　结论和政策建议

（一）结论

1. 西部欠发达地区优质高等教育分配不均衡

MMI（Maximally Maintained Inequality）理论和 EMI 理论可以解释这一问题。MMI 理论是雷夫特里（Raftery）和霍特（Hout）提出的最大限度维持不平等模型,阐述了教育扩张和教育分层之间的关系,指出社会经济地位处于优势的父母会寻找各种方法使得其子女教育机会最大化,只有高等教育

---

① 杨钋、刘霄：《研究生收费前贫困资助政策的瞄准和减贫效果分析——以首都高校研究生为例》,《教育与经济》2019 年第 2 期。

需求达到饱和，阶层差异才有可能缩小。[1] EMI（Effectively Maintained Inequality）模型是在此基础上由卢卡斯（Lucas）提出的，其更关注教育质量问题，指出即便高等教育需求达到饱和，不平等也会有效延续下去。因为，高等教育机会的不平等不单纯是数量上的不平等，也包含质量上的不平等。如质量不平等是普遍的，那社会经济地位处于优势的父母同样会寻找各种方法使子女获得更优质的教育资源，从而导致质量的不平等。[2]

研究证实，在西部地区，社会经济地位较高的家庭获得优质高等教育的机会更多，优质高等教育分配不公平；东部地区这样的现象则不明显。这说明经济发展水平能在一定程度上影响优质高等教育的分配。相关研究表明，家庭背景对子女的受教育程度具有重要影响，其差异将转化为子代人力资本的存量不平等，并且通过劳动力市场和教育收益的信号作用，进一步转化为子代收入的不平等，加剧代际不平等的固化。[3]

2. 家庭社会阶层较低的学生更容易获得资助

研究发现，家庭收入较低、父母职业阶层较低、父母受教育程度较低、家庭所在地行政级别较低的家庭获得贫困生认定和各类资助（国家助学金、国家助学贷款）的比例更高。学生资助能帮助贫困学生顺利完成高等教育，从而获得更好的职业，提升家庭收入，促进其社会阶层向上流动，促进社会公平。

3. 国家助学金分配不合理

研究发现，国家助学金分配不合理体现在两个层次。第一个层次是教育部给予四川"双一流"高校偏高的资助面。四川省"双一流"高校学生家庭经济困难的贫困面较小，资助面较大且高于贫困面，二者出现了"倒挂现象"。第二个层次是四川省高校的资助瞄准效果较差，有较高的遗漏率。

---

[1] Raftery A. E., Hout M., "Maximally Maintained Inequality: Expansion, Reform, and Opportunity in Irish Education, 1921-75," *Sociology of Education*, 1993 (1).

[2] Lucas S. R., "Effectively Maintained Inequality: Education Transitions, Track Mobility, and Social Background Effects," *American Journal of Sociology*, 2001, 106 (6).

[3] 邹薇、马占利：《家庭背景、代际传递与教育不平等》，《中国工业经济》2019年第2期。

（二）政策建议

1.学生资助应进一步向家庭社会阶层较低的学生倾斜

《学生资助资金管理办法》指出"各地可结合实际，在确定资助面时适当向农村地区、贫困地区和民族地区倾斜"。在学生资助过程中应该更多关注弱势家庭，上一代的不平等已经产生，学生资助有利于通过改善这一代贫困生的教育状况，促进下一代的社会公平。但不应忽视的是，高等教育学生资助政策的实施不可能消除长期因素导致的学习能力差异带来的高等教育入学机会差异。教育和财政政策还需要对弱势群体在高等教育之前的教育给予更多关注，提高低收入群体的整体受教育水平，改善其受教育环境，以尽可能消除长期家庭不良教育环境以及基础教育数量和质量差异带来的学习和认知能力的差异。

2.改进贫困生认定工作

一是要通过设立更多的学生资助大使等方式，进一步加强对学生资助的宣传工作。我国已经建成了较为完整的学生资助体系，其体系内容十分丰富，涉及多方面，需要不断加强宣传。应通过各种措施加大对学生资助体系的宣传力度。如完善学生资助信息发布制度，突出学生资助宣传工作重点，改进学生资助工作宣传方式等。二是要进一步简化贫困生认定流程，让学生少跑腿，不因认定程序复杂而放弃认定机会。

3.优化国家助学金的分配

一是要将四川省的国家助学金更多向其他层次学校倾斜。《关于进一步落实高等教育学生资助政策的通知》（财科教〔2017〕21号）指出"各地区、高校等培养单位在分配资助名额和资金时，不能简单地划比例、'一刀切'"。各省级财政、教育部门要结合实际、因地制宜，向民族院校、以农林水地矿油核等国家需要的特殊学科专业为主和家庭经济困难学生较多的高校等培养单位倾斜。由此可见，国家助学金的资助应更多地偏向困难群体、普通本科和高职等院校。二是高校要进一步提高资助精准度。2021年我国脱贫攻坚战取得全面胜利。解决绝对贫困后，对贫困生的资助应转向相对贫困视角，贫困生认定策略也应与时俱进。有关研究表明，现在学校贫困生认定的主流方法，收入法、支出法、收入—支出双指标差值法和比值法在高校贫困生认定方面都存在一定局限，而调整相对贫困线标准，能有效提升双指标比值法的识别精度。此外，还应综合考虑生源地经济发展水平、特殊群体等多种因素，科学开展贫困生认定工作。

B.14

2018~2022年四川省职业教育产教融合发展成效与改革趋势

张志英　谢伶林*

摘　要： 职业教育产教融合发展既是推动地方经济社会创新发展的动力，也是我国职业技术院校办学的发展趋势。继党的十九大将职业教育产教融合上升为国家战略，党的二十大明确提出要始终坚持职业教育产教融合。四川省紧跟国家战略方针，积极推动职业教育产教融合进一步发展。2018~2022年四川省提高职业教育经费投入、建立"双师型"教师队伍、优化专业结构、建立"双元"育人体系等，走出了"专业+产业""教学+研发""培养+就业""园区+联盟"产教融合的四川模式，取得许多显著的成效。但是四川省职业教育发展还存在着区域发展不平衡、职业教育本科层次发展不足等问题。面对新的发展任务，四川省应加大职业教育政策倾斜力度，促进职业教育均衡发展：以职业教育高质量发展带动乡村振兴、发展职业教育本科层次等途径，推动职业教育产教融合发展，更好发挥职业教育功能，顺应新时代国家战略需求，实现职业教育现代化目标。

关键词： 职业教育　产教融合　四川

---

* 张志英，四川省社会科学院社会学研究所研究员；谢伶林，四川省社会科学院，研究方向为社会学。

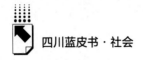

一 四川省职业教育产教融合发展背景和政策支持

（一）发展背景

产教融合政策是在我国社会经济不断发展中诞生和发展的。早在新中国成立至 20 世纪 70 年代，我国实行的是教育与生产劳动相结合的半工半读的学习制度。党的十一届三中全会后，面向生产服务发展的需求，我国提出产教结合的方针。2013 年十八届中央委员会第三次全体会议正式提出"产教融合，校企合作"，2017 年国务院办公厅发布《关于深化产教融合的若干意见》后，职业教育产教融合上升为国家战略。①目前我国经济进入高质量发展阶段，构建新发展格局，建立现代化产业体系，推动产业结构转型，需要继续发挥产教融合这一现代化职业教育的最大优势和基本功能，培养技术技能人才、领军人才，优化我国劳动力结构，促进现代化产业在人力资源、实体经济、科技创新和经济金融四个方面均衡发展。

四川省面对产教融合过程中的痛点难点，根据创新驱动发展战略要求，按照"抓项目、重协同、有突破、能示范"思路，构建多部门协同管理新机制，建立"双激励"模式，添加"培养+就业"新内涵，构建项目遴选新体系，改革示范激励管理。强化产教融合建设，推动学校和企业协同发展，壮大四川省高质量的技术技能人才队伍，打破四川高质量发展人才瓶颈。

职业教育产教融合虽然取得令人瞩目的发展成就，但是仍然存在投入不足、高等教育层次不完善、融而不合、合作不紧密、教育质量不优、社会认可度低等问题。职业教育产教融合是现代化职业教育发展的理论方向，也是促进经济高质量发展的实践问题，需要各主体做到因地制宜，对接地区、对接产业、对接学校，搭建产教融合平台，创新产教融合内容。现代化教育体系的建立和完善必须瞄准这块短板，毫不动摇地走产教融合之路，加快推进

---

① 王辉：《我国职业教育产教融合政策变迁析理》，《中国职业技术教育》2022 年第 27 期。

职业教育的发展和完善。

针对目前高职院校产教融合存在校企双方培养目标不统一、"双主体"培养模式不明确等问题，周桐等提出构建"三融合（校企融合育人、校企师资共建、书证融通）、六共同（共同投资、教学科研、招生就业、管理、促就业、服务社会）、三维度（主体维度、校企合作方式维度、全产业链类别维度）"的产教融合模式，构建文化认同、维度融通和共同行动的模式。① 针对民族地区职业教育在产教融合实践中面临投入不足、融合价值认同缺失、法理依据缺乏以及能力与目标双重滞后等诸多困境，高岳涵等认为民族地区职业学校要立足当地发展最合适的职业教育，在产教融合进程中，通过强化融合意识、加强制度设计、增强筹划的组织合力等方式优化产教融合路径，激发民族地区自身发展的动力。②

产教融合是职业教育教学方式的创新，从历史的角度看，产教融合发展模式能够高效发挥职业教育职能。当前，我们要完成由职业教育大国到职业教育强国的现代化教育体系建设任务，必须坚定不移地走产教融合的发展道路，坚持推动职业教育和产业结合，探索协同育人的新路径，同市场需求对接，与企业合作，通过深化产教融合，从根本上激发经济发展的活力。

（二）政策支持

以人才培养为目标的职业教育深化产教融合的实用教学体系改革，有利于解决人才供给与行业需求之间的结构性不匹配等问题，是顺应经济转型对人才转型要求的重要举措，也是推进高质量发展和建设现代化经济体系的要求。目前职业教育改革推进产教深度融合成为各方共识，国务院出台了"若干意见"和"职教20条"后，相关政策不断完善。四川省紧扣国家政策，每年都会出台涉及产教融合的政策文件。2018年共制定各种意见、方

---

① 周桐、刘宇、伍小兵、李同同、林涛：《我国高职院校产教融合的现状、困境及创新路径》，《实验技术与管理》2022年第9期。

② 高岳涵、刘向梅：《民族地区职业教育产教融合的现实困境与优化路径》，《民族教育研究》2022年第2期。

案 4 项；2019 年共制定相关政策 8 项；2020 年印发了 9 项政策建议；2021 年印发了包括《四川省职业教育提质培优行动计划（2021—2025 年）》在内的 4 份相关政策文件。党的二十大报告进一步指出要始终坚持职业教育产教融合的发展方向，构建新发展格局。职业教育产教融合的深化不仅需要理论的指导，还需要实践的探索，四川省为推动省内职业教育产教融合发展，不仅制定政策统筹指挥，还细化完善行动方案，比如全省产教融合型企业建设培育试点实施方案、四川省全民科学素质行动实施方案等政策文件。① 为职业教育产教融合深化发展，立德树人、以人为本，推动人的全面发展，形成多样化成才途径，提供了强有力的政策保障和行动策略指导。

二 四川省职业教育产教融合发展成效

（一）教育经费支出不断增加

自职业教育产教融合上升为国家战略以来，全国职业教育经费支出持续增长。2017~2021 年，全省累计教育支出近 7845 亿元，与上一个五年相比，增加了 2200 余亿元，年均增幅近 6%，超过同期财政经常性收入增幅。四川与全国相似，职业教育经费支出大幅提高。如表 1 所示，2018~2021 年四川省高等职业教育经费支出和中等职业教育经费支出分别增长 42.7% 和 29.1%。与此同时，针对四川民族地区的职业教育发展，教育部门发挥统筹指导作用，落实教育均衡发展、教育助力经济发展等有关要求，继续向困难地区和薄弱环节倾斜。政府出台了"9+3"免费教育计划，促进民族地区职业教育发展。除此以外，财政部门积极贯彻国家政策精神，推动产教融合型企业激励政策落地，助力职业教育产教融合发展。四川省财政厅积极对被纳入产教融合型企业建设培育试点的企业实施抵免政策，引导企业加大对职业教育的资金、技术等支持力度，拓宽职业教育发展的资金来源。

---

① 郝纯：《四川省职业教育产教融合政策执行存在的问题及对策研究》，四川大学硕士学位论文，2021。

表1 2018~2021年四川省高等职业教育和中等职业教育经费支出

单位：万元

项目	2018年	2019年	2020年	2021年
高等职业院校	958245.6	1144291.6	1341156.5	1367561.1
中等职业院校	1042010.5	1060315.1	1138829.2	1344997.6

资料来源：《中国教育经费统计年鉴》（2018~2021）。

（二）职业教育教师队伍优化、教学能力提升

师资力量是教学的基础，而职业教师队伍建设是一项系统工程。职业教育产教融合的发展需要建设一支教学能力强、有创新能力、教学和实践相结合的优质教师队伍。四川省根据职业学校教师队伍建设要求，推进教师队伍建设项目开展，提高职业学校教学能力。2018年高职专业带头人领军能力研修班在四川幼儿师范高等专科学校开班。从2020年起，单列中职学校正高级教师职称评审，2020年、2021年单列75名。通过"揭榜挂帅"方式新增职业教育名师工作室7个，推进建设省级职业教育教师教学创新团队30个；新增教育部职业教育教师教学创新团队3个，总数达11个。2022年省教育厅发布遴选2022年职业院校教师培训项目承训公告，促进教师队伍教学能力提升。除此之外，政府还建立省级职教师资培养培训基地、四川省新时代卓越校长培养计划等。

积极引进高层次人才，优化教师队伍。四川将国家教学成果奖一等奖及以上获得者、中华技能大奖等获得者纳入高层次人才队伍建设，从2021年起，每年设立专项资金2亿元，对引进和培养高层次人才的省内高校给予奖励。

同时，通过绩效提高职业学校教师待遇，用灵活的薪酬政策来激发职教教师的教学创新能力。拓展职业学校绩效工资资金来源，包括职校参与技术服务、校企合作以及社会培训。例如，四川科技职业学院为激励教师提升教学能力，调动教职工的积极性，制定《四川职业技术学院绩效工资分配实施方案》。

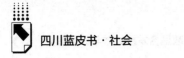

（三）职业学校专业结构不断优化

为贯彻落实职业教育专业建设动态更新要求，将产业结构需求及时反映到职校专业设置上去，四川制定了《全省职业院校优化专业设置工作方案》，建立省、市、校三级管理体系。建立专业预警和调控机制，并根据产业升级和技术变革趋势调整职业院校专业设置，加强重点领域技术技能人才供给，面向民生服务领域、面向数字化转型发展，形成对接产业链、创新链的专业体系，对专业结构进行及时优化，对专业内容进行动态更新，为现代产业体系输送高层次技能人才。

2021年，省内高职学校对接"5+1"现代工业、"4+6"现代服务业、"10+3"现代农业相关专业点数分别为1041个、1524个、123个，较上年分别增加12.6%、14.3%、9.8%；中职专业布点数实现第二产业增加7%、第三产业减少7%、第一产业保持基本稳定，专业与产业发展适配度不断提高。

（四）开发产教融合"双元"育人教材

职业教育产教融合不仅是教育方式的改变，也要适时调整相关教学条件。据《国家职业教育改革实施方案》，四川省积极推进职业教育教材改革，大力开发"双元"育人教材，为产教融合发展提供软件支撑。根据2021年召开的全省职业教育教材建设工作视频会议，四川省职业教育教材要落实立德树人根本任务、弘扬工匠精神等四项基本要求；建立职教教材分级负责管理体制；优化职业教育教材，打造四川特色教材；加强教材审核，建立职业院校教材管理制度；设置"课程与教材建设工作"委员会，强化基础保障；积极建设地方特色教材、行业教材、校本教材。

鼓励和支持学校编写体现本校特色的教材，同时与行业龙头企业合作，企业深度参与到职业院校的专业建设和课程开发当中，将合作企业的新工艺、新技术，作为编写教材的依据，提高教材与岗位需求的匹配度，提高学生实践能力。四川职业学校根据区域内产业结构状况编写专业课教材。中国中医药出版社与四川省中医药职业教育集团签订战略合作协议，双方将在中医药教材编写、数字化教材、微课慕课制作等领域开展全方位、深层次合作，打造中医药职业教育特色的建设类专业系列教材，促进中医药文化的传承和传播。目前，校企合作编写"双元"特色教材共136部。

（五）促进民族地区经济协调发展

四川以习近平新时代中国特色社会主义思想为指导，推进贫困地区经济发展，发挥职业教育助力脱贫的重要作用，坚持"聚焦目标、精准施策，能力为本、就业导向，外联内育、形成合力"的原则。为促进民族地区职业教育发展与完善，四川省创立"9+3"免费职业教育计划，即组织民族地区学生在本地完成9年义务教育的情况下到内地免费接受3年中等职业教育。内地参与"9+3"计划的优质职业院校在专业设置上，立足民族地区发展需要的产业，满足当地急需专业需求，增强职业教育的"造血"功能，培育内生动力。四川在产教融合中落实立德树人根本任务，实行长、中、短期培养与培训结合，深化产教融合、校企合作，提升职业教育促进转移就业。得益于职业教育产教融合培养模式，"9+3"计划取得显著成效。2019年，四川藏区和彝区学生累计近8万人接受"9+3"免费职业教育，其中52.5%的学生已顺利毕业，毕业生初次就业率超过98%。已经毕业的"9+3"学生中，5000多人通过定向招考充实到藏区乡镇基层队伍，60%以上在各类企业就业，50%以上的毕业生回到了家乡就业创业。与外地技术人员相比，他们熟悉地方语言，没有融入困难，能够及时高效投身于民族地区经济发展中，为当地经济发展奠定人才基础。历届"9+3"学生中，入学时家庭人均年收入低于2800元的占80.3%，通过学习就业创业，有41.36%的"9+3"毕业生月收入达2000~3000元，有38.62%的毕业生月收入达3000元以上，学生年收入3万元以上的占64.4%，5万元以上的占22.1%。

"9+3"免费教育计划，以技能培训为教育突破口，主动出击，积极行动，不仅能提升民族地区劳动者的技能水平，改善民族地区劳动力结构，坚实民族地区发展基础，依靠技能实现就业，促进民族地区改变落后面貌，促

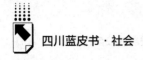

进经济发展，还能够凝聚人心，促进民族团结，有效巩固党在民族地区的执政基础，维护民族地区长治久安。

三 构建"四个+"产教融合发展模式

四川省加强政策引导、统筹规划，进一步探索了职业教育独特的办学模式和人才培养模式，构建了"专业+产业""教学+研发""培养+就业""园区+联盟"四川特色产教融合模式，推动了产教融合教育、创新、人才和产业四个方面的深度融合，构建了产教融合新生态。以政府引导、行业参与、校企合作多方协同，面向高效经济和社会发展方向，促进职业教育体系现代化建设，更好地服务国家现代化建设，具有重要战略意义。2022年四川省"探索产教融合发展新模式推动职业教育高质量发展"在30个省（区、市）各级改革部门推荐的改革案例中入选"中国改革2022年度地方全面深化改革典型案例"。

（一）坚持"专业+产业"路径，专产共建

四川省职业教育按照"专业围绕产业办，学校服务地方建"的思路，围绕全省重点产业发展需求，扎根产业发展实际需要，着力培育和强化急需专业，培养技术技能人才，提高专业设置与产业发展的匹配度，提升职业教育产业适配度。

1. 专业设置匹配区域产业发展，构建区域协同发展链条

职业教育是区域发展的重要力量，职业教育专业设置要紧盯行业变革与产业变量，精准把握社会经济发展需要，优化职业教育布局和人才培养结构。四川省以五大经济区"十四五"发展规划引领省内职业教育发展，制定《全省职业院校优化专业设置工作方案》，协调规划区域内职业学校专业设置和建设，按照经济区战略定位与发展需求，区域内职业学校按需设置和建设相关专业，布局和打造优势特色专业。例如，针对成都平原经济区"一极一地两区"建设布局智能制造、生物医药、现代物流等相关专业，打

造高能级都市圈，建设科技创新中心，推动大都市宜居生活建设；支持在成渝发展带布局数字交通、新能源等专业；在川南经济区布局新材料、汽车制造、智能制造、节能环保等相关专业，助力川南现代产业创新发展示范区建设。

2. 专业教学适应产业需求

职业教育直接面向社会经济发展需要，缓解专业教学与产业需求的不同步和滞后问题，鼓励学校新设战略性新兴产业和紧缺领域相关专业，建立专业设置宏观调控和动态调整机制，加大对省控专业调控力度，优化专业结构，对专业内容及时更新。倡导教学紧贴生产实际，引入企业实际操作规范，根据行业、企业在生产中的实际需要，融入专业人才培养方案和课程体系中，鼓励校企共同探索职教标准体系开发路径，服务现代产业转型升级。例如，四川工程职业技术学院联合北京航材院等，合作共建了"航空材料检测、高温合金切削、工业机器人、航空冲压发动机"四个四川省工程实验室。四川建筑职业学院与迅达（中国）电梯有限公司共建共管，以现代学徒制模式，双师带徒，做到理论学习和实践学习紧密联系。

（二）完善"教学+研发"模式，人才共育

四川省职业教育支持多方合作共建培训实训基地，职业学校敞开校门，面向社会面向企业开展技能培训，推动学历教育与培训相互融合、相互推进。通过搭建校企结合人才培养平台，行业企业全面参与职业学校教学培养，首创省级产教融合示范项目，以项目示范探索产教融合新模式，按照培训项目与产业需求实现实训内容与职业标准对接、培训过程与生产过程对接，引导校企"双主体"办学教学，在推动人才培养时不忘教学与研发，做到二者协同并进。

1. 校企共建实训平台

校企双主体协同育人，要扫清校企对话障碍，构建双主体合作平台，共同制订人才培养方案，推动教育链和产业链的有机结合。支持职业学校与企业建立长期合作关系，支持校企合作建设一批集实践教学、社会培训、真实

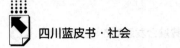

生产和技术服务于一体的高水平实训基地，将专业建在产业链上，全面落实教学标准，以满足项目教学需要为目标，在校内大力建设生产性实训基地，为学生提供仿真学习平台。目前，全省有省级生产性实训基地100个，国家生产性实训基地40个，国家虚拟仿真实训中心2个。与企业合作开展教师教学能力提升培训，职业学校选派教师通过在企业的工学结合、现场教学等培养方式提高教师业务能力，培养能够适应学校和企业"两个讲台"的教师。同时，在合作企业设置"车间课堂"，由企业人员担任教师现场讲授课程，讲解车间实际操作流程、操作技术和操作规范。职业院校教师定期到企业培训，职业院校自主聘请企业技术人才兼职教师制度丰富了产教融合的形式。目前，校企共建优势特色专业群35个、专业课程160余门。

2. 校企共创研发成果

建立校企共创研发成果机制是推进校企合作研发，深化产教融合创新发展的重要路径，其共同开展创新研发工作，从企业当中寻找项目，让师生创新创业有实例，创新成果回归企业，以产业实际发展提升学生创新动力。校企双方开展多边技术协作。四川省教育、经信等部门联动协作，提供财政支持和专业引导，以项目为引领，推动学校人才培养和企业技术创新结合，瞄准新兴技术人才培养，首创校企"双激励"机制，投入20亿元分批打造50个省级产教融合示范项目，每年2.5亿元支持产教融合，目前已立项35个，其中有23所高职院校，占比超过50%。构建校企技术协同攻关以及成果转化平台，已建设现代产业学院27个、研发类实验室及创新中心51个。校企双方共同开展技术攻关、合作研发、技术服务项目457个，实现成果转化90个，转化经费2.4亿元。2019年广安职业技术学院成功申报四川省技能大师工作室，打造技术攻关和人才培养"合二为一"的产教融合技术创新服务平台。

（三）健全"培养+就业"体系，过程共管

职业教育产教融合，是促进职业教育适应产业专业转型升级、培养顺应时代发展需求的高质量人才的有效途径。职业教育的重心从单纯的学校教育向"产教"合作的转变，使人才培养供给侧更好对接产业需求侧，发挥各自优势。四川省完善产教融合相关体制机制，建立"双元"联合培养机制，深化"就业—招生—培养"联动机制改革，积极服务人的全面发展，促进更高质量和更充分的就业。

1. 培养高层次技能人才，提高人才含金量

职业教育由追求规模扩张向高质量发展转变。为提高职业人才含金量，支持职业教育开展本科层次人才培养改革试点，促进职业教育纵贯发展。四川省积极鼓励与支持行业领军企业、职业学校以及应用型本科高校开展职业教育本科试点工作。2022年，四川省17所应用型本科学校、19所高职学校与40家企事业单位开展试点，联合培养，试点专业48个，录取2335人，录取的中职毕业生人数占比达到33.82%，与2020年的2.38%相比显著提升，部分专业高考录取分数线超出本科省控线60分以上，如护理学专业、机械电子专业等。

2. 开展"订单式"培养，构建人才培养闭环

开展人才订单式培养以及学徒制培养，畅通企业用人需求和职校育人标准的对接道路，实现培育就业的一体化目标。企业与学校联合培养考核，解决学生"就业难"和企业"招人难"结构性矛盾，实现企业需求和培养标准无缝衔接，为企业量身打造技术人才，合格毕业生直接进入企业工作，做到毕业即就业。完善双元育人、联合培养的产教融合长效育人机制。目前，全省立项省级现代学徒制试点单位共159家，获批国家级现代学徒制试点单位共23家，覆盖学生超过10万人，毕业生就业率达到95%以上。2022年，累计新增提供学生实验、实训岗位上万个。

（四）构建"园区+联盟"格局，资源共享

《关于深化现代职业教育体系建设改革的意见》提出了新阶段职业教育改革的一系列举措。教育部司长陈子季将其概括为"一体、两翼、五重点"，解决职业教育当中的难点问题。针对"两翼"建设，四川省积极探索市域产教联合体、行业产教融合共同体等多元发展新模式，建立协同推进机

制，将职业教育改革与地方经济发展、产业转型捆绑，做到齐头并进。园区+联盟打造校企合作载体，聚焦成渝地区双城经济圈建设战略，以此为依据进行区域内职业教育改革发展。

1.以园区为基础，探索市域产教联合体建设

根据《关于深化现代职业教育体系建设改革的意见》，省政府围绕国家区域发展规划和重大战略利用产业园区打造市域产教联合体。成都市设立1亿元职业教育发展专项资金和5000万元产业发展人才培养专项资金，成立七大职业教育发展联盟，推动成都、德阳市域职业教育发展。宜宾市通过"城市—行业—企业"产教融合发展新模式，打造兼具人才培育、促进经济高质量发展、创新创业功能的市域产教联合体。南充市加强平台合作建设，截至2021年，就产教合作、科教创新、项目推动、学术交流、人才信息搭建产教融合创新示范园8个。达州市政府积极推进"西南职业教育园"建设，推动职业教育集中、集约、集聚发展，发挥集聚效应，提升"达州职教"品牌影响力，打造区域产教融合标杆，提供可复制可推广经验。

2.建立产教融合共同体，资源共建共享

多渠道整合资源，扩大优质资源覆盖面，推动产学研合作，实现信息交流、项目孵化等目标，鼓励共建共享。四川省建立跨区域职业教育联盟95个，构建人才、技术、资金、文化、信息等交流互动平台，共同突破技术难关、产品研发、课题研究等方面的理论和技术难题。积极会同行业企业建设一批培训资源开发中心，目前四川职业教育联盟各集团总运行经费达103.98亿元，学校和企业联合开展职教科研项目4194个，产生的直接经济效益达21.15亿元。其中8个职业教育联盟入选教育部第二批示范性职业教育联盟培育单位，数量居西部第一、全国第五。

同时，根据区域经济发展战略需要，四川省成立成渝地区双城经济圈职业教育协同发展联盟，建立人才培养中心、职业培训中心等，探索共研、共建、共享、共赢机制，推动成渝地区双城经济圈建设。南充市积极对接成渝经济圈建设需求，打造产业集群，推动川东北区域职教城重点职业教育核心区建设。隆昌市协同推进成渝地区双城经济圈建设与该市职业教育产教融合发展，将职业学校人才培养和区域产业需求对接，引导职业学校与中铁建工、京东方等28家优秀企业合作，共同开设特色专业和建设校外实训基地。

四　职业教育产教融合发展机遇、挑战与趋势

（一）机遇与挑战

1. 机遇

中国特色社会主义现代化提出了经济社会高质量发展和制造强国等新的历史任务。与此同时，职业教育正处在提质培优、增值赋能机遇期和改革攻坚关键期。职业教育产教融合改革要把握好新的时代机遇，贯彻"以人为本、立德树人"的目标，培养德技双修的高层次技术人才。顺应数字中国建设，加快职业教育数字化发展，建立职业教育智慧平台。

我国新《职业教育法》提出完善教育经费投入机制，加强职业学校教师队伍建设等措施，还进一步强调职业教育举办者多元化，要求从国务院—部门—省级三个层面加强统筹管理，构建产教融合校企合作制度和现代学徒制度，推动企业和职校双主体共同育人体系不断发展。突破职业教育办学层次，新《职业教育法》第十五条提出突破职业教育本科及以上教育层次。下一步四川省将根据实际加快职业教育地方立法，制定《四川省职业教育条例（草案）》，进一步完善职业教育重大项目评价体系，持续推动省级"双高计划""中职三名工程"等重大项目建设，促进内涵制发展，提升教育教学水平，提高技术技能人才培养质量。

2. 挑战

四川省职业教育虽然得到大力发展，但仍然存在一些问题。首先是省内职业教育发展不平衡，特别是民族地区职业学校与其他地区职业学校相比仍有待提升，在师资力量、课程设置、授课水平等环节仍有不小差距。其次是从脱贫攻坚到乡村振兴，建设社会主义现代化美丽乡村，需要改善过度依赖资源的发展路径。应通过发展教育、培养人才、引进人才等举措构建全要素

发展路径，发挥科学技术在乡村振兴过程中的作用。最后是社会认可度低。究其原因，受到旧观念影响，对现有的职业教育社会评价不合理，同时劳动环境差，劳动强度和劳动收入不成正比，这使得职业院校毕业的学生得不到应有的尊重。在学历方面，职业学校学生因为学历较低上升空间不足，因此需要推动职业教育本科层次的发展。职业教育目前存在的问题，说明我国职业教育发展还需要国家更多关注与投入。

（二）区域教育协调发展趋势

1. 四川省切实贯彻国家专项政策，提高民族地区职业教育水平

在民族地区实施"9+3"政策的同时，四川也集中运用各类资源，促进民族地区职业教育办学水平提升。重点支持每个市（州）原则上至少建设好一所中等职业学校，让更多孩子可以就近接受高质量的职业教育。民族地区职业教育要因地制宜，设置符合当地产业、文化特色的专业，对接当地实际需求建设职业学校。

近年来，甘孜州响应民族地区职业学校办学要求，立足区域特点、产业特色，完善职业教育培养体系，深化职业教育产教融合改革，建设一批社会有需求、办学有质量、就业有保障的特色专业，满足当地对技术技能人才的需要。办好甘孜职业学院，提高省藏校、州职校、州卫校等"一校一品"办学水平；职校结合实践与企业在文化传承等方面合作，鼓励高技能人才、民间技能传承人等担任职校兼职老师，让能工巧匠走进校园；在专业配置上，根据当地特色产业的传承与发展需求，扶持藏药和唐卡等专业；实施省级产教融合示范项目，打造康巴产教融合品牌；推动四所中高职院校与企业合作办学、按需育人；实施企业新型学徒制人才培养，提高学生就业率，近3年来职校毕业生初次就业率稳定在95%以上。

2、职业教育助力乡村振兴

2022年农村绝对贫困人口实现全面脱贫后，乡村振兴成为农村建设主旋律。乡村振兴中，教育是乡村建设人才培育摇篮。陆怡君认为乡村振兴，教育为重，人才为先，产教融合应服务乡村产业，贴近乡村社会需求，发挥应用型人才在乡村振兴中的重大作用。四川省作为一个农业大省，肩负乡村振兴责任。为培育乡村振兴人才，四川省各高校成立乡村振兴学院，积极面对新的发展目标，加快发展教育体系，支持乡村振兴，有力助推农业产业发展。

四川大量职业院校结合本校实际，充分发挥自身专业、技术、人才等优势，大力推进乡村科技振兴。职业院校把适农技能送到田间地头，大力培养高素质农民和农村实用人才。四川旅游学院运用学科专业和科技优势，支持白玉县发展特色烹饪、民俗文化旅游等产业；通过研发新产品、设计新包装、推出新品牌，提升白玉地方特色产品知名度和市场竞争力。眉山电子职业技术学校，深化产教融合、校企合作，新开设4个专业，将"产业需求"与"人才培养"相结合，与企业开展合作，做实职业教育服务乡村振兴示范点，大力培养乡村振兴实用型人才；设立乡村振兴研究院，加强乡村振兴研究。乐山职业技术学院与沙湾区委、区政府深化院地合作，开展20余个研讨、培训、技术推广项目，成立首个乡村博士工作站，围绕农村电子商务、中药材种植、特色养殖等专题培训2000余人次。乐山市五通桥竹根职业中专学校与晶科能源公司等单位联合开展"中国绿色硅谷"乐山千亿光伏产业人才培养，光伏工程技术与应用专业完成首批招生50人。四川省6所学校入选全国乡村振兴人才培养优质校，位居全国第二。职业院校通过人才、智力、资源三方面行动支持乡村振兴。

3. 数字化发展不断深入

职业教育数字化升级是大势所趋，给职业教育带来前所未有的历史机遇。职业教育进入攻坚克难、提质培优的关键阶段，要主动求变，以数字化重塑职业教育新生态。

四川自然条件复杂多样，受地形、城乡发展影响，各地教育资源、教育水平也存在差异。为解决教育发展不平衡不充分的问题，四川省积极推进教育数字化工程，启动国家智慧教育平台试点工作，加快构建智慧教育平台体系，打造适合城乡之间、区域之间、校校之间运用的生动的职业院校新形态教材，促进教材资源合理流动，服务线上教学等新教学模式，打破传统的院

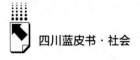

校"围墙"。

在教师教学质量、教学能力方面，以数字化转型整体驱动教学模式和治理方式的变革，在梳理现有各类资源的基础上，加强打造名师、名家、名校、名课在线资源，向国家平台提供课程教学类、教师研修类优质资源4200余节，开展碎片化、灵活性、实时性培训。为进一步提升教师信息化素养和数字化能力，着力培养和建设学校数字化转型发展"领航"队伍，四川财经职业学院举办"数字赋能、活力财经，教师数字化能力提升培训班"，全校500余名教职工通过"线上+线下""课堂研修+命题研讨""行动学习+应用牵引"等形式参与训练。

在抓好现有教育数字化发展项目的基础上，四川省积极开展职业教育数字化试点。在成都航空职业技术学院、成都铁路卫生学校等10所职业院校试点，重点提高教师信息技术应用能力，通过数字化平台精准服务师生和社会需求，推动教育数字化发展、智能化升级，实现教育资源共建共享。

4. 打破职业教育天花板

探索发展本科层次职业教育是我国职业教育现代化建设的热点内容。自2014年提出"探索发展本科层次职业教育"，到2022年新《职业教育法》提出打通中专、大专、本科通道，中职学生可升专科或本科。[①] 职业教育本科化发展不断深入，带动职业教育改革发展创新，给经济社会发展提供高层次技能人才。

建立现代化教育体系，推进职业教育纵深发展，优化职业教育体系结构，稳步推进本科层次的职业教育发展，使职教学生继续教育的道路更宽更通畅。四川省积极响应"稳步发展职业教育本科"要求，推动职业本科教育稳中求进，满足社会对高质量技能人才的需要，顺应世界职业教育和高等教育的发展趋势。

四川职业技术学院依托自身百年工科和教育序列积淀，成功申办全省职教本科层次人才培养改革试点，采用"理论+实践"双线推进模式，依托职

---

① 田辰：《发展本科层次职业教育的路径探析》，《西部学刊》2022年第24期。

教本科办学试点推进职教本科实践。2022 年，根据《关于做好本科层次职业学校学士学位授权与授予工作的意见》，成都艺术职业大学环境艺术设计、工程造价等 10 个专业新增为学士学位授予专业，成为四川省首所正式取得学士学位授予权的职业本科学校，这标志着四川省职业教育的发展开启了新局面，中职和专科高职不再是学历教育的终点。

参考文献

王辉：《我国职业教育产教融合政策变迁析理》，《中国职业技术教育》2022 年第27 期。

周桐、刘宇、伍小兵、李同同、林涛：《我国高职院校产教融合的现状、困境及创新路径》，《实验技术与管理》2022 年第 9 期。

高岳涵、刘向梅：《民族地区职业教育产教融合的现实困境与优化路径》，《民族教育研究》2022 年第 2 期。

郝纯：《四川省职业教育产教融合政策执行存在的问题及对策研究》，四川大学硕士学位论文，2021。

田辰：《发展本科层次职业教育的路径探析》，《西部学刊》2022 年第 24 期。

B.15
典型案例: 城市多民族社区
与村改居社区的基层治理

撰写组*

一 城市多民族社区治理案例——抚琴街道西北街社区

金牛区抚琴街道西北街社区毗邻成都老西门车站，因成阿公路零公里界碑位于辖区，而被誉为阿坝方向进入成都的门户。社区面积 0.24 平方公里，聚集了藏、羌、回、汉等 20 个民族共 1.2 万人，其中少数民族2000 余人，占总人数的 15.4%，每年流动少数民族人口约 20 万人。多民族人口长期聚集融合，形成了民族服饰、藏餐一条街等社区特色。西北街社区不但面临老旧城区所存在的矛盾多、基础差、治理难度大等共性问题，还存在多民族人口聚居的特殊性，为破解多民族社区中存在的组织归属差、文化差别大、公共性不足等问题，西北街社区党委树立"党建引领·多彩文化·共享家园"的社区治理品牌，紧抓组织化引领、文化化参与、公共性塑造等工作，促进社区呈现"多主体参与、多文化共融、多民族共治"的良序善治格局。

（一）党建引领，构建多元主体参与治理格局

一是大力整合辖区资源，构建多元参与的共建共治共享治理格局。社区牢牢把握组织引领旗帜，以区域化党建搭台，撬动四川省文化馆、四川省就

---

* 城市多民族社区治理案例由抚琴街道提供。城市村改居社区治理案例由金小琴、康莹撰写，金小琴，四川省社会科学院副研究员，研究方向为城乡社会发展；康莹，四川省社会科学院，研究方向为基层治理。

290

业局、启雅尚楼宇综合党委、四川省圣豪律师事务所、西北街党员商户等多元主体成为社区发展治理的重要力量。如启雅尚酒店与社区共建了唐卡美育空间，为居民走近唐卡艺术，沉浸式体验其创新创造、匠人精神和美学艺术提供了条件；四川省圣豪律师事务携手社区建立了盛豪"金石榴"公益法律服务西北街社区服务站，面向少数民族商家、居民提供法律服务，成为居民、商家身边的法律顾问。

二是构建少数民族商家自治组织，提高自我服务管理能力。针对少数民族商户众多及由此带来的管理难题，西北街社区依托启雅尚藏文化主题酒店党支部，联合辖区30多家少数民族商家，成立以启雅尚酒店为会长单位的多民族商家促进会，参与社区发展治理，协助妥善处理各类涉民族因素纠纷20余件。协会通过制定文明经商公约，签订会员承诺书，筑牢多民族参与社区发展治理平台，引导各民族群众实现自我管理、自我教育、自我监督、自我服务。

三是健全院落党组织体系，将服务管理延伸到小区院落。社区建立了多民族院落党支部和党小组，强化党员居民参与服务小区治理的积极作用，把24个院落"微空间"建设成多民族党群服务室，实现了"党建群建一同到院"，以党建增强了组织群众的能力和可能性，有力促进了多民族互通互信。力佧苑小区修建于1992年，常住居民310户930人，其中藏、羌、回等少数民族居民182人，是全区少数民族居民最多的小区。由于小区建成时间较早，配套不齐，环境脏乱，管理缺位，居民之间矛盾纠纷突出。力佧苑小区设立院落党支部，构建起党支部+自治管理小组的居民自治体系。党支部负责统筹协调治理工作，自治管理小组负责落实治理事务，自治管理小组牵头组建了多民族治安巡逻队、志愿者服务队、居民议事会等组织，并由1名成员担任安全工作委员，负责小区安全管理；成立多民族协商"和事佬"等调解组织，培养小区调解骨干5名，并针对民族信仰、习俗等方面纠纷开展调解培训。组织网格员、楼栋长、少数民族志愿者等群防群治力量，深入每户进行安全隐患和纠纷排查，切实做到矛盾隐患"早发现、早干预、快处置"，通过调解化解多起居民纠纷事件，实现小事不出楼栋、大

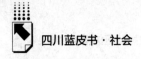

事不出小区。力佧苑小区连续实现"零发案、零上访、零涉毒",获评成都市百佳示范小区,该小区的自治经验做法被《成都政法简报》专刊报道,并在全市转发。

(二)多彩文化,构筑多民族群众认同感

一是参与式社区更新项目引导居民参与。按照"片区策划、项目集成、综合治理"理念,西北街社区同步实施党群中心提档、老旧院落改造、绿地游园提升、最美阳台打造等项目,提升和优化了社区颜值与形态。另外,在用好用活社区保障资金、做实做优社区发展治理微项目上下功夫,近年共计投入100余万元,分类实施院落党建、居民自治、文化活动、能力提升、环境整治、志愿服务等六大类微更新、微治理项目,建设多民族和谐美好家园。如为了解决社区公共绿地少、活动空间不足的问题,社区联动辖区单位、相关部门和广大居民,以少数民族最有特色的"衣、音、食"为主题,由区民宗局出资打造集运动、休闲、小憩、小景观功能于一体的民族汇小游园,栽上了社区居民从阿坝带来的格桑花和小野菊等,还自主形成了游园维护机制。一个小小游园,不但美化了社区环境,还增强了多民族群众的社区认同感,促进了社区参与,体现了社区温度。该项目也获得金牛区2022年社区微更新优秀项目称号。

二是打造社区公共空间承载多民族文化。在梳理社区历史和民族文化资源的基础上,打造了成阿公路零公里界碑、衣音食生态游园、多民族双创直播间、民族非遗社区美育空间等社区文化场景,这些公共空间不但满足了社区居民日常活动的场所需求,每逢春节、藏历年、羌历年等重要节日社区还会利用这些空间举办富有民族特色的公共活动,有利于培育居民的社区认同感。社区通过打造一个个民族特色场景,举办民族特色活动等方式,把多民族特点解释为多元文化现象,从而突破了不同民族圈之间的排他性,为凝聚多民族社区的共有文化和共享社区情感创造了可能。

（三）力佧共治，塑造共建共享新家园

为了更好统筹多民族社区发展与安全，西北街社区着力培育发展多民族商家促进会、多民族治安巡查队、多民族环境治理服务队、多民族院落管理小组等功能型、服务型社区自组织，引导商户和居民参与社区疫情防控、扶老助弱等公共服务供给；同时立足社区基础和文化资源，整合社区内外力量打造西北街社区民族服饰博物馆，以引导居民共同参与的形式设计打造社区公共项目，构建和传播"力佧共治"新风尚，持续推进多元主体、多元文化、多民族居民情定新家园。

西北街社区民族服饰博物馆便是社区充分践行共建共治共享理念的产物，也有望成为成都市体验民族服饰文化的网红打卡地。民族服饰博物馆的创意是成都市乐善社会工作服务中心在充分开展社区居民、商家调查的基础上提出的，邀请西南民族大学民族学与社会学学院杨正文教授设计建设方案、展览文本和民族服饰讲解音视频，西北街相关商家提供了实物展览的民族服饰。为了更好呈现少数民族服饰文化，西北街社区在党群服务中心专门开辟了一个 20 平方米的独立空间打造民族服饰博物馆。博物馆按照"同源共生，衣彩纷呈"这一主题，以线下实物和图文、线上虚拟民族服饰拍照体验和虚拟博物馆等多种方式，较为系统地展示了世代居住在四川地区的 14 个少数民族的服饰文化和民族特征，将西北街原有的民族服饰生产销售这类市场行为上升为民族服饰历史文化的集成呈现，进而实现了由少数族群文化向社区共有文化的转变。在社区公共空间呈现的由社区多主体共同参与打造、反映多民族文化共融的民族服饰博览馆，就成为公共文化乃至社区情感认同的有机载体，不管哪个民族，只要进入这个场景都会获得一份特殊的社区体验。

作为获得四川省民族团结进步模范集体和成都市百佳示范社区表彰的西北街社区，将一如既往地以民族服饰博物馆这类走心服务不断创新"党建+民族团结"的多民族社区治理经验，推动社区不断实现由"乱"到"治"、由"治"到"美"的转变，增强社区多民族居民群众的获得感、满足感和幸福感。

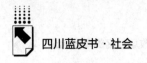

二 城市村改居社区治理案例——以成都市 G 社区为例

村改居最早是在深圳开始的，作为中国改革开放的前沿阵地，深圳自1993年始，利用"村改居"撤村建居的方式，将集体所有的土地集中起来转为国家所有的土地①，以此来加快推进资源的整合，从而实现城镇化的发展。在《中华人民共和国城市居民委员会组织法》和《民政部关于在全国推进城市社区建设的意见》等法规文件中将"村改居"定义为一项系统工程，指将原有的行政村撤销后而设计的包含原居住群体的土地权益、债务权利、基层组织建设与管理以及居民社会保障等的一系列体系。村改居社区作为社会发展的产物，是城镇化建设过程中的衍生产品，对村改居社区的治理，既是完善基层治理体系的重要体现，也是在当前社会发展过程中推动中国式现代化进程的必然要求。

一方面，从新发展阶段来看。基层治理的"最后一公里"便是社区治理，社区是党和政府联系群众、服务群众的关键节点。习近平总书记针对基层的重要性说到"打牢基层基础，既是构建和谐社会的重要内容，也是有序推进和谐社会建设的重要保障，意义十分重大"。"夯实基层基础，有利于形成强大的社会凝聚力，逐步筑牢稳定合理的社会结构。"② 治大国若烹小鲜，社区基层治理是社会治理的基础，只有基础稳固，国家发展才能稳健。现代化的基层治理体系是坚持中国特色社会主义思想、坚持国家与人民利益相结合的重要体现。在基层治理的过程中发挥好"最后一公里"的作用，拉近政府与群众的关系，坚持从群众中来，到群众中去，才能让政府工作被人民所理解、所接受，才能真正将基层治理在现代化进程中的作用发挥出来。

另一方面，从新发展理念来看。2015年，党的十八届五中全会首次提

---

① 蔡卫华:《"村改居"后原集体少量剩余土地权属如何确定》，《中国土地》2014年第1期。
② 习近平:《加强基层基础工作 夯实社会和谐之基》，《求是》2006年第21期。

出"创新、协调、绿色、开放、共享"五大发展理念，而"共享"发展理念作为五大发展理念的目的和归宿，充分彰显了以人民为中心的发展思想，"共享"理念强调使人民参与社会主义现代化建设是发展的最终目的，使人民能够真正享受发展的成果，在社会发展的过程中增强获得感与幸福感。[①]想要落实好"共享"理念，就要突出基层治理的重要性，发挥基层社区在国家治理中的重要作用。共享理念亦是人民当家作主的体现，习近平总书记明确提出："保证和支持人民当家作主不是一句口号、不是一句空话，必须落实到国家政治生活和社会生活之中，保证人民依法有效行使管理国家事务、管理经济和文化事业、管理社会事务的权力。"[②]强化村改居社区治理，是人民行使当家作主权利的保障，也是实现社会建设成果"共享"的传递机制。

因此，村改居社区是国家现代化建设过程中的一类过渡型社区，半城镇化的性质决定了其治理的重要性和紧迫性。与城市基层社区相比，村改居社区缺乏较强的民主参与，在治理过程中缺乏群众支持；与乡村基层社区相比，村改居社区多了一定的自主权和发展空间。2022年11月，四川省民政厅、中共四川省委组织部、四川省农业农村厅联合印发《关于进一步规范撤销村民委员会改设社区居民委员会的指导意见》，明确了撤销村民委员会改设社区居民委员会的总体要求、转改标准、转改程序、工作要求等，对"村改居"进行进一步规范。如何实现村改居社区的有效治理，是推进城乡融合发展必须解决的新难题。

（一）案例介绍

G社区位于四川省成都市西南部的双流区彭镇。该社区面积3.62平方公里，耕地3206亩，社区下辖7个居民小组、15个农业生产合作社，拥有7个党小组，党员127名，截至2022年户籍人口为3452人，位于城乡结合

---

① 张小霖：《基层治理的重要性及模式探讨——评〈基层治理之路：来自基层实践者的中国梦〉》，《领导科学》2022年第1期。

② 习近平：《论坚持人民当家作主》，中央文献出版社，2021。

部。该社区由原来的柑梓村及狮子村合并组成。社区辖区东、南、西、北分别与双流区九龙工业港、蛟龙工业港、温江区金马工业园区、涌泉镇浩旺工业园紧邻。绿荫成行，碧波荡漾的杨柳河穿辖区而过，白河河水也经该社区灌溉周边，四周干、支线道路多条，成、新、蒲快速通道也穿该社区而过。便利的交通为G社区居民的生产和生活提供了良好的保障，为居民更快地奔向共同富裕提供了有利的条件。

案例社区作为典型的村改居社区，自身拥有很大的发展潜力，但由于缺乏资源利用的能力和开发建设的资金支持，社区的发展多年来一直停滞不前，因而其治理在成都城乡统筹改革实践中具有一定的特殊性和代表性。具体表现为以下几点：其一，案例社区位于双流区和温江区结合地带，靠近主城区，社区内有许多工厂，外来务工人员数量较多，人员成分复杂，社区治理存在一定难度。其二，社区缺乏支柱产业，不能为本地居民提供就业机会，社区内大部分农田由农业合作社承包，居民生计从农业为主转变为务工为主，而社区内的工厂中多为外来务工人员，本地居民只能在更远的地方寻找务工机会。其三，社区基层治理能力较弱，提供公共服务的水平偏低，社区发展缺乏活力。

（二）案例社区治理面临的主要问题

案例社区属于城市建设过程中由政府主导转型的村改居社区。尽管社区类型已经转变，但社区内居民的社区参与意识仍然停留在村落时期，并未随着社区的发展而改变，社区的治理模式也没有经过大的调整来适应社区的发展。目前，该社区存在的治理困境可以归纳为以下几个方面。

1.社区居民参与意识较低，对社区的信任度不高

根据笔者在社区调研的情况，社区内大部分居民缺乏自主参与意识，对社区内的事务缺乏关心。据社区负责人介绍，社区内大部分青壮年都选择在附近的工业园区就业，大部分时间都是在工厂务工，对社区内部的事务很少参与或零参与；除此之外，社区居民对社区不够信任，对社区各项工作的配合度低，与社区缺乏相应的沟通，居民与社区存在很深的矛盾，居民工作的

开展难度大。案例社区自成立以来，居民的思想还一直停留在村集体自治的阶段，对社区开展的工作都持怀疑和不认可的态度。社区与居民之间的矛盾是长期不信任积累的结果，社区与居民之间也缺少沟通对话的桥梁。一直以来社区的治理模式都是根据上级政府的指导来安排工作，缺乏自主治理和创新治理的意识，社区干部缺少主动做事的干劲也害怕做错事，缺乏试错机会。社区本身的发展相对缓慢，缺乏活力。长期"无为"的治理模式下，社区在治理的过程中没有建立与居民的沟通渠道，按上级政府的指示办事，没有主动将居民拉入治理的循环圈，导致居民不理解社区的工作，看不到社区治理的效能，居民看不到社区治理带来的好处，享受不到社区治理的成果，使得居民对社区缺乏信任，社区工作得不到居民的理解，居民没有主动参与社区治理的意识和动力。

2. 社区资源利用率低，社区合作机制不完善

社区处于两区交界处，交通便利，靠近市区，不论是进入市区还是前往新津、蒲江等地，交通条件都足够便利，但事实上两区交界的特殊区位优势并未在社区治理的过程中得到发挥。社区内有大量的农田资源，在工业发展的今天，居民大多选择务工为生，对农田资源的利用也不似从前，故而大部分农田经由社区租给合作社，由合作社经营，但是良好的农田资源在合作社经手后并未充分发挥优势作用，合作社对农田的利用仅处于初级阶段并未大力开发农田资源，大部分农田只是被合作社用来种植林木，价值含量低且周期长。社区内商家和工厂企业数量较多，但与社区的合作联系很少，社区、商家、居民三者之间缺少联系的桥梁，各自独立，缺乏合作意识，社区没有将商家和企业纳入社区共治共建的体系之中，商家、企业也没有为本地居民提供较多的就业机会和公共志愿服务，社区与商家、企业没有达成良好的合作关系和良性循环。2016年新农村建设开始至今，社区只建成两个集中居住区，仍然有大量居民处于散居的状态，宅基地没有得到集中改造处理，居民之间的差距被动拉开，由此加深社区与居民之间的矛盾。由于社区内部的人力、物力以及财力等利用程度低，资源没有得到有效整合，社区治理效能低，居民的幸福感、满足感以及安全感较低。

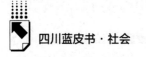

3. 社区缺乏造血功能，公共服务供给有限

尽管社区内商家和工厂企业数量多、外来务工人员多，但社区并未借助自身优势来发展社区内部的本土产业，社区的经济创造能力仍然只能依托商户和工厂的发展，社区缺乏经济自主能力，经济支撑力弱，经济独立性弱，社区的建设发展资金仅依靠上级政府的支持。合作社为社区创造的经济价值不足以支撑政府发展公共事业和建设维护公共基础设施。社区没有足够的能力来发展公共事业，居民不能在公共服务方面享受到社区治理的成果，使得居民和社区之间的联系变得微弱，社区与居民之间的沟通机制不完善，社区的治理成效不能得到充分体现。早年间，社区为了发展经济建了很多工厂，但设施不完善造成严重的环境污染，近年来多次的环境整治既耗费了大量的财力、人力，又使得工厂企业的发展屡次受到打击。工厂、企业制造工业垃圾、污染环境，社区耗费大量资源来治理被污染的环境，工厂的发展与环境的治理之间没有达成良性循环，反而形成了发展—污染—治理—再污染的恶性循环。缺乏支柱产业与环境污染，使得社区始终没有足够的经济能力发展民生事业，社区的良好发展资源也得不到充分利用，导致社区治理优势得不到体现，居民也没有享受到社区治理的成果。

（三）推进村改居社区治理的对策建议

1. 转变治理模式，提高社区治理自主性

该社区一直以来的治理方式都是依靠上级政府的指示办事，在形式上依赖上级政府脱离群众，在方式上缺乏社区治理的自主性，导致的结果就是社区与居民之间缺乏联系、沟通和信任。面对社区目前的治理状况，需要社区发挥治理的自主性，转变目前的治理模式。在治理方式上，推动社区多方联动，社区、居民、商家、企业等核心治理主体联合行动，促进社区形成多元共治的局面。在治理理念上，以群众为中心，将治理的重点转移到提升居民满足感和幸福感上，继续完善社区基础设施建设，了解并逐步满足居民的核心需求。在治理思想上，社区要摆脱对上级政府的依赖性，提升治理的自主性，摆脱思想惰性，提升办事的行动力，摒弃以上级政府安排为主的思想，

加强与居民群众的联系和沟通,以居民的需求为工作导向,加深对社区各方面短板的认识,提高社区治理的效能,增强社区居民的获得感和归属感。

2. 整合利用社区资源,推动社区转型发展

目前,社区主要依靠租居民的农田培育林木来实现经济增长,但这种经济发展方式缺乏活力、对资源的利用效率低,经济增长速度缓慢,居民的农田收入只能依靠合作社每年的微薄租金。在当前非农非粮的政策下,发展林木经济不再被政策允许,居民的租金收入也得不到保证。因此,摒弃被动的发展策略,推动社区转型发展,是村改居社区治理的一个新的方向。社区应当结合自身发展基础和优势资源,转变经济发展方式,重点发展特色农业经济,发展特色乡村旅游,实现经济的绿色转型发展,从而提高社区自我发展能力。

3. 培育社区社会资本,提高居民参与意识

社区社会资本主要是指居民相互之间的沟通和居民与居民、居民与社区之间的相互信任,社区内部的制度和规范,社区内的各种关系网络以及社区内部的各类组织。社会资本的功能包括凝聚、整合、同化、规范社会群体行为和心理等方面。① 社区治理的目的是为居民提供良好的生活环境,培育社区社会资本能够为居民提供更加舒适完善的社区生活圈,因此培育社区社会资本应当成为社区治理的重要环节。在培育社区社会资本的过程中,一是要培养居民的社区参与意识,居民是社区治理的主体,居民的参与是社区治理过程中的重要一环,提高居民在社区事务中的参与感和责任感,使社区管理成为全体居民共同的关注点,建立居民对社区的认同感。二是要积极培育社区组织,发挥社区组织对社区合作共治氛围的带动,鼓励居民积极加入社区组织,整合社区各项资源,使社区资源取之于民用之于民。三是要积极发展社区文化,社区文化的形成有助于提升社区居民的凝聚力和认同感,营造社区的文化氛围,改善社区的社会环境。

---

① 顾永红、向德平、胡振光:《"村改居"社区:治理困境、目标取向与对策》,《社会主义研究》2014 年第 3 期。

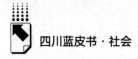

4. 加强与社会组织的合作，提高公共服务供给能力

社区自转型以来，仍未摆脱村落的旧有制度，社区公共服务质量并未随着社区的发展而显著提高，公共服务的功能没有得到发挥，社区提供公共服务的能力也有限。社区与社会组织的合作处于较低水平，目前社区只与一家社会工作服务机构有合作，据笔者了解，其合作目前仅限于社区活动的简单组织和志愿者招募，且没有驻点社工为社区提供系统全面的服务。为提高治理能力和治理效能，社区应当加强和社会组织的合作，弥补社区自身治理能力的不足，借助社会组织的能力和资源，为居民提供更高质量的社区服务。因此，积极主动加强与社会组织的合作，解决外来务工人员子女教育问题等一系列涉及民生的问题，强化对社区内老人、妇女、未成年人的关心关爱，提高社区公共服务供给能力和供给水平，是目前社区治理的重点。

参考文献

蔡卫华：《"村改居"后原集体少量剩余土地权属如何确定》，《中国土地》2014年第1期。

习近平：《加强基层基础工作 夯实社会和谐之基》，《求是》2006年第21期。

张小霖：《基层治理的重要性及模式探讨——评〈基层治理之路：来自基层实践者的中国梦〉》，《领导科学》2022年第1期。

习近平：《论坚持人民当家作主》，中央文献出版社，2021。

顾永红、向德平、胡振光：《"村改居"社区：治理困境、目标取向与对策》，《社会主义研究》2014年第3期。

权威报告·连续出版·独家资源

皮书数据库
ANNUAL REPORT(YEARBOOK) DATABASE

分析解读当下中国发展变迁的高端智库平台

所获荣誉

- 2020年，入选全国新闻出版深度融合发展创新案例
- 2019年，入选国家新闻出版署数字出版精品遴选推荐计划
- 2016年，入选"十三五"国家重点电子出版物出版规划骨干工程
- 2013年，荣获"中国出版政府奖·网络出版物奖"提名奖
- 连续多年荣获中国数字出版博览会"数字出版·优秀品牌"奖

皮书数据库

"社科数托邦"
微信公众号

成为用户

　　登录网址www.pishu.com.cn访问皮书数据库网站或下载皮书数据库APP，通过手机号码验证或邮箱验证即可成为皮书数据库用户。

用户福利

- 已注册用户购书后可免费获赠100元皮书数据库充值卡。刮开充值卡涂层获取充值密码，登录并进入"会员中心"—"在线充值"—"充值卡充值"，充值成功即可购买和查看数据库内容。
- 用户福利最终解释权归社会科学文献出版社所有。

数据库服务热线：400-008-6695
数据库服务QQ：2475522410
数据库服务邮箱：database@ssap.cn
图书销售热线：010-59367070/7028
图书服务QQ：1265056568
图书服务邮箱：duzhe@ssap.cn

S 基本子库
SUB DATABASE

中国社会发展数据库（下设 12 个专题子库）

紧扣人口、政治、外交、法律、教育、医疗卫生、资源环境等 12 个社会发展领域的前沿和热点，全面整合专业著作、智库报告、学术资讯、调研数据等类型资源，帮助用户追踪中国社会发展动态、研究社会发展战略与政策、了解社会热点问题、分析社会发展趋势。

中国经济发展数据库（下设 12 专题子库）

内容涵盖宏观经济、产业经济、工业经济、农业经济、财政金融、房地产经济、城市经济、商业贸易等 12 个重点经济领域，为把握经济运行态势、洞察经济发展规律、研判经济发展趋势、进行经济调控决策提供参考和依据。

中国行业发展数据库（下设 17 个专题子库）

以中国国民经济行业分类为依据，覆盖金融业、旅游业、交通运输业、能源矿产业、制造业等 100 多个行业，跟踪分析国民经济相关行业市场运行状况和政策导向，汇集行业发展前沿资讯，为投资、从业及各种经济决策提供理论支撑和实践指导。

中国区域发展数据库（下设 4 个专题子库）

对中国特定区域内的经济、社会、文化等领域现状与发展情况进行深度分析和预测，涉及省级行政区、城市群、城市、农村等不同维度，研究层级至县及县以下行政区，为学者研究地方经济社会宏观态势、经验模式、发展案例提供支撑，为地方政府决策提供参考。

中国文化传媒数据库（下设 18 个专题子库）

内容覆盖文化产业、新闻传播、电影娱乐、文学艺术、群众文化、图书情报等 18 个重点研究领域，聚焦文化传媒领域发展前沿、热点话题、行业实践，服务用户的教学科研、文化投资、企业规划等需要。

世界经济与国际关系数据库（下设 6 个专题子库）

整合世界经济、国际政治、世界文化与科技、全球性问题、国际组织与国际法、区域研究 6 大领域研究成果，对世界经济形势、国际形势进行连续性深度分析，对年度热点问题进行专题解读，为研判全球发展趋势提供事实和数据支持。

法律声明

"皮书系列"（含蓝皮书、绿皮书、黄皮书）之品牌由社会科学文献出版社最早使用并持续至今，现已被中国图书行业所熟知。"皮书系列"的相关商标已在国家商标管理部门商标局注册，包括但不限于LOGO（▧）、皮书、Pishu、经济蓝皮书、社会蓝皮书等。"皮书系列"图书的注册商标专用权及封面设计、版式设计的著作权均为社会科学文献出版社所有。未经社会科学文献出版社书面授权许可，任何使用与"皮书系列"图书注册商标、封面设计、版式设计相同或者近似的文字、图形或其组合的行为均系侵权行为。

经作者授权，本书的专有出版权及信息网络传播权等为社会科学文献出版社享有。未经社会科学文献出版社书面授权许可，任何就本书内容的复制、发行或以数字形式进行网络传播的行为均系侵权行为。

社会科学文献出版社将通过法律途径追究上述侵权行为的法律责任，维护自身合法权益。

欢迎社会各界人士对侵犯社会科学文献出版社上述权利的侵权行为进行举报。电话：010-59367121，电子邮箱：fawubu@ssap.cn。

社会科学文献出版社